U0726883

财政可持续性与社会福利

刘海静　著

中国商务出版社
·北京·

图书在版编目（ＣＩＰ）数据

财政可持续性与社会福利 / 刘海静著. -- 北京 ：

中国商务出版社，2023.12

ISBN 978-7-5103-5026-9

Ⅰ．①财… Ⅱ．①刘… Ⅲ．①国家财政－可持续性发

展－关系－社会福利－研究 Ⅳ．①F81②C913.7

中国国家版本馆CIP数据核字(2023)第250227号

财政可持续性与社会福利

CAIZHENG KECHIXUXING YU SHEHUI FULI

刘海静　著

出　　版：	中国商务出版社	
地　　址：	北京市东城区安外东后巷28号　　邮　编：　100710	
责任部门：	发展事业部（010-64218072）	
责任编辑：	刘玉洁	
直销客服：	010-64515210	
总 发 行：	中国商务出版社发行部（010-64208388　64515150）	
网购零售：	中国商务出版社淘宝店（010-64286917）	
网　　址：	http://www.cctpress.com	
网　　店：	https://shop595663922.taobao.com	
邮　　箱：	295402859@qq.com	
排　　版：	北京宏进时代出版策划有限公司	
印　　刷：	廊坊市广阳区九洲印刷厂	
开　　本：	710毫米×1000毫米　　1/16	
印　　张：	17.25	字　数：283千字
版　　次：	2023年12月第1版	印　次：2023年12月第1次印刷
书　　号：	ISBN 978-7-5103-5026-9	
定　　价：	79.00元	

凡所购本版图书如有印装质量问题，请与本社印制部联系（电话：010-64248236）

CCTP　版权所有盗版必究（盗版侵权举报请与本社总编室联系：010-64212247）

前　言

在当今不断发展的经济环境中，财政可持续性与社会福利成为社会关注的焦点。财政可持续性强调的是政府和社会机构在长期内如何有效管理财政资源，以保障社会的繁荣和可持续发展。社会福利则是衡量社会公平和进步的标尺，它关注着人们的生活品质、平等机会以及社会公正。在这两者之间建立紧密联系，实现经济繁荣与社会福利的平衡成为我们共同的责任。

财政可持续性是一个国家、地区或社会组织长期繁荣和发展的基础。它不仅关乎当前资源的分配和利用，还关系到未来的经济安全和社会福利。一个具有强大财政可持续性的体系，能够有效应对外部冲击、降低财政风险，从而为社会提供更为可靠的福利和公共服务。在财政可持续性的框架下，政府能够更好地规划和执行长期的社会福利计划，确保资源的合理分配，促进社会的全面进步。

财政与社会福利是相辅相成、相互依存的关系。财政作为一种资源调配的手段，直接影响着社会福利的提供和改善。税收政策、财政支出、债务管理等都直接关系到社会福利水平。财政的合理运作能够为社会福利项目提供充足的经费支持，确保医疗、教育、社会保障等领域得到充分发展。同时，社会福利水平的提高会反过来促进公民的积极参与和经济的稳定增长，从而为财政的可持续性创造更有利的条件。

在全球化的今天，财政可持续性与社会福利的问题变得更加复杂而紧迫。全球性的挑战，如气候变化、公共卫生危机等，使得各国面临更多的财政压力，需要更有效的财政管理来应对。同时，全球化为各国提供了合作与学习的机会，一国可以借鉴其他国家成功的财政和福利经验，形成更为灵活和可持续的经济发展模式。在这一过程中，财政可持续性将成为国际合作的基础，而社会福利则成为全球共同追求的目标。

财政可持续性与社会福利的平衡是一个复杂而长远的过程，需要政府、企业、社会组织和公民共同努力。未来，我们应该更加注重财政决策的长远性，推动科技和创新的发展，加强国际合作，建立更加公正、可持续的社会福利体系，以实现经济的繁荣与社会的全面进步。这是一个共同的责任，需要全球各国通力合作，共同迎接未来的挑战。在这个过程中，财政可持续性将会持续发挥重要的作用，成为实现社会福利可持续发展的支撑点。

刘海静

2023 年 11 月

目　录

第一章 财政可持续性与社会福利的理论基础

第一节 财政可持续性的概念及其演变

一、财政可持续性的定义

财政可持续性是一个综合性的概念，涉及国家、地区或组织财政体系的长期稳健和健康发展。这一概念强调在长期内保持财政平衡、促进经济增长、合理运用资源、降低财政风险，以及满足当前和未来代际的需求。本节将从多个角度深入探讨财政可持续性的定义及其关键因素。

（一）财政可持续性的定义

长期财政平衡：财政可持续性首先关注财政体系的长期平衡。这包括在长期内收支平衡，避免过度依赖债务的情况。长期财政平衡有助于维持稳健的财政状况，防止财政危机的发生。

经济增长：可持续的财政体系应当有助于经济的健康增长。财政政策的制定和执行应当促进创新、投资和就业，从而推动整体经济的发展，为财政收入提供可持续的基础。

资源合理利用：财政可持续性还涉及对资源的合理利用。这包括公共支出的优化配置，确保资源被用于最具效益的领域，以及对可再生资源和环境的保护。

降低财政风险：可持续的财政体系应当采取措施降低财政风险。这包括建立紧密的监管机制、建设强有力的财政制度、有效的风险管理和危机响应机制等，以确保在面临外部冲击时财政系统能够迅速适应。

满足代际需求：财政可持续性不仅关注当前时期，还关注未来代际的需求。

这包括确保公共资源的可持续利用，以满足未来代际的基本需求，如教育、医疗和社会福利。

（二）财政可持续性的关键因素

财政收支平衡：财政收支平衡是维持可持续性的基础。长期的财政赤字可能导致债务积累，从而加大还款负担，影响财政的长期健康。

经济结构：财政可持续性与经济结构密切相关。一个多元化、稳定的经济结构有助于提高财政的弹性，减少对特定行业或领域的依赖。

财政制度和监管：一个健全的财政制度和有效的监管机制是确保财政可持续性的关键。透明度、问责制和合规性有助于防范财政不当行为。

税收政策：合理的税收政策对于维持财政平衡至关重要。税收制度应当公平、透明，并能够提供足够的财政收入，以支持公共服务和项目。

债务管理：有效的债务管理是财政可持续性的一个关键组成部分。这包括对债务水平、结构和成本的合理管理，以确保债务给财政系统带来的风险最小化。

公共支出优化：财政可持续性还需要对公共支出进行合理的优化。这包括确保资源投入最具效益的领域，同时避免浪费和不必要的支出。

环境和社会责任：考虑到可持续性的整体概念，财政体系需要关注环境和社会责任。这包括在决策中考虑可持续发展目标、社会公正和环境可持续性。

（三）财政可持续性的挑战

全球不确定性：全球经济和政治的不确定性增加了财政可持续性的挑战。贸易摩擦、金融危机和其他国际事件可能对财政系统产生重大影响。

人口老龄化：许多国家面临人口老龄化的挑战，这可能导致社会保障支出的增加，对财政可持续性构成威胁。

气候变化：气候变化和自然灾害可能对经济和财政体系造成重大损害，需要制定适应性政策以降低风险。

科技发展：科技的快速发展可能对就业结构和税收制度产生深远影响，需要财政政策的灵活运用来适应这些变化。

财政可持续性是一个综合而复杂的概念，要求综合考虑经济、社会、环境等多个方面。它不仅关注眼前的财政平衡，还要考虑未来的发展和代际公平。在全球化、科技进步、气候变化等多重挑战的影响下，确保财政可持续性成为各国政府、国际组织以及企业机构共同关注的重要议题。

二、财政可持续性原则与核心价值观

财政可持续性原则与核心价值观交织在经济、社会和环境的复杂网络中，是现代国家和组织在财政管理中所追求的指导性理念。这些原则和价值观旨在确保财政决策的长期稳健性、社会公正性以及对环境的可持续性。本节将深入探讨财政可持续性原则，并探讨它们与核心价值观的交互关系。

（一）财政可持续性原则

长期平衡原则：长期平衡原则是财政可持续性的核心原则。它要求财政体系在长期内能够维持支出和收入的平衡，避免长期赤字和债务的累积。这一原则反映了财政决策需要超越短期政治周期，注重经济长期发展的稳健基础。

社会公正原则：财政可持续性应当体现社会公正的价值观中。在财政决策中，应考虑不同社会群体的需求和权益，确保资源分配合理，缩小贫富差距，促进社会的公正。

环境可持续性原则：财政决策不仅应关注经济和社会层面，还应关注对环境的影响。环境可持续性原则要求在财政规划和执行中考虑生态系统的保护、可再生能源的利用以及碳排放的降低，以促进经济与环境的协同发展。

透明度和问责制原则：透明度和问责制是确保财政决策公正和合理的重要原则。政府和财政机构应当向公众公开财政信息，确保决策过程的透明度，同时建立有效的问责机制，对决策者的行为进行监督和评估。

风险管理原则：财政决策需要以风险管理为基础，预防和降低财政风险。这包括对外部冲击的应对措施、建立强有力的储备和危机响应机制，以确保财政体系的稳健性。

公共支出优化原则：财政支出应当在优化配置资源的基础上，追求社会效益最大化。这需要对各个领域进行综合评估，确保公共支出的有效性和可持续性。

（二）财政可持续性原则与核心价值观的交互关系

可持续发展：财政可持续性原则与可持续发展的核心价值观密切相关。可持续发展强调满足当前需求，同时不损害未来代际的能力。财政决策应当考虑到经济、社会和环境的整体可持续性，促进可持续发展的实现。

社会公正与平等：财政决策直接关系到社会公正和平等的实现。通过征税和社会保障等手段，财政体系可以调整财富分配，减少社会不平等。社会公正的实现也有助于建立更加包容和稳定的社会结构。

环境保护：财政可持续性原则与环境保护价值观相辅相成。在财政决策中，对环境的投资和支持可以推动绿色技术和可再生能源的发展，降低气候变化的影响。通过制定环保税收政策和支持可持续发展项目，财政体系可以在环境保护方面发挥积极作用。

透明度与治理：财政透明度与良好治理是相辅相成的。透明度要求公开和清晰的财政信息，有助于监督和评估政府决策。良好治理则需要建立有效的制度和问责机制，以确保财政决策的合法性和公正性。

社会责任：财政决策需要体现社会责任，关注社会的整体福利。这包括通过公共支出和社会保障制度，为弱势群体提供支持，提高社会的整体生活水平。社会责任观念也可以推动企业履行社会责任，与政府共同促进社会发展。

创新与可持续增长：财政可持续性原则促使财政决策更加注重创新和可持续增长。通过投资科技创新、教育培训和基础设施建设等领域，财政体系可以推动经济的长期增长，为未来奠定更加可持续的发展基础。

国际合作与全球责任：财政决策在全球化背景下，需要考虑国际合作和全球责任。与其他国家和地区开展财政合作，分享最佳实践，共同应对全球性挑战，是推动全球经济、社会和环境可持续性的关键。

教育与人力资本：财政决策对教育的投入直接关系到人力资本的培养和社会的整体素质。通过财政支持教育体系，培养具备创新能力和适应未来社会需求的人才，有助于提升社会的整体发展水平。

公共卫生与社会福利：财政决策在公共卫生和社会福利方面的投入，直接关系到社会的健康状况和居民的生活质量。通过建立健全的医疗保健和社会福利体系，财政体系可以为社会创造更加健康、安全的环境。

人权与社会正义：财政决策应当尊重并保障人权，关注社会正义。通过公正的税收政策、社会保障制度的建立，以及公平的资源分配，可以减少社会不平等，促进人权和社会正义的实现。

在财政决策的实践中，这些核心价值观与财政可持续性原则不仅相辅相成，而且相互交织、相互影响。例如，对社会公正与平等的追求需要财政决策考虑如何通过税收和支出来缩小贫富差距，而这也与长期平衡原则密切相关。同样，对环境保护的追求需要财政体系通过环保投资和绿色税收等手段，与环境可持续性原则形成紧密联系。

三、全球视角下的财政可持续性

全球视角下的财政可持续性是一个关乎各国、地区以及全球经济体系的综合性议题。在全球化的时代背景下，国际经济、社会和环境之间的相互依存关系变得日益紧密，财政可持续性的问题不再局限于国家层面，而是需要全球共同努力来应对。本节将从不同角度探讨全球视角下的财政可持续性，强调全球经济互联互通、全球治理、气候变化等方面的重要性。

（一）全球经济互联互通与财政可持续性

全球供应链与财政稳定：当今世界，各国经济已经形成高度互联互通的全球供应链体系。这种全球性的贸易和产业结构使得一个国家的财政稳定性不再仅仅受制于本国内部的因素，而更受到全球市场和全球经济周期的影响。因此，保持财政可持续性需要考虑到全球贸易的波动、全球需求的变化以及国际金融市场的不确定性。

全球金融体系的稳定：国际金融市场的稳定对于各国的财政可持续性至关重要。金融危机和货币风险可能在短时间内对各国的财政产生巨大冲击。因此，建立和维护一个稳定、透明、健康的全球金融体系是确保财政可持续性的重要前提。

汇率和财政政策协调：不同国家的货币政策和财政政策之间的协调，尤其是主要货币国家的政策对全球经济和金融的影响不可忽视。货币政策的不稳定性和大规模的汇率波动可能对各国的财政状况产生深远的影响，因此需要更多的国际合作和协调。

（二）全球治理与财政可持续性

国际组织的角色：国际组织在全球治理中发挥着重要的作用，它们不仅关注全球贸易和金融体系的稳定，也关注全球财政可持续性的问题。例如，国际货币基金组织（IMF）和世界银行（WB）等组织通过提供财政建议、支持国家金融改革等方式，促进各国财政可持续性的提升。

全球税收合作：在全球化背景下，跨国公司的税收问题成为一个全球性的挑战。为了确保各国能够公平分享全球经济增长带来的红利，国际社会需要加强税收合作，防范跨国公司逃税行为，维护全球财政可持续性。

国际贸易规则：国际贸易规则的制定和执行对各国的财政状况具有直接影响。公平、开放、透明的国际贸易体系有助于促进全球财富的均衡分配，提高各国的财政可持续性。

气候变化和环境治理：气候变化不仅是一个环境问题，也是一个全球经济和财政问题。因气候变化引起的自然灾害、资源短缺等将直接冲击各国的财政可持续性。因此，国际社会需要共同努力，制定并执行可持续的环境治理政策，以降低气候变化对全球财政的不利影响。

（三）气候变化与全球财政可持续性

气候变化的经济影响：气候变化对全球经济的影响不仅表现在环境破坏方面，更涉及资源分配、产业结构和国际贸易等方面。极端天气事件、自然灾害会导致经济损失，而温室气体减排、可再生能源的推广则可能为经济带来新的机遇。

气候变化的社会影响：气候变化可能加剧社会的不平等，特别是对于较为贫困地区的人口。贫困地区更容易受到自然灾害的侵袭，而气候变化可能导致资源紧缺，引发社会动荡和移民潮，对全球社会的和谐稳定构成威胁。

气候变化的财政挑战：气候变化引发的灾害和损失将增加国家财政的压力。应对和适应气候变化需要大量的财政投入，而这些投入又可能影响国家的财政可持续性。例如，防洪工程、气候适应技术、可持续农业等领域的投资需要庞大的资金，这可能导致国家财政赤字的增加，进而影响财政的稳健性。

国际气候融资：国际社会对于气候变化问题的共同关切促成了国际气候融资机制的建立。这包括《联合国气候变化框架公约》下的绿色气候基金等机制，旨在为发展中国家提供资金支持，帮助其应对气候变化并推动低碳、可持续发展。国际气候融资在一定程度上有助于减轻发展中国家的财政负担，促进全球范围内的财政可持续性。

碳市场与经济调整：一些国家通过建立碳市场来推动企业减排，为其排放设置额度，并通过交易形式进行碳排放权的买卖。这不仅有助于实现环保目标，还可以通过碳交易创造新的财政收入。然而，碳市场的建设和运行也需要健全的监管机制，以防止出现滥用和不当行为。

（四）全球贫富差距与财政可持续性

全球贫富差距的背景：全球范围内存在着显著的贫富差距，一些国家相对富裕，而另一些国家则面临极度贫困。这种不平等分布的现象既受到历史因素的影响，也与国际贸易、资源分配、社会制度等因素密切相关。

全球贫富差距对财政的挑战：贫富差距可能导致社会内部的不稳定和动荡，进而对国家财政可持续性构成挑战。社会的分裂可能导致社会服务需求的增加，如教育、医疗等领域的需求增加，而政府需要投入更多资源来维持社会的稳定。

国际援助与可持续发展目标：国际援助被视为缩小全球贫富差距的一种手段。通过向发展中国家提供援助，特别是在教育、医疗、基础设施建设等方面的援助，有助于提升这些国家的经济水平，减缓全球贫富差距的扩大。这也对全球的财政可持续性具有积极的影响。

国际贸易与贫困缓解：公平、开放的国际贸易有助于促进全球的经济增长，同时也能够为贫困地区提供更多机会。通过降低贸易壁垒、促进贸易自由化，各国能够更好地分享全球化带来的红利，从而改善社会经济结构，减轻贫困地区的财政负担。

（五）全球卫生与财政可持续性

全球卫生威胁：传染病的暴发和全球卫生问题对各国人民的健康与社会稳定构成威胁。突如其来的卫生危机可能导致医疗支出的激增、经济活动的停滞，从而对财政可持续性产生直接影响。

国际合作与卫生应对：全球卫生问题需要国际社会共同协作，而这也涉及财政资源的协调和分配。国际组织、各国政府以及非政府组织需要共同投入资源，推动卫生科研、医疗设施建设、公共卫生宣传等方面的合作，以更好地应对全球性的卫生威胁。

卫生支出与社会稳定：在国家层面，建立健全的医疗体系、提高公共卫生水平对于社会的稳定至关重要。卫生支出既是一种必要的社会投资，也是一种为财政可持续性做出的长期投入。

在全球视角下，财政可持续性已经不再是单一国家或地区所能解决的问题，而是需要各国共同努力、合作应对的全球性议题。国际合作、全球治理、气候变化、贫富差距和全球卫生等方面的挑战需要各方通力合作，制订出更加全面、协调的解决方案。

第二节　社会福利理论与框架

一、社会福利理论的起源与演进

社会福利理论作为一门涉及社会组织、公平正义和社会政策的学科，其起源和演进经历了丰富而复杂的历史过程。本节将从 19 世纪初的启蒙时代开始，追溯社会福利理论的起源，然后深入探讨其在 19 世纪末至 20 世纪的演进历程，最后关注社会福利理论在当代社会面临的挑战和发展趋势。

（一）启蒙时代：社会福利理论的萌芽

启蒙时代是社会福利理论发展的重要时期，其核心思想是个体权利、理性和人类幸福。启蒙思想家如约翰·洛克（John Locke）和让-雅克·卢梭（Jean-Jacques Rousseau）强调个体的自由和平等权利。这些思想为后来社会福利理论的形成奠定了基础。

洛克的社会契约理论：洛克认为人们通过社会契约组成政府，保障私有财产和个体自由。尽管他未直接提及社会福利，但他的思想为后来的社会契约和公共利益理论提供了理论支持。

卢梭的社会契约与公共意志：卢梭的社会契约理论更加强调公共意志的形成。他认为人们在社会契约中创造了一个共同体，应当追求整体的幸福。这为后来社会福利理论中强调社会整体福利提供了理论基础。

（二）19 世纪末至 20 世纪初：社会福利理论的深化与扩展

19 世纪末至 20 世纪初，社会福利理论逐渐从个体权利和公共利益的层面深化为更为系统的社会政策理论，涉及对社会不平等、劳动条件、教育和公共卫生等方面的关注。

亨利·乔治与社会进步：亨利·乔治是 19 世纪末社会福利理论的重要代表人物之一。他的作品《进步与贫穷》强调土地改革和社会进步的关系。乔治主张通过土地税和公共基础设施建设来缓解社会贫困，为当时的社会政策提供了新的思路。

法比安社会主义：法比安社会主义者强调通过社会主义制度来实现公平和社会福利。其中，约瑟夫·罗兰和查尔斯·福克斯提出了合作社和社会主义社区的构想，试图通过社会组织形式来创造更公平的社会结构。

社会政策和国家干预：随着工业化的发展，社会问题日益显著。20 世纪初，一些国家开始采取积极的社会政策和国家干预，以缓解工人的困境。

（三）20 世纪中期：社会福利国家的崛起

20 世纪中期，随着社会主义、资本主义的对峙，一些国家开始构建社会福利国家，强调国家在社会事务中的积极作用，提供全面的社会服务，保障公民权利。

社会民主主义：北欧国家成为社会福利国家的代表，其模式被称为"社会民主主义"。瑞典、丹麦、挪威等国通过高税收、全面的社会服务和教育制度，致力于提高整体社会福利水平，成为社会福利国家的楷模。

凯恩斯主义经济学：约翰·梅纳德·凯恩斯的经济理论对社会福利国家的建设产生深远影响。他提出通过政府干预、社会保障制度来调控市场经济，确保整体经济的稳定和公平。

联合国的全球福利视角：联合国的成立使得社会福利问题成为国际共识。1948 年《世界人权宣言》中明确规定了教育、医疗、社会保障等方面的权利，推动了全球范围内对社会福利的关注。

（四）20 世纪末至 21 世纪初：市场化与社会福利的新平衡

20 世纪末至 21 世纪初，随着新自由主义的崛起，一些国家开始推行市场经济的改革，社会福利理论也面临着新的挑战和变革。在这一时期，社会福利理论逐渐在市场化与国家干预之间寻求新的平衡点。

新自由主义与市场经济：新自由主义经济理论强调市场的自由度和私有企业的作用，主张减少政府的干预。这一理论在 20 世纪末迅速传播，许多国家采取了市场化的经济改革，强调市场的自我调节能力。这对社会福利理论提出了新的挑战，使一些国家转向更为自由市场的经济体系。

福利国家的改革：面对市场经济的冲击，一些传统的福利国家开始进行改革，以提高经济效益和社会福利。这包括对社会保障体系的调整、教育和医疗资源的优化配置等。例如，英国和澳大利亚等国采用了新公共管理（new public management）的理念，试图通过市场机制提高公共服务的效率。

社会正义与多元主义：随着社会的多元化和全球化，社会福利理论逐渐关注更广泛的社会正义问题。性别、种族、文化等因素开始被纳入社会福利理论的考量范围。多元主义强调在社会福利政策中应当考虑不同群体的特殊需求，追求更加包容和公正的社会。

（五）当代社会福利理论面临的挑战与发展趋势

全球化的挑战：在全球化背景下，社会福利理论面临着跨国性的挑战。全球贫富差距、气候变化、移民问题等超越国界的挑战需要国际社会共同协作，推动社会福利理论向更广泛的领域发展。

数字化与科技发展：数字化和科技发展为社会福利理论带来新的机遇与挑战。人工智能、大数据等技术的应用可以提高社会服务的效率，但也带来隐私和伦理等方面的问题。社会福利理论需要思考如何在数字时代更好地平衡技术发展与公民权益的关系。

人口老龄化：许多国家面临人口老龄化的挑战，这对社会福利体系提出了新的要求。养老金、医疗服务等领域需要更好地适应老龄化社会的需求，维持社会的可持续性。

应对危机与灾难：全球范围内的危机和灾难频发，如流行病、自然灾害等，对社会福利体系提出了巨大考验。社会福利理论需要思考如何更好地应对突发性危机，保障社会的稳定和人民的福利。

社会创新与发展：社会福利理论也应关注社会创新和可持续发展。通过支持社会企业、鼓励创新实践，社会福利理论可以促进社会的多元化发展，提高整体社会的福利水平。

社会福利理论的起源和演进反映了人类社会对公平正义和个体福利的不断探索。从启蒙时代的自由权利，到19世纪的社会改革和社会主义理论，再到20世纪的福利国家建设，社会福利理论在不同时期都与时代的需求和挑战相互交织。当代社会福利理论在面对全球化、科技发展等新挑战时，需要更多地关注社会的多元性和可持续性，以推动人类社会不断迈向更为公正、包容和可持续的未来。

二、社会福利框架与相关概念

社会福利框架是一个涵盖广泛领域的复杂系统，旨在确保社会成员享有基本权利、获得公平机会，并提供一系列服务和资源以提高整体福利水平。本节将深入探讨社会福利框架及相关概念，包括社会福利的定义、原则，不同层面及领域的社会福利以及框架的实施和发展趋势。

（一）社会福利的定义与基本原则

社会福利的定义：社会福利是指社会组织和政府通过制定政策、提供服务、实施项目等方式，旨在改善和保障个体与群体的生活水平、健康、教育、住房、就业等方面的总和。社会福利的核心目标是创造一个更加公平、包容和有利于每个成员发展的社会环境。

社会福利的基本原则：

公正与平等：社会福利的提供应当追求社会的公正和平等，确保每个成员都能享有基本的生活权利，不受到不合理的歧视和排斥。

人权与尊严：社会福利的实现应当尊重并保障每个个体的人权和尊严，确保其在社会中的平等地位。

团结与社会责任：社会福利体系需要建立在社会的团结和互助之上，倡导社会责任，鼓励个体和机构为社会福利做出贡献。

可持续性与发展：社会福利的提供应当考虑到社会的可持续性，不仅满足当代需求，还要确保未来也能享受到相同或更好的福利。

（二）社会福利的领域与层面

社会福利框架覆盖了多个领域和层面，旨在全面促进个体和群体的整体福利。以下是社会福利的主要领域和层面：

经济福利：经济福利是社会福利的基础，包括就业、收入分配、社会保障等方面。通过提供公平的就业机会、建立健全的社会保障体系，社会可以减少经济不平等，促进整体经济的稳定和可持续发展。

教育福利：教育是个体发展和社会进步的重要手段。社会福利框架应确保每个人都能获得质量高、机会平等的教育，不受经济地位或社会背景的限制。

医疗福利：健康是个体和社会福利的基础。社会福利框架需要建立健全的医疗体系，提供全民覆盖的医疗服务，确保每个人都能享有基本的医疗保健权利。

住房福利：住房是个体生活的基本需求。社会福利框架应当关注住房问题，通过制定合理的住房政策和提供适当的住房补贴，确保每个人都能够安居乐业。

社会文化福利：社会文化福利包括文化活动、艺术、体育等方面。这不仅是对物质生活的补充，更是对精神生活的关注。社会福利框架应当鼓励并支持各种文化活动，提高社会的文化素养和创造力。

（三）社会福利框架的实施与政策手段

社会福利政策：社会福利政策是社会福利框架的具体体现，包括对经济、教育、医疗、住房等领域的政策制定和实施。这些政策应当以社会福利为导向，通过法规、税收、财政支持等手段，推动社会向更加公平和包容的方向发展。

社会服务机构：社会福利框架需要有一套健全的社会服务机构，这包括政府部门、非营利组织、社会企业等。这些机构在提供服务的同时，也承担着监督、评估和改进的责任，确保社会服务的效果和质量。

社会资本的培育：社会福利框架不仅依赖政府的力量，还需要培育和发展社会资本。社会资本包括各种社会组织、志愿者、社区团体等，它们在社会福利框架中发挥着积极作用。政府可以通过激励和支持社会资本的发展，建立更加紧密的社会网络，促进社区的共建共享。

公众参与与决策：社会福利框架的建设需要充分考虑公众的意愿和需求。公众参与是社会福利政策制定和实施的重要环节。政府应当建立透明、民主的政策决策机制，通过广泛的公众参与，确保社会福利政策符合多数人的期望和利益。

国际合作：社会福利问题往往超越国界，需要国际合作来应对。在全球化背景下，各国可以通过分享经验、共同研究问题、联合应对全球性挑战，推动社会福利理念不断发展。

（四）社会福利框架的挑战与发展趋势

全球化与社会福利的平衡：全球化为经济和文化的交流提供了机遇，但也带来了一系列挑战，包括经济不平等的加剧、文化冲突等。社会福利框架需要在全球化中找到平衡点，确保社会福利的全球性和可持续性。

技术发展与社会福利的整合：随着科技的迅猛发展，社会福利框架需要更好地整合技术创新，以提高服务的效率和质量。数字化、人工智能等技术的应用为社会福利领域带来更多可能性，但也需要谨慎应对技术带来的伦理和隐私问题。

人口老龄化与社会福利的调整：许多国家面临人口老龄化的挑战，社会福利框架需要相应调整，以满足老年人群体不断增长的需求。养老服务、医疗保健等方面的政策需要更好地适应人口结构的变化。

环境可持续性与社会福利：环境问题对社会福利有直接的影响。社会福利框架需要考虑如何在满足当代需求的同时，保护环境资源，确保可持续性的社会福利。

社会创新与社会福利：社会创新是推动社会进步的关键力量。社会福利框架需要鼓励和支持社会创新，包括社会企业、公益组织等的发展，以推动社会福利的更大提升。

社会福利框架是一个复杂而庞大的系统，旨在创造一个更加公正、平等、包容的社会环境。通过明晰社会福利的定义和基本原则，搭建全面的社会福利体系，整合各个领域和层面的资源，社会可以更好地应对不断变化的挑战。在未来，社会福利框架需要更加灵活地适应全球化、技术发展等新的背景，以更好地服务于社会的持续发展。社会福利框架的建设需要政府、社会组织和个体的共同努力，以促使社会朝着更加公正、平等和可持续的方向发展。

三、社会福利在不同文化背景下的理论解读

社会福利理论的形成和演变深受不同文化背景与社会价值观的影响。不同文化对于个体与社会的关系、责任分配、公平正义等问题有着不同的看法，因此在不同文化背景下，社会福利理论也呈现出多样性和独特性。本节将深度解读社会福利在不同文化背景下的理论，包括东方文化和西方文化对社会福利的不同理念、价值观及其理论基础。

（一）东方文化中的社会福利理论

儒家文化下的社会福利：儒家文化强调家庭、社会和谐与个体责任。在这种文化中，社会福利常常被视为家庭的责任，强调孝道和仁爱。社会福利的实现是通过家庭的自助努力和亲情的延续来实现的，而非完全依赖于政府。

道家文化下的社会福利：道家注重自然法则，主张顺应自然、追求自由。在这个背景下，社会福利更倾向于个体自我调节和社会的自发平衡。政府的角色相对较小，强调非干预和不扰民的原则。

佛家文化下的社会福利：佛家强调慈悲、菩萨心肠，对于贫苦人群有着深刻的关怀。佛教徒通常以修行积累福报，积极参与慈善事业，以回馈社会。因此，社会福利在佛家文化中是一种道德义务和修行的体现。

（二）西方文化中的社会福利理论

基督教文化下的社会福利：基督教文化对社会福利产生了深远的影响。基督教强调爱的原则，提倡对弱势群体的关爱和援助。在西方，很多社会福利机构起源于教会，追求道义上的正义和爱的实践。

自由主义文化下的社会福利：自由主义文化注重个体权利和自由，其社会福利理论强调市场机制和个体责任。自由主义的观点认为，通过保障市场的自由运作和个体的自由选择，最终会实现社会的繁荣和福利。

社会主义文化下的社会福利：社会主义强调社会的公平和平等。社会福利在这个背景下被视为国家的责任，政府应当通过合理的资源分配来减少社会不平等，提高社会整体福利。这一理论基础也支持建设福利国家的观念。

（三）不同文化背景下社会福利的比较

个体与集体的关系：在东方文化中，强调个体对家庭和社会的责任，注重个体的修养和道德。相较之下，西方文化更强调个体的自由和权利，社会福利则在更大程度上依赖于政府的干预和组织。

政府角色的不同：西方文化中的社会福利体系通常倾向于由政府主导，通过税收和社会保障来提供服务。而在东方文化中，尤其是儒家文化，更倾向于家庭和个体自助，政府的作用较小。

价值观与道德：东方文化中的社会福利更注重道德和伦理的层面，社会福利被视为一种道德义务和修行的一部分。而在西方文化中，社会福利往往与权利、公正等法律和伦理原则联系更为紧密。

社会公正与平等：西方社会福利理论中强调社会公正和平等的实现，注重通过政府干预来减少社会的不平等。相较之下，东方文化中更注重的是个体的品德修养和家庭的和谐，社会福利被视为众人共同努力的结果。

（四）社会福利理论的跨文化适用性及挑战与困境

跨文化适用性：

尽管不同文化对社会福利有着不同的理论基础和实践方式，但在实际应用中，社会福利的核心概念在不同文化中仍然具有一定的适用性。例如，对于贫困、疾病、教育不平等等社会问题的关注，以及对弱势群体的关怀，这些都是跨文化共同的关切点。因此，在制定社会福利政策时，可以借鉴其他文化的成功经验，促使社会福利理念更好地适应多元文化背景。

挑战与困境：

文化差异引发的理解障碍：不同文化对于社会福利定义的理解存在显著的差异，这可能导致在跨文化交流中出现理解障碍。政策制定者需要深入了解不同文化的特点，以避免在实施社会福利政策时产生文化冲突。

权衡个体与集体利益：一些文化更强调个体的责任和家庭的自助，而另一些文化更强调社会整体的利益。在跨文化应用社会福利理论时，需要平衡个体与集体的关系，确保社会福利政策既能照顾个体需求，又能服务社会整体利益。

政治体制与社会福利：不同文化背景下的政治体制和社会福利的关系也

存在差异。在一些文化中，政府可能扮演更大的角色，而在另一些文化中，政府可能更注重个体自由。这种差异可能影响社会福利的具体实施方式。

文化变迁带来的挑战：随着社会的发展和文化的变迁，人们的价值观和社会需求也在发生改变。一些传统的社会福利理念可能面临新的挑战，必须不断调整以适应文化变迁的需求。

（五）未来发展趋势与建议

跨文化研究与合作：未来应加强跨文化研究，深入探讨不同文化中社会福利理论的异同。国际社会可以加强合作，分享成功的社会福利实践经验，促进跨文化对话。

本土化社会福利政策：在制定社会福利政策时，应当充分考虑当地的文化特点和社会需求，采取本土化的方式，使政策更具可行性和接受度。

促进文化包容性：社会福利政策需要体现文化包容性，尊重和容纳不同文化对于社会福利的理解。政策制定者应当建立开放的决策机制，充分考虑不同文化群体的声音。

发展具有文化敏感性的社会工作力量：在社会福利服务提供者中培养具有文化敏感性的专业力量，能够理解和尊重不同文化的需求，更好地为多元文化社会提供服务。

强化社会教育和意识提升：通过社会教育和舆论引导，提升社会对不同文化背景下社会福利理论的理解，形成对于社会福利的共识，促进社会的共建共享。

在全球化的背景下，各国面临越来越多的挑战，社会福利作为应对社会问题的手段，需要更加注重文化的融合与对话。通过跨文化的学习和合作，社会福利理论可以更好地服务于不同文化背景下的社会发展。

第三节　可持续性经济与社会福利的关系

一、经济增长与社会福利的平衡

经济增长与社会福利之间的关系一直是经济学和社会政策领域的关注焦

点。在发展的进程中，经济增长通常被视为实现更好社会福利的手段之一，然而，这种关系并非简单的因果关系，而是需要平衡与协调的复杂议题。本节将探讨经济增长与社会福利之间的关系，分析二者的互动、冲突、合作，并提出在追求经济增长的同时如何最大限度地实现社会福利的可持续平衡。

（一）经济增长对社会福利的影响

创造就业机会：经济增长通常伴随着产业的扩张和创新，带动就业机会的增加。更多的就业机会意味着更多的人能够获得稳定的收入，从而改善其生活水平，提升社会福利。

提高人均收入：经济增长有助于提高国家和个体的人均收入水平。随着人均收入的增加，人们可以更好地满足基本需求，包括食物、住房、医疗和教育，从而提高整体的生活质量。

增加财政收入：经济增长带来的税收增加为政府提供了更多的财政资源，可以用于社会福利项目和基础设施建设。这包括医疗、教育、社会保障等领域的投资，直接影响社会的整体福利水平。

技术创新和社会服务提升：经济增长往往伴随着科技创新，这有助于改善社会服务的效率和质量。新技术的引入可以提升医疗水平、改善教育体系，从而间接影响社会福利水平。

（二）社会福利对经济增长的反馈

提高人力资本：通过投资教育、医疗保健等社会福利项目，社会可以提高人口的整体素质和健康水平，从而提高劳动力的质量，促进生产率的提升，为经济增长提供更为可持续的动力。

社会稳定与创业环境：良好的社会福利体系有助于社会的稳定，减少社会不满情绪和动荡。一个相对稳定的社会环境为企业提供了更好的创业和发展条件，促进经济的长期增长。

促进消费和市场扩大：较高水平的社会福利意味着更多的人拥有稳定的收入和更好的社会服务，进而促进了消费的增长。消费的增加不仅推动了内需，也扩大了市场规模，为企业提供更多发展的机会。

减少社会不平等：通过社会福利项目的实施，社会可以缩小贫富差距，提高社会整体的公平性。较小的社会不平等有助于增强社会凝聚力，使整个社会更具发展潜力。

（三）经济增长和社会福利的冲突与挑战

环境压力与资源消耗：高速经济增长可能导致环境问题的加剧，包括资源过度消耗、环境污染、气候变化等。这些问题为社会福利带来潜在的威胁，因为环境的破坏可能损害人们的生活品质。

社会不平等现象的加剧：长期的经济增长有时会导致贫富差距的扩大，这可能导致社会的分裂和社会福利水平的下降。一部分人可能无法分享到经济增长的成果，导致社会的不公平现象发生。

劳动力市场的不确定性：随着经济结构的变化，某些行业可能面临就业岗位的减少，可能引发劳动力市场的不稳定。这可能对社会福利产生负面影响，需要更加灵活的社会保障机制。

医疗和教育的负担：随着生活水平的提高，对于更高质量的医疗和教育服务的需求也增加，这可能给社会福利系统带来更大的负担。在一些国家，医疗和教育的费用已成为社会福利的重要组成部分。

（四）实现经济增长与社会福利的平衡策略

可持续发展：将经济增长与环境可持续发展相结合，实现经济的绿色转型，促进资源的可持续利用。通过推动清洁能源、循环经济等领域的发展，降低对环境的负面影响，从而保障社会福利的可持续性。

创新与技术发展：投资于科技创新，提高生产力和效率，有助于实现经济的增长。同时，技术的发展也可以为社会福利提供更多可能性，提升医疗、教育等服务的水平，确保社会发展的全面性。

灵活的社会保障机制：面对劳动力市场的不确定性，需要建立更加灵活和适应性强的社会保障机制，包括职业培训、就业援助等，以帮助失业人员重新融入劳动力市场。

教育和健康的投资：加大对教育和医疗的投资力度，提高社会的人力资本，为经济提供更高质量的劳动力，同时也提升社会的整体素质。这有助于提高就业竞争力，减少医疗费用支出，促进社会福利的提升。

税收政策的公平性：制定公平的税收政策，确保富人和贫困群体之间的负担相对均衡。适度的税收调节，可以减少社会不平等现象的加剧趋势，保障社会的稳定和福利。

社会参与与民主决策：通过促进社会的广泛参与，建立更加民主的决策机制。这有助于确保社会福利政策更符合多数人的利益，减少社会的不满情绪，提升社会的稳定性。

国际合作与共赢：面对全球性挑战，国际合作显得尤为重要。通过跨国合作，共同应对气候变化、贸易不平等等问题，实现全球社会福利的共同提升。

（五）结论与展望

经济增长与社会福利之间的关系是一个动态平衡的过程，需要在不同阶段和不同环境中不断调整。在实现经济增长的同时，不能忽视社会福利的提升，两者应该相辅相成、相互促进。在未来，我们需要更加注重可持续发展，推动经济向着绿色、创新、包容的方向发展，以实现社会福利的长期可持续性。

政府、企业、社会组织等各方应共同努力。政府在制定政策时要更多考虑社会福利因素，引导经济朝着更为包容和可持续的方向发展。企业要更加注重社会责任，不仅是经济增长的追随者，还应该积极参与社会福利的建设。社会组织和公众要更加关注社会福利问题，推动社会形成共识。

二、社会福利在可持续经济中的角色

可持续发展是一个全球性的目标，旨在满足当代的需求，同时确保不损害未来满足其需求的能力。社会福利作为可持续发展的重要组成部分，在构建和维护可持续经济中发挥着至关重要的作用。本节将深入探讨社会福利在可持续经济中的作用，包括其对社会、环境和经济三个方面的影响，并提出相应的策略和建议。

（一）社会福利对社会可持续性的贡献

社会公平与包容：社会福利制度的建设有助于缩小贫富差距，促进社会的公平和包容。在一个公平的社会中，资源分配更加均衡，人们更有机会获得教育、医疗等基本服务，有助于实现社会的可持续性。

人力资本的提升：社会福利投资于人力资本，通过提供教育、培训、健康保健等服务，提高人们的能力和素质。一个受过良好教育且健康的人将更有创造力和创新性，有助于推动社会的进步和可持续发展。

社会凝聚力的增强：通过提供社会保障、医疗救助等服务，社会福利有助于增强社会的凝聚力。在一个有温度、有关爱的社会中，人们更愿意共同合作、分享资源，形成更加团结的社会结构。

灾害应对与社会稳定：健全的社会福利体系可以提高社会的抗风险能力。当自然灾害或其他紧急情况发生时，社会福利机制可以迅速响应，提供援助，维护社会的稳定和可持续性。

（二）社会福利对环境可持续性的支持

可持续消费与生活方式：社会福利的提升意味着人们更有能力享受基本的生活，从而减少了对资源的过度消耗。提供基本福利服务，可以引导人们向更为可持续的消费和生活方式转变，减轻浪费和环境负担。

社会教育与环境意识：通过教育系统的建设，社会福利可以培养公民的环境责任感和可持续发展的意识。有了更多的环境教育，人们更容易理解生态系统的重要性，采取行动维护环境的可持续性。

支持可再生能源与绿色技术：社会福利的资源可以用于支持可再生能源和绿色技术的发展。通过政府的投资和政策支持，社会福利可以成为推动清洁能源和环保技术创新的重要动力。

社会福利与低碳城市：社会福利的投资，可以改善城市基础设施、提供更好的公共交通等服务，从而减少城市的碳排放。社会福利的发展与低碳城市的建设可以相互促进，实现城市可持续发展。

（三）社会福利对经济可持续性的促进

人才吸引与劳动力生产力：良好的社会福利制度有助于吸引和留住优秀的人才。在一个提供全面福利保障的社会中，人们更愿意为社会、为企业做出贡献，提高了劳动力的生产力和创造力，从而促进经济的可持续增长。

社会保障与创业环境：社会福利体系的建设可以提供一定的社会保障，减轻个体和家庭的风险负担。这有助于创业者更加安心地投身创业，推动创新和经济结构的优化，促进可持续经济的发展。

消费市场的稳定与增长：良好的社会福利体系有助于保障社会中普通居民的基本生活水平，促进消费市场的稳定和增长。稳定的消费市场是经济持续增长的基础，有助于构建健康的经济生态系统。

减轻社会不平等的经济压力：通过社会福利的分配，可以减轻社会中底层和弱势群体的经济压力，增加他们参与经济活动的机会。减少社会不平等有助于降低社会紧张程度，维护社会的稳定，为经济的可持续性创造更为有利的环境。

（四）挑战与解决方案

财政可持续性的挑战：社会福利的提升需要大量的财政支出，而这可能对国家财政造成一定压力。在财政有限的情况下，要想平衡社会福利的提升和财政可持续性，需要制定合理的财政策略，包括提高税收、优化支出结构等。

社会福利与经济效益的平衡：在推动社会福利的提升时，需要权衡社会福利与经济效益之间的关系。一些社会福利措施可能会增加企业的成本，影响其盈利能力，因此需要寻找双赢的方案，通过创新和提高效率实现社会福利和经济效益的平衡。

社会福利的滥用问题：一些社会福利措施可能存在滥用的问题，导致资源分配的不公平和浪费。建立有效的监管机制，防止滥用行为的发生，确保社会福利资源真正惠及有需要的人群，是一次重大的挑战。

文化差异与社会福利的适应性：不同文化背景下对社会福利的理解和期望存在差异，因此在制定社会福利政策时需要考虑文化的多样性。建立具有文化适应性的社会福利体系，既能尊重不同文化的特点，又能实现可持续的社会福利提升。

（五）策略与建议

整合资源优化社会福利：制定整体性的社会福利战略，整合各方资源，通过高效的运作机制优化资源配置。这包括政府、企业、社会组织等多方参与，形成资源协同效应，最大化社会福利的提升。

加强教育与培训：投资于教育和培训，提高人力资本素质，使人们更具竞争力，更好地适应经济结构的变化。通过提高就业技能和创业能力，促进劳动力市场的灵活性，有助于实现可持续的经济增长。

强化社会责任：鼓励企业承担更多的社会责任，通过创造就业机会、提供培训、改善劳动条件等方式，为社会福利的提升做出积极贡献。建立社会责任评价体系，鼓励企业积极参与社会福利建设。

科技创新推动可持续发展：加强科技创新，推动绿色技术和可持续发展领域的突破。通过数字化、智能化等手段提高资源利用效率，减少对环境的影响，实现经济的可持续性。

强调社会福利与环境协同：将社会福利与环境可持续性相互融合，强调环境友好型的社会福利政策。例如，通过发展绿色产业，提供绿色岗位，既创造了就业机会，也有助于环境可持续性。政府可以制定相应政策，激励企业在环保领域投资，同时关注社会福利的提升。

建立弹性社会福利机制：面对社会变革和不确定性，建立更具弹性的社会福利机制。这包括灵活的社会保障体系，可以根据不同群体和时期的需求进行调整。此外，社会福利政策也需要更多考虑新兴行业和灵活就业形式。

推动国际合作与共享：面对全球性的可持续发展挑战，各国应加强合作，共同推动社会福利的提升和可持续经济的发展。通过分享成功经验、共同研究解决方案，形成国际社会共识，共享发展成果。

社会创新与参与：鼓励社会创新，激发公众的参与热情。社会创新包括从社区层面到全球层面的各种创新形式，有助于发现和解决社会福利和可持续发展中的问题。同时，强调公众的参与，通过民主决策和社会反馈，形成更加包容和可持续的社会福利体系。

社会福利在可持续经济中的角色不仅是为了满足人们的基本需求，还是推动整个社会系统朝着可持续方向发展的引擎。通过促进社会公平、提高人力资本、支持环境可持续性、促进经济增长等方面的作用，社会福利成为实现可持续发展目标的重要组成部分。

然而，实现社会福利与可持续经济的平衡并非一帆风顺。在全球化、技术变革、社会结构变迁等复杂因素的影响下，社会福利体系需要不断调整和创新，以适应新的挑战和机遇。政府、企业、社会组织和个体都需要共同努力，形成合力，为构建更为包容、公平、环保的社会福利体系而共同奋斗。

社会福利与可持续经济之间是相互促进、相互支持的关系。在追求经济增长的同时，不能忽视社会福利的提升；在关注社会福利的同时，也要保障经济的可持续性。通过坚持创新、公平、可持续的原则，社会福利将成为实现可持续经济的坚实基础，为人类创造更加美好的未来。

三、可持续性经济政策的社会福利效应

可持续性经济政策是为了在满足当前需求的同时，确保不损害未来满足其需求的能力而制定的政策。这种政策旨在实现经济环境的友好、社会公正和经济发展的三重平衡。本节将深入探讨可持续性经济政策的社会福利效应，分析这些政策如何影响社会的公平、就业、教育、医疗等方面，促进社会的可持续发展。

（一）社会公平与可持续性经济政策

贫富差距的缩小：可持续性经济政策通常强调社会的公平分配和包容性增长，有助于缩小贫富差距。通过税收政策的调整和社会福利项目的实施，政府可以更加平衡地分配社会资源，使更多人分享到经济增长的果实，提高整体社会的公平性。

社会服务的普惠性：可持续性经济政策注重提高社会服务的普惠性，确保每个人都能够享受到基本的教育、医疗和社会保障。通过增加对基础设施的投资和完善社会福利体系，政府可以提高社会服务的普及程度，从而实现更为公平的社会福利分配。

社会参与与决策公正：可持续性经济政策强调社会参与和决策的公正性。通过建立公平的决策机制，包括民主决策和社会咨询，政府可以确保各阶层的人民都能够参与经济政策的制定过程，从而更好地满足不同群体的需求，实现社会的公正。

（二）就业与可持续性经济政策

创造绿色就业：可持续性经济政策鼓励发展绿色产业，包括可再生能源、清洁技术等领域，从而创造更多的绿色就业机会。这有助于降低对传统高污染产业的依赖，促进绿色经济的发展，提高就业机会的质量和数量。

培训和技能提升：可持续性经济的转型需要人们具备新的技能和知识。政府可以通过培训和教育项目，帮助劳动力适应新的经济结构，提高其在可持续性经济中的就业竞争力。这有助于减轻因产业结构调整带来的就业压力，促进社会的可持续发展。

社会创业和创新：可持续性经济政策鼓励社会创业和创新，为社会提供

更多的就业机会。通过支持小型企业、创业项目，政府可以激发社会创业的活力，促进新兴产业的发展，从而带动就业增长，提高社会的整体就业水平。

（三）教育与可持续性经济政策

可持续发展教育：可持续性经济政策倡导可持续发展教育，旨在培养公民具备可持续发展的意识和知识。通过在学校教育中融入可持续发展的理念，培养学生的环保意识和社会责任感，为未来社会的可持续发展培养有志于绿色发展的新一代人才。

提高教育投入：可持续性经济政策通常伴随着教育投入的增加。政府可以加大对教育的财政支持力度，提高教育资源配置的效率，改善教育设施，确保更多的人能够接受高质量的教育，提升整个社会的文化素质。

技术创新与教育融合：可持续性经济政策强调技术创新，政府可以推动科技与教育的融合。通过引入先进的科技手段，如在线教育、智能化教学工具等，提高教育的质量和效率，促进教育与经济的良性互动。

（四）医疗与可持续性经济政策

建设健康基础设施：可持续性经济政策重视建设健康基础设施，提高医疗服务的可及性和质量。通过投资医疗机构建设、培训医疗人才，政府可以确保更多人能够获得及时的医疗服务，提高整体社会的健康水平。

推动医疗科技与创新：可持续性经济政策鼓励医疗科技的发展与创新。通过支持医疗科技公司的研发，政府可以推动医疗技术的升级，提高医疗效率和精准度，同时降低医疗成本，使更多人受益于先进的医疗科技。

构建全面医疗保障体系：可持续性经济政策倡导建立全面的医疗保障体系，确保所有居民都能够享受到基本的医疗服务。通过社会医疗保险、公共卫生项目等手段，政府可以减轻医疗负担，保障全民的健康权益。

应对突发公共卫生事件：可持续性经济政策注重应对突发公共卫生事件的能力。通过建立卫生应急机制、提高医疗资源的储备和调配能力，政府可以更加有效地应对疫情、自然灾害等突发事件，保障社会的稳定和可持续性。

（五）社会参与与可持续性经济政策

促进社会参与：可持续性经济政策倡导广泛的社会参与。通过建立社会咨询机制、听取公众意见、促进公众参与决策，政府可以更好地满足社会多元化的需求，确保经济政策更具可持续性和包容性。

社会企业的支持：可持续性经济政策鼓励社会企业的参与。政府可以通过制定税收政策、提供贷款支持等方式，激励企业在实现经济效益的同时，也关注社会和环境的可持续性。社会企业的参与有助于在商业活动中注入更多社会责任和可持续发展的理念。

社会创新的推动：可持续性经济政策鼓励社会创新。通过支持社会创新项目、设立社会创新基金，政府可以激发社会的创新活力，推动社会在可持续发展领域的积极实践和探索。

（六）可持续性经济政策的挑战与解决方案

经济成本的考虑：实施可持续性经济政策可能需要较大的经济投入，这在一定程度上可能增加财政负担。解决方案包括合理规划财政预算，制订长期的可持续发展规划，确保资金的合理分配和利用。

社会变革的适应性：可持续性经济政策可能需要社会进行一系列的变革，包括产业结构、消费习惯等方面的变革。政府需要通过培训和教育等手段，提高社会的适应性，减少变革可能带来的不适应和不稳定。

国际协调的难题：许多可持续性问题是全球性的，需要国际社会的协同努力。政府可以积极参与国际合作，加强与其他国家的沟通与协调，共同应对全球性的环境、社会和经济挑战。

社会接受度的提高：一些可持续性经济政策可能会面临社会的阻力。政府需要通过广泛宣传、教育和参与式决策等手段，提高社会对可持续性经济政策的接受度。

（七）可持续性经济政策的前景与展望

可持续性经济政策是实现经济、社会和环境三重可持续发展的关键。在应对气候变化、资源枯竭、社会不平等等全球性挑战的同时，这些政策也为社会创造更加公正、包容和繁荣的未来。

未来，政府可以通过继续加强绿色技术创新、构建低碳经济、推动社会创新等方面的努力，不断拓展可持续性经济的发展领域。同时，应加强国际合作，共同制定全球性的可持续发展目标和政策框架，形成全球性的可持续发展共识。

第四节 可持续发展指标与社会福利测度

一、可持续发展指标的选择与评估

可持续发展是一种综合性的发展理念，旨在满足当前需求，不损害未来满足其需求的能力。为了衡量和评估可持续发展的进程，需要选择合适的指标体系，这一体系应能全面反映社会、经济和环境三个方面的可持续性。本书将深入探讨可持续发展指标的选择与评估，分析如何制定全面、科学、可操作的指标，以推动实现可持续发展的目标。

（一）可持续发展指标的基本原则

全面性：可持续发展指标应该全面涵盖社会、经济和环境三个方面。全面性确保了对可持续发展的多方面考量，防止过分关注某一方面而忽略其他重要因素。

可量化：指标需要是可以度量和量化的，以便进行定量分析和比较。可量化的指标有助于制定明确的政策目标、进行实证研究，并进行长期的趋势分析。

可操作性：指标的选择应该能够提供实际的政策行动建议，而不仅仅是对问题的描述。可操作性使得政府、企业和社会组织能够通过有针对性的政策和行动推动可持续发展目标的实现。

科学性：指标的选择应该基于科学研究和数据支持，确保其反映真实情况，并能够为决策提供科学依据。科学性有助于指导政策的制定和调整，提高决策的效果。

可比性：不同地区、国家或社会的可持续发展水平可能存在差异，但指标需要具有可比性，以便进行跨地区或跨国家的比较。这有助于发现成功经验和共同面临的挑战，推动全球范围内的可持续发展进程。

（二）社会可持续性指标

教育水平：教育水平是社会可持续性的重要指标之一。高质量的教育系统有助于提高人力资本素质，培养创新能力，促进社会公平和包容性发展。

医疗保健：医疗保健服务的可及性和质量直接关系到社会的健康水平。衡量医疗保健的指标包括基础医疗设施的分布、医疗资源的充足性、医疗服务的普及程度等。

社会平等：社会平等是社会可持续性的核心价值之一。衡量社会平等的指标可以包括收入分配的均等程度、社会各阶层的机会平等等。

就业率与劳动力市场：就业率是一个反映社会经济状况的重要指标。此外，劳动力市场的性别平等、年龄平等等也是评估社会可持续性的关键。

（三）经济可持续性指标

经济增长率：经济增长率是衡量经济可持续性的传统指标之一。然而，需要关注的是其是否伴随着资源的有效利用、环境保护和社会公平。

创新指标：创新是经济可持续性的关键动力。研发投入、专利申请数量、科技进步等都是衡量创新水平的指标。

资源利用效率：衡量资源利用效率是评估经济可持续性的重要手段，包括能源利用效率、物资利用效率等，以确保经济发展不以牺牲自然资源为代价。

贫富差距：贫富差距是一个直接关系到社会稳定和经济可持续性的指标。较小的贫富差距有助于提高社会的包容性和减轻社会紧张程度。

绿色经济指标：衡量绿色经济发展水平，包括可再生能源占比、低碳产业发展情况等。这有助于推动经济向环境友好型转变。

（四）环境可持续性指标

碳排放：碳排放是衡量环境可持续性的核心指标之一。通过衡量碳排放水平和碳排放强度，可以评估经济活动对气候变化的影响。

生态系统健康：衡量生态系统的健康状况，包括森林覆盖率、水质、物种多样性等，以确保人类经济活动不对自然环境产生不可逆转的损害。

土地利用变化：监测土地利用变化，包括城市化、农业扩张等，以防止不合理的土地开发和资源浪费。

水资源利用与管理：衡量水资源的可持续利用，包括水资源消耗、水污染状况等，以确保水资源的长期可持续性。

废弃物管理：衡量废弃物的产生、处理和再利用情况，以减少对环境的污染和资源浪费。

（五）评估方法与工具

可持续发展指数：将各个可持续性指标综合考虑，构建综合性的可持续发展指数。这有助于对整体发展状况进行评估，同时发现不同方面的关联性和矛盾性。

生态足迹：生态足迹是一个综合考虑人类活动对自然环境影响的指标，涵盖了碳足迹、水足迹等。生态足迹的计算能够直观地显示人类对自然资源的消耗情况。

可持续发展目标（SDGs）：联合国可持续发展目标是一个涵盖了社会、经济、环境等多个方面的全球性指标体系。采用 SDGs 作为评估工具，有助于将国家的可持续发展目标与全球议程对接。

复合指标体系：利用复合指标体系，将多个单一指标结合起来进行评估。这有助于发现不同指标之间的关系和相互影响，为决策提供更为全面的信息。

（六）面临的挑战与应对策略

数据不足：部分国家或地区可能缺乏完整、可靠的数据，使得指标的评估面临困难。应对策略包括加强数据收集和管理体系建设，促进国际数据共享。

指标间关联性：不同指标之间可能存在相互关联、相互矛盾的情况。在建立指标体系时需要进行充分的研究，以避免产生误导性的评估结果。

政策落实难度：指标的选择需要与实际政策落实相结合，但在一些情况下，政策的实施难度较大。应对策略包括制定可操作的政策，提高政策实施的可行性。

不同国家的差异性：不同国家的社会、经济、环境状况存在差异，通用的指标可能无法充分考虑这些差异。应对策略包括建立灵活的指标体系，允许根据国情进行合理调整。

可持续发展指标的选择与评估是一个复杂而重要的课题。在实践中，需要根据国家或地区的实际情况，结合社会、经济和环境的综合状况，科学、合理地选取指标，建立既全面又可操作的评估体系。

二、社会福利测度工具与方法

社会福利是一个多维度的概念，包括了个体和群体的物质生活水平、健康、教育、公平、人权等多个方面。社会福利测度旨在评估和监测社会中不同层面的福利水平，以指导政策制定和资源分配。本节将深入探讨社会福利测度的工具与方法，分析其应用领域、挑战和未来发展趋势。

（一）社会福利测度的重要性与应用领域

政策制定：社会福利测度为政府提供了评估社会政策效果的重要手段。通过测度不同政策对社会福利的影响，政府能够更有针对性地调整政策，促进社会的全面发展。

资源分配：社会福利测度有助于合理分配社会资源，确保资源能够更好地满足社会中不同群体的需求。通过测度社会中的贫富差距、教育水平、就业率等指标，政府可以更科学地进行资源配置。

社会对比与国际比较：社会福利测度为不同地区、国家之间进行社会对比提供了依据。通过对社会福利水平的比较，人们可以更清晰地了解社会的发展水平，从而吸取其他地区的经验，促进共同发展。

（二）社会福利测度的工具与方法

经济指标：经济指标是社会福利测度的一项基础，包括国民生产总值（GDP）、人均收入等指标，反映了一个国家或地区的经济状况。然而，仅仅依赖经济指标难以全面评估社会福利，因为社会福利不仅仅取决于物质生活水平。

人类发展指数（HDI）：HDI是联合国开发计划署引入的一项综合性指标，包括国民收入、预期寿命和受教育年限。HDI旨在更全面地反映一个国家居民的综合福利水平，弥补了仅依赖经济指标的不足。

贫富差距指标：衡量社会福利还需要考虑不同层次之间的贫富差距。基尼系数、收入分配比等指标用于测度收入和财富的分配不平等情况，有助于发现社会中的潜在问题。

社会健康指标：社会福利测度中不可忽视的是社会的整体健康水平。出生率、死亡率、传染病发病率等指标用于衡量社会的健康状况，反映了社会福利的一个重要方面。

教育水平指标：教育是社会进步和个体发展的重要保障。文盲率、入学率、高等教育覆盖率等指标用于评估社会中的教育水平，帮助制定更好的教育政策。

社会参与度指标：衡量社会福利还需要考虑个体在社会中的参与程度。社会参与度、志愿服务时长等指标有助于评估社会的活力和社区凝聚力。

（三）社会福利测度的挑战与解决方案

多维度问题：社会福利是一个多维度的概念，传统的经济指标难以全面反映。解决方案包括引入更多涵盖教育、健康、环境等方面的指标，构建更为全面的测度体系。

主观性问题：社会福利涉及不同个体的主观感受，不同人对福利的定义和评价可能存在差异。解决方案包括引入主观幸福感、生活满意度等主观指标，以更全面地了解个体的福利感受。

数据收集问题：社会福利测度依赖于大量的数据支持，但在一些国家或地区，数据的收集和更新可能存在滞后性。解决方案包括加强数据收集体系建设，推动数字化和信息化进程。

时效性问题：社会福利水平随着时间的推移可能发生变化，因此测度的时效性成为一次挑战。解决方案包括建立实时监测体系，借助大数据等技术手段提高测度的时效性。

（四）未来发展趋势与展望

大数据与人工智能的应用：随着大数据和人工智能技术的不断发展，社会福利测度将更多地受益于这些先进技术的应用。大数据分析可以帮助人们更精准地捕捉社会变化，而人工智能算法则有助于更好地理解福利数据的复杂关联性，提高测度的准确性和深度。

可持续发展目标（SDGs）的引入：联合国可持续发展目标提供了一个全球性的框架，将社会福利测度与可持续发展目标结合起来。未来的测度体系可能更加强调可持续性，包括环境可持续性、社会公平和经济繁荣等方面。

区域差异的更细化测度：不同地区、城乡之间存在巨大的社会福利差异。未来的发展趋势可能更注重区域差异的更细化测度，以更精准地了解和解决不同地区的社会福利问题。

社会创新的整合：社会创新的概念日益受到关注，社会福利测度可能更多地整合创新因素，考虑新兴技术、社会企业和社会创新项目对福利的积极影响。

全球化视野的强化：社会福利测度将更多地面向全球化视野，促进国际间的经验分享和合作。全球合作有助于更好地解决全球性问题，如气候变化、贫困等，提升全球社会的整体福利。

民众参与的增强：未来的社会福利测度可能更加强调民众参与，通过广泛征集公众意见、社会调查等方式，更好地反映不同群体对福利的期望和需求，增加测度的参与性和代表性。

关注社会公平与包容性：社会福利测度的未来发展趋势中，更加强调社会公平和包容性。在衡量社会福利时，将更加关注弱势群体的需求，确保社会福利的提升惠及所有社会成员。

社会福利测度是一个复杂而多维的领域，通过对社会的不同层面进行全面测度，有助于更好地理解社会的发展状况和问题。不同的工具和方法为政府、研究机构和社会组织提供了丰富的信息，支持决策制定和资源分配。

未来，社会福利测度将面临更多的挑战，但同时也有更多的机遇。通过引入新技术、强化全球合作、注重社会创新等方式，社会福利测度将更加全面、深入、有针对性地服务于社会的可持续发展目标。在这一过程中，关注社会公平、民众参与和可持续性发展将成为社会福利测度的核心价值。

三、可持续性与社会福利综合评价的挑战与前景

可持续性和社会福利是当代社会发展的两个核心概念，它们相互交织、相互影响。本节将深入探讨可持续性与社会福利综合评价的挑战与前景，分析在这一复杂而重要的领域中面临的问题以及未来的发展趋势。

（一）可持续性与社会福利的关系

可持续性的定义：可持续性是指在满足当前需求的同时，不损害未来满足其需求的能力。可持续性包括了经济、社会和环境三个维度，追求的是一个平衡和协调的发展状态。

社会福利的多维度：社会福利涉及个体和群体的物质、精神、文化、健康等多个方面的状况。它不仅关注经济繁荣，还包括社会公平、教育水平、医疗服务、社会安全等多个维度。

相辅相成的关系：可持续性和社会福利并非对立的概念，而是相辅相成的关系。一个可持续的社会发展应当能够提升整体社会福利，而社会福利的提升也需要建立在可持续的基础上。

（二）挑战：可持续性与社会福利评价的难点

指标体系的多样性：可持续性和社会福利的评价涉及大量的指标，不同领域有不同的评估方法。如何构建一个全面而又可操作的指标体系，成为挑战之一。

主观性与客观性的平衡：社会福利涉及人们的主观感受，而可持续性评价需要客观的数据支持。如何平衡主观因素和客观数据，确保评价的客观性和真实性，是一个需要解决的问题。

时空尺度的跨越：可持续性和社会福利的评价需要考虑到长时间尺度和广空间尺度。在全球化的今天，如何在不同地区、不同文化背景下进行评价，是一个复杂而繁琐的任务。

数据不足与质量的不稳定性：社会福利和可持续性评价依赖于大量的数据支持，但在一些地区或领域，数据的收集、更新和质量可能存在问题。数据不足和数据质量的不稳定性成为评价的障碍。

多利益相关者的利益冲突：在社会福利和可持续性评价中，涉及多个利益相关者，而这些利益可能存在冲突。如何在不同利益相关者之间找到平衡点，满足多方面的需求，是一个令人困扰的问题。

（三）解决方案：构建综合评价框架

建立综合指标体系：为了克服指标体系的多样性和碎片化，需要建立一个全面而又统一的综合指标体系。该体系应涵盖经济、社会、环境等多个维度，充分反映可持续性和社会福利的各个方面。

引入新技术：大数据、人工智能等新技术的应用可以提高数据的获取、处理和分析效率，帮助解决数据不足和质量问题。这些技术的引入将为可持续性和社会福利的评价提供更为精确和全面的信息。

多层次、多尺度的评价：针对时空尺度的跨越问题，需要构建多层次、多尺度的评价体系。考虑到不同地区、不同文化、不同经济发展水平的差异，更具体、更精细的评价可以更好地反映实际情况。

促进多利益相关者的对话：解决多利益相关者的利益冲突需要促进多方面的对话与合作。建立一个多方参与的评价机制，确保各利益相关者的声音得到充分听取，为决策提供更为全面的信息。

强调可持续发展目标：联合国可持续发展目标（SDGs）提供了一个全球共识的框架，各国可以根据 SDGs 的指导原则，构建本土化的、符合本国国情的评价体系。强调可持续发展目标有助于在全球范围内实现评价的一致性和可比性。

（四）前景：可持续性与社会福利评价的未来发展趋势

可持续发展理念的深入：随着可持续发展理念的深入推进，未来可持续性与社会福利评价将更加贴近实际需求，强调综合性、协同性和长期性。社会将更加关注全球性问题，如气候变化、贫困、不平等等，将这些问题纳入评价框架，促使社会朝着更为可持续的方向发展。

全球合作与经验共享：未来，国际合作将在可持续性与社会福利评价中扮演更为重要的角色。各国将更加倾向于分享经验、共同应对全球性挑战。国际组织、政府、企业和非政府组织之间的协同将成为推动评价发展的重要力量。

数字化与信息技术的应用：随着数字化和信息技术的不断发展，未来的评价将更加依赖数据的全球共享和实时更新。大数据、人工智能、区块链等技术的广泛应用将提高数据的质量和可信度，为评价提供更为准确的依据。

民众参与的增强：未来的评价将更加注重民众参与，强调社会的民主性。通过数字化工具、社交媒体等方式，促使公众更加直接、广泛地参与评价过程，确保评价更加贴近人民的期望和需求。

政策与实践的紧密结合：可持续性与社会福利评价将更加注重政策与实践的结合。评价不仅是为了获得数据，还是为了指导政策的制定和执行。评价结果将更为直接地影响政府决策，推动社会朝着更可持续的方向发展。

强调社会公平与包容性：未来的评价将更加强调社会公平和包容性。不仅关注整体社会福利水平的提升，还要关注弱势群体的福利状况。社会的可持续性不应该建立在部分人群的利益损害之上，而应该追求全体社会成员的共同发展。

教育与培训的强化：为了更好地进行评价，社会需要具备一支专业化的评价团队。未来将强调评价人员的培训与教育，提高他们的专业素养，使其能够更好地应对评价过程中的复杂性和多样性。

可持续性与社会福利综合评价是一个综合性、复杂性极强的任务。它既要考虑到经济、社会、环境等多个维度，又要应对不同文化、不同地区的多样性。挑战虽然众多，但通过建立综合指标体系、引入新技术、强化国际合作等手段，这些挑战是可以克服的。

未来，随着全球社会对可持续发展和社会福利的不断追求，评价方法将不断创新，体系将更加完善。社会福利不仅是物质水平的提高，还关注公平、参与、文化等多个层面。可持续性不仅是经济增长，需要环保、社会和谐、文明发展。两者共同构成一个全面发展的目标，为人类社会的可持续性提供了有力的指导。

在未来的发展中，我们需要不断创新，善于总结经验，加强国际合作，借鉴各方面的成功经验，共同推动可持续性与社会福利评价领域的发展，使之更好地服务于人类的长远利益。通过科学的评价手段，我们有望找到一条更加可持续、更加人本的社会发展之路。

第二章 财政政策对社会福利的影响

第一节 财政政策对社会福利影响的框架与原则

一、财政政策的基本概念与功能

财政政策是指国家通过调整财政收支和利用各种财政手段来达到宏观经济管理目的的一种手段。它在经济体系中起着重要的作用，旨在通过政府的财政行为来影响国民经济的总量和结构，以实现宏观经济目标。财政政策的基本概念和功能涉及多个方面，需要从调控宏观经济、调整收入分配、优化资源配置和稳定经济等角度进行深入探讨。

（一）财政政策的基本概念

1. 定义

财政政策是国家通过调整财政收支、借贷和其他财政政策，以实现宏观经济管理目标的一种手段。

2. 目标

财政政策的目标主要包括实现宏观经济平衡、促进经济增长、控制通货膨胀、促进就业、改善收入分配等。

3. 类型

财政政策分为宽松和紧缩两种类型，取决于政府调整财政收支的方向和力度。

4. 时机

财政政策的时机性是指在特定的经济环境下选择合适的财政政策，以更好地实现宏观经济管理的目标。

（二）财政政策的功能

1. 调控宏观经济

财政政策通过调整政府支出和税收，影响国家总需求，从而实现对宏观经济的调控。在经济增长过快时，政府可以通过提高税收或减少支出来降低总需求，防止通货膨胀；相反，在经济衰退时，可以通过增加支出或减少税收来刺激总需求，促进经济复苏。

2. 调整收入分配

财政政策可以通过税收政策和社会福利支出来调整收入分配。通过适当的税收政策，可以实现对高收入群体的适度征税，促进社会公平；同时，通过增加社会福利支出，可以提高低收入群体的生活水平，缩小收入差距。

3. 优化资源配置

财政政策通过调整政府支出的结构，影响资源在各个领域的配置。例如，增加对教育、科技、基础设施等领域的投入，可以优化资源配置，提高劳动的生产率和经济的竞争力。

4. 稳定经济

财政政策在应对外部冲击和内部波动方面发挥着关键作用。通过适度的财政支出和税收政策，政府可以在经济遭受外部冲击或内部波动时提供稳定的财政支持，降低经济波动的影响，维护经济的稳定性。

5. 促进就业

通过财政政策的调整，政府可以直接或间接地影响就业水平。增加公共项目的投资或通过减税鼓励企业投资，都可以促进经济活动，提高就业水平，缓解社会压力。

（三）财政政策的执行和影响

1. 执行机构

财政政策的执行通常由财政部门负责，包括制定预算、征税政策、财政支出等。此外，中央银行在财政政策执行中也扮演着重要的角色。

2. 影响因素

财政政策的影响受到多种因素的制约，包括政府财政状况、国际经济环境、货币政策等。合理的财政政策需要综合考虑这些因素，确保政策的有效性和可持续性。

3. 评估和调整

财政政策在执行过程中需要不断进行评估和调整。及时的评估可以帮助政府了解政策效果，如果出现不良影响，可以及时进行调整，以确保财政政策的稳健性和适应性。

（四）财政政策的挑战和展望

1. 挑战

财政政策在执行过程中面临着多种挑战，包括财政收支不平衡、政府债务问题、政策效果不确定等。应对这些挑战需要政府采取综合措施，确保财政政策的可持续性。

2. 展望

未来，随着经济全球化和科技发展的加速，财政政策将面临新的挑战和机遇。政府需要灵活应对各种变化，采取创新的财政政策手段，推动经济持续健康发展，实现可持续发展的目标。以下是对财政政策未来展望的一些关键点：

（1）创新财政政策手段

随着科技的迅猛发展，财政政策可以借助数字化、人工智能等技术手段实现更为精确和高效的执行。数字化财政管理可以提高政府的财政透明度、效率和反腐能力，有助于更好地实现财政政策的目标。

（2）绿色财政政策

面对全球气候变化和可持续发展的压力，绿色财政政策将成为未来的重要方向。政府可以通过引导投资和调整税收政策，推动经济向更为环保和可持续的方向发展，实现经济增长与环境保护的平衡。

（3）国际合作

由于全球化的不断深化，各国经济相互关联，国际合作将成为财政政策的重要组成部分。通过加强宏观经济政策的协调和合作，各国可以共同应对全球性挑战，推动世界经济的健康发展。

（4）社会包容性

未来的财政政策需要更加注重社会包容性，确保经济增长的成果更加公平地分配。通过调整税收政策、加强社会保障和福利体系，政府可以促进社会公平，缩小贫富差距，提高社会的整体幸福感。

（5）面对新挑战

未来的财政政策还需应对新的挑战，如人口老龄化、科技创新对就业市场的影响等。政府需要及时调整政策，以适应经济结构的变化，确保财政政策的有效性和可持续性。

财政政策作为宏观经济管理的重要手段，涉及国家财政收支、税收政策、财政支出等多个方面。其基本概念包括定义、目标、类型和时机，功能主要涵盖调控宏观经济、调整收入分配、优化资源配置、稳定经济和促进就业等方面。财政政策的执行受到执行机构、影响因素、评估和调整的影响。未来，财政政策需要创新手段、关注绿色发展、加强国际合作、注重社会包容性、面对新挑战，以实现经济的可持续发展。政府在制定和执行财政政策时，需审慎考虑各种因素，以确保政策的有效性和可持续性，促进国家经济的稳定和繁荣。

二、财政政策与社会福利的整合原则

财政政策与社会福利的整合原则是指在财政政策制定和执行的过程中，如何更好地考虑和平衡社会福利的提升与经济稳定。这一整合旨在确保财政政策既能够促进经济增长、就业和资源配置的有效性，又能够关注社会福利，实现公平、包容和可持续的社会发展。本节将深入探讨财政政策与社会福利整合的原则，包括目标一致性、社会公平、可持续性、灵活性等方面。

（一）目标一致性

1.宏观经济目标与社会福利目标的一致性

财政政策的主要宏观经济目标包括实现经济增长、控制通货膨胀、促进就业等。这些目标与社会福利的提升密切相关。例如，经济增长可以为社会提供更多资源，促进社会福利的提高。因此，在制定财政政策时，应确保宏观经济目标与社会福利目标的一致性，使财政政策既能够推动经济增长，又能够为全体社会成员提供更多福利。

2.就业与社会福利的结合

财政政策通过投资和支出的方式可以直接影响就业水平。提高就业水平不仅有助于缓解社会压力，还能够提高居民的生活水平，改善社会福利。因此，在财政政策的制定中，需要重视就业目标，并通过合理的政策手段促进社会福利的提升。

（二）社会公平

1. 税收公平

税收是财政政策的重要工具之一，通过税收政策的制定，政府可以实现对不同社会群体的收入再分配。税收体系应当追求公平，确保高收入群体缴纳相对较高的税负，以减缓社会贫富差距的扩大。这有助于提高社会的整体公平性，促进社会福利的均衡增长。

2. 财政支出的社会导向

财政支出的方向和重点也是实现社会公平的重要手段。政府在财政支出上应加大对教育、医疗、社会保障等领域的投入力度，以提高社会基础设施水平和人力资本素质，促进社会各个方面的公平和福利水平的提高。

3. 财政援助和社会弱势群体

在财政政策的执行中，需要关注社会中的弱势群体，如贫困人口、残疾人群、失业人员等。有针对性的财政援助和支持，可以帮助这些群体更好地融入社会，提高其生活水平，从而实现社会福利的全面提升。

（三）可持续性

1. 财政政策的长期影响

财政政策的可持续性是指政府在制定和执行财政政策时需要考虑到对未来经济与社会发展的长期影响。过度依赖短期的刺激手段可能对长期经济和社会福利产生负面影响。因此，财政政策应当注重可持续性，确保政策的长期效果不仅有助于经济发展，也有助于社会福利的提升。

2. 社会福利项目的可持续融资

财政政策中支持社会福利项目的资金来源也需要考虑可持续性。政府可以通过建立健全的社会保障体系、社会保险制度等手段，为社会福利项目提供可持续的融资来源，确保这些项目的长期可行性。

（四）灵活性

1. 灵活的财政政策调整

在执行财政政策的过程中，需要保持一定的灵活性，根据经济和社会的实际变化及时调整政策。财政政策并非一劳永逸的，需要根据实际情况灵活应对，以实现宏观经济目标和社会福利的有机结合。

2. 应对特殊情况的财政政策

在面对特殊情况，如自然灾害、经济危机等时，财政政策需要具有较强的灵活性。政府可以通过紧急财政支出、税收调整等手段迅速应对，以降低灾害或危机带来的社会影响，保障社会福利水平。

（五）社会参与

1. 公众参与和民主决策

在财政政策的制定过程中，应加强公众参与和民主决策。社会福利的提升是广泛关注的议题，因此，政府在制定财政政策时应该征求公众的意见和建议，通过广泛的社会参与确保政策更加符合整体社会的需求和期望。这有助于财政政策更好地达到经济和社会福利整合的目的。

2. 透明度和信息公开

政府在执行财政政策时需要保持透明度，及时公开相关信息。这有助于社会各界更好地了解政府的财政决策和资源分配情况，促使政府更负责任地制定和执行财政政策，确保社会福利的提升符合公众期望。

（六）挑战与展望

1. 挑战

财政可行性问题：实现社会福利的提升需要大量资金，但财政可行性可能会受到政府收入的限制。因此，如何在有限的财政资源下平衡各项支出成为一次挑战。

社会变革的阻力：在推动社会福利提升的过程中，可能会面临来自一些社会群体的阻力，尤其是那些可能感受到财政政策调整带来负面影响的群体。

2. 展望

技术创新的应用：随着科技的不断发展，财政政策的执行可以更多地依赖于信息技术，实现更为精确和高效的社会福利分配。

全球合作的强化：全球化的趋势使得各国经济更加相互依存，财政政策需要更多地与国际社会合作，共同应对全球性挑战，促进全球社会福利的提升。

可持续发展目标的实现：财政政策与社会福利的整合应当紧密结合可持续发展目标，努力实现社会、经济和环境的平衡，以促进社会福利更加持久和全面的提升。

在未来，要在保持经济稳定的同时，进一步整合财政政策与社会福利，需要政府在政策制定中综合考虑各方面的因素，不断优化政策框架，以实现经济繁荣和社会公平的双赢。

三、可持续性财政政策与社会福利的平衡

可持续性财政政策与社会福利的平衡是现代国家面临的一次关键挑战。在全球化、科技进步、人口老龄化等多重因素的作用下，政府需要制定具有长期可持续性的财政政策，同时保障社会福利水平的提高。这一平衡不仅涉及宏观经济的稳定，还关系到社会的公平、包容和可持续发展。本节将深入探讨可持续性财政政策与社会福利的平衡，涉及其基本原则、实现路径、挑战以及未来的展望。

（一）可持续性财政政策的基本原则

1. 长期财政平衡

可持续性财政政策的首要原则是确保长期财政平衡。这包括避免财政赤字和债务水平过高，以防止财政危机和经济不稳定。政府需要审慎管理财政收支，确保长期财政可持续性，以维护经济的稳健发展。

2. 财政结构的稳健性

可持续性财政政策需要建立稳健的财政结构，包括透明度、效率和责任制度。透明的财政制度有助于监督政府财政活动，确保资源的合理分配。同时，高效的财政管理有助于减少浪费，提高资源利用效率。

3. 收入和支出的平衡

可持续性财政政策要求政府在制定预算时保持收入和支出的平衡。过度

依赖借款可能导致债务负担的增加，从而影响财政的可持续性。政府需要审慎设定税收政策和开支计划，确保两者相互匹配。

（二）社会福利的提升与可持续性的结合

1. 教育和医疗投资

社会福利的提升需要政府加大对教育和医疗等基础设施的投资力度。通过提高人力资本的素质和保障居民的健康，社会将更有活力，经济增长也更为可持续。因此，政府在财政支出中应加大对这些领域的投入力度。

2. 社会保障体系的完善

建立健全的社会保障体系是实现可持续性财政政策和社会福利平衡的关键。社会保障体系包括失业保险、养老金制度、医疗保险等，可以在一定程度上减轻社会的负担，提高社会的抗风险能力。

3. 收入分配的公平性

社会福利的平衡还需要关注收入分配的公平性。通过适当的税收政策和社会福利项目，政府可以实现对富人和穷人的收入再分配，缩小社会的贫富差距，提高整体社会的福利水平。

（三）实现可持续性与社会福利平衡的路径

1. 财政体制的改革

为了实现可持续性财政政策与社会福利的平衡，政府需要进行财政体制的改革。这包括建立更加透明、高效、有责任感的财政管理机制，提高政府的财政决策水平。

2. 税收政策的优化

政府在优化税收政策时，需要兼顾税制的公平性和刺激经济增长的需要。适度的税收有助于确保政府财政的可持续性，同时通过税收的再分配作用提高社会福利水平。

3. 社会投资的重点调整

政府在社会投资中需要进行重点调整，将更多的资源投入具有长期效益的领域，如教育、科技创新、环境保护等。这有助于提高人力资本质量，促进经济的可持续发展。

4. 社会福利项目的优化

为了实现社会福利的提升，政府需要对社会福利项目进行优化。通过提高项目的效益，减少浪费，确保社会福利项目的长期可行性。

（四）挑战与应对

1. 经济不确定性

全球经济环境的不确定性可能对国家的财政可持续性产生影响。政府需要建立应对经济波动的机制，确保财政政策的稳健性。

2. 人口老龄化

人口老龄化可能增加养老金、医疗等社会福利支出，对财政可持续性构成挑战。政府需要通过制定长期的养老金和医疗保障政策，合理分担老年人的社会福利负担，以应对人口老龄化对财政的影响。

3. 社会需求的多样性

社会的需求日益多样化，不同群体对社会福利的期望也不同。政府需要在满足各类需求的同时，保持财政政策的平衡。这需要政府不断调整政策，提高反馈机制的敏感性，以更好地满足社会多样性需求。

4. 环境可持续性

社会福利的提升不能脱离对环境的考虑。过度的经济增长和资源利用可能对环境造成破坏，从而影响社会的长期可持续性。政府在推动社会福利提升时，需要注重生态环境的保护，确保可持续发展。

（五）未来展望

1. 新技术的应用

随着科技的发展，新技术的应用为财政政策和社会福利的平衡提供了更多可能性。大数据、人工智能等技术可以帮助政府更精准地制定政策，提高财政资源的利用效率，实现更好地社会福利分配。

2. 国际合作

全球化趋势下，国际合作变得尤为重要。各国政府可以分享经验、共同应对全球性挑战，共同推动可持续性财政政策与社会福利的平衡。共建更加公正、包容、可持续的国际社会将有助于提高全球社会福利水平。

3. 社会创新和公众参与

社会创新和公众参与是推动社会福利提升的重要因素。政府可以通过鼓励社会创新、开展公众参与，更好地听取民意，确保财政政策与社会福利平衡更符合社会的期望。

4. 教育与培训

投资于教育与培训是提高人力资本素质的重要途径。提高人们的综合素养和技能水平，不仅可以促进经济的可持续发展，还可以提高社会福利水平，使个体更好地适应社会变革。

可持续性财政政策与社会福利的平衡是政府长期面临的挑战，也是实现社会公平和可持续发展的关键。在制定财政政策时，政府需要始终从长远的视角，确保财政的可持续性，同时注重社会福利的提升。这需要建立稳健的财政体制，优化税收政策，加大对教育、医疗等社会福利项目的投入力度。同时，政府需要应对各种挑战，包括经济不确定性、人口老龄化、社会需求多样性等，并积极探索新的解决途径，如新技术的应用、国际合作、社会创新等。通过不断努力，政府可以更好地实现财政可持续性与社会福利的平衡，推动社会的全面发展。

第二节　财政支出与社会福利服务提供

一、财政支出在社会福利领域的分配与优先级制定

财政支出在社会福利领域的分配与优先级制定是一个涉及政府资源分配、社会公平、经济可持续发展等多方面因素的复杂课题。本节将深入探讨财政支出在社会福利领域的分配原则、关键考虑因素，以及如何制定优先级，以实现更公正、有效和可持续的社会福利政策。

（一）财政支出在社会福利领域的分配原则

1. 公平原则

公平是财政支出在社会福利领域分配的首要原则。分配应当考虑到社会中各个群体的需求，确保资源能够更公平地服务于全体公民。这涉及收入水

平、地域差异、社会弱势群体等多个方面，政府在财政支出时需要通过合理的政策措施来改善社会中的不平等状况。

2. 效益原则

财政支出应追求最大的社会效益。这意味着在社会福利领域的分配中，政府需要优先选择那些对社会产生最大、最直接、最长期影响的项目。通过评估不同项目的效益，政府能够更科学地分配资源，确保财政支出的最大化社会效果。

3. 需求导向原则

分配应当根据社会的实际需求来进行，而不仅仅是基于政府的预期。这需要政府通过广泛的社会调研和咨询，了解社会各层次的实际需求，以便更准确地制订财政支出计划。需求导向原则有助于确保政府资源真正服务于社会的最迫切需求。

（二）关键考虑因素

1. 社会结构和人口特征

社会结构和人口特征直接关系到社会福利的需求。例如，年龄结构的变化可能导致对养老金和医疗保健的需求增加。政府在进行财政支出分配时需要综合考虑社会结构和人口特征，以适应不同群体的需求。

2. 经济状况和收入分配

当前的经济状况和社会的收入分配情况也是财政支出分配的重要考虑因素。在经济萧条时，可能需要加大对失业保险、社会救助等项目的支持力度；而在经济繁荣时，则可更多关注教育、科技创新等长期促进社会发展的项目。

3. 区域差异

不同地区的发展水平和社会需求存在差异。政府在财政支出时需要根据地区的不同情况进行灵活调整，确保资源能够更均衡地分配，缩小地区之间的差距。

4. 社会弱势群体

关注社会弱势群体是社会福利支出分配的重要方面。这包括老年人、儿童、残疾人群等，政府需要通过针对性的项目和资金分配，帮助这些群体更好地融入社会，提高其生活水平。

（三）财政支出在社会福利领域的优先级制定

1. 基本公共服务的保障

基本公共服务是社会福利领域中的基础，包括教育、医疗、社会保障等。政府应确保这些基础服务的平等分配，以满足人民基本的教育、医疗和社会保障需求。

2. 就业和培训项目

就业和培训项目对于提高社会福利水平具有重要作用。政府可以通过投资职业培训、技能培训等项目，提高劳动力素质，促进就业，从而推动社会经济的可持续发展。

3. 儿童与青少年福利

儿童和青少年是国家的未来，为了确保社会的长期可持续发展，政府应该重视儿童与青少年福利。这包括教育、健康、文化活动等方面的支持，以培养有能力、有责任心的新一代。

4. 长期护理和养老金

随着人口老龄化的加剧，长期护理和养老金问题日益凸显。政府需要加大对长者的关爱力度，提供高质量的长期护理服务，并调整养老金制度以确保老年人的基本生活质量。

5. 紧急援助与灾害管理

在面对突发事件和自然灾害时，政府需要具备紧急援助和灾害管理的能力。这包括提供灾后救助、重建受灾地区基础设施、保障受灾群众的基本生活需求等。确保社会对于突发事件有相应的支持和保障是财政支出中的一项重要优先级。

6. 社会创新和科技发展

社会创新和科技发展对于社会福利的提升同样至关重要。政府可以通过投资研发、支持创新企业等方式，推动科技创新，提高社会的整体生产力和创新能力，从而为社会福利的不断提升创造更为有利的条件。

（四）挑战与应对

1. 资源有限性

财政支出在社会福利领域的分配面临一次根本性的挑战，即资源有限。

政府需要在有限的资源下取得最大的社会效益，因此必须通过更有效的财政管理、提高资源利用效率等手段，以更好地满足社会的需求。

2. 社会变革的快速发展

社会变革的快速发展可能导致某些传统福利项目的失效，同时也为新的需求提供了空间。政府需要具备灵活的决策机制，能够快速适应社会变革，及时调整财政支出的优先级。

3. 利益冲突和协调难题

在财政支出中，各个领域之间可能存在着利益冲突和协调难题。政府需要进行权衡，确保各个领域能够得到合理的支持，避免因为过度偏重某一领域而导致其他领域的急需问题被忽视。

4. 舆论压力

公众对于社会福利的需求和期望可能受到舆论的影响。政府需要在决策过程中更加透明、公正地考虑各方诉求，以减轻社会压力，确保财政支出更符合公众的期望。

（五）未来展望

1. 整体社会福利的提升

随着科技进步、社会变革和全球化的发展，未来财政支出在社会福利领域的分配将更加注重整体社会福利的提升。政府将更多关注人的全生命周期，通过综合性的政策来提高人民的整体福利。

2. 社会创新和可持续发展

未来，社会创新和可持续发展将成为财政支出的重要方向。政府将更多财政支出投入支持科技创新、社会创业等方面，以推动社会的可持续发展，提高整体社会福利水平。

3. 数据驱动的决策

随着大数据和人工智能的发展，政府将更多地利用数据来进行财政支出的决策。数据驱动的决策能够更准确地了解社会需求，更有效地分配资源，以实现更好的社会福利效果。

4. 国际合作

在全球化的大背景下，未来财政支出在社会福利领域的分配将更加注重国际合作。各国政府可以分享经验、共同应对全球性挑战，共同促进全球社会福利水平的提升。这包括共同应对气候变化、贫困、传染病等全球性问题，通过国际合作推动全球社会福利的可持续发展。

5. 社会参与和民主决策

未来的社会福利政策将更加注重社会参与和民主决策。政府需要更主动地征求公众的意见，通过广泛的社会参与，使社会福利政策更符合人民的期望，确保资源分配更加公正、合理。

6. 弹性的政策框架

未来政府需要建立更加灵活和弹性的政策框架。考虑到社会、经济、科技等方面的快速变化，政府需要具备调整财政支出优先级的能力，以适应不同时期的需求和挑战。

财政支出在社会福利领域的分配与优先级制定是一个需要综合考虑多种因素的复杂过程。公平原则、效益原则和需求导向原则是其中的关键原则，政府在决策中需要权衡各方利益，确保资源能够更公正、高效地服务于社会。在考虑因素方面，社会结构和人口特征、经济状况、区域差异与社会弱势群体都是影响财政支出决策的重要因素。

在制定优先级时，基本公共服务的保障、就业和培训项目、儿童与青少年福利、长期护理和养老金以及紧急援助与灾害管理等方面被认为是关注的重点领域。然而，政府在面对资源有限性、社会变革、利益冲突等挑战时，需要具备灵活的决策机制，以适应动态的社会需求。

未来的展望包括整体社会福利的提升、社会创新和可持续发展、数据驱动的决策、国际合作、社会参与和民主决策以及弹性的政策框架。这些方向将有助于政府更好地适应不断变化的社会环境，实现更公正、高效和可持续的社会福利政策。通过综合考虑各方面因素，政府可以更科学地分配财政支出，为社会福利的提升创造更为有利的条件。

二、政府支出和社会福利服务的质量与可及性

政府支出在社会福利服务领域的质量和可及性是现代社会面临的重要议题。社会福利服务的提供涉及教育、医疗、社会保障等多个领域，而政府的财政支出直接关系到这些服务的质量和可及性。本节将深入探讨政府支出在社会福利服务方面的影响，从质量和可及性两个方面进行分析，并讨论如何

优化政府支出以提高社会福利服务的水平。

（一）政府支出对社会福利服务质量的影响

1. 教育服务

（1）教育财政支出

政府通过对教育的财政支出，影响着学校的基础设施、教育人员的素质和数量、教育科研等方面。这直接关系到教育服务的质量。足够的财政支持可以提高学校设施水平，招聘更多合格的教师，提供更广泛的课程和培训，从而提升教育服务的水平。

（2）教育制度改革

政府支出还可以用于推动教育制度的改革。通过投资教育技术、教学方法的创新，以及学科设置和评估体系的改进，政府可以促使教育更贴近社会需求，提高学生创新能力和实际应用能力。

2. 医疗服务

（1）医疗设施和技术投资

政府支出对医疗服务的影响主要体现在医疗设施和技术投资上。足够的财政支持可以改善医院设施，引入先进的医疗技术，提高医疗服务的水平。这包括购买先进的医疗设备、建设现代化的医疗机构等。

（2）医疗人员培训和招聘

政府支出还可以用于医疗人员的培训和招聘。提高医疗人员的素质和数量，保障医疗人员的工作环境和待遇，可以有效提高医疗服务的质量。此外，政府还可以通过激励政策，吸引更多医疗人员开展基层医疗服务，提高医疗服务的可及性。

3. 社会保障服务

（1）养老金和社会救助

政府支出在社会保障服务领域主要表现为养老金和社会救助的发放。充足的财政支持可以确保老年人和弱势群体得到合适的生活保障，提高社会保障服务的水平。

（2）健康保险覆盖

政府的财政支出还直接关系到健康保险的覆盖范围和质量。通过增加对医疗保险的投入，政府可以提高社会层面的医疗保障水平，使更多人能够享受到高质量的医疗服务。

（二）政府支出对社会福利服务可及性的影响

1. 教育服务

（1）教育经费的合理分配

政府支出在教育服务领域关系到服务的可及性。通过合理分配教育经费，确保各个地区、各个学校都能够获得足够的支持，避免资源过度集中，提高教育服务的平等性，从而增强服务的可及性。

（2）提供普及性的教育

政府支出还可以用于推动教育的普及。通过减免学费、提供奖学金和助学金等方式，政府可以确保更多家庭有能力承担子女的教育费用，提高教育的普及程度，提升服务的可及性。

2. 医疗服务

（1）基层医疗服务网络建设

政府支出可以用于基层医疗服务网络的建设。通过在农村和偏远地区建设医疗卫生站点、培训乡村医生，政府可以扩大基层医疗服务的覆盖范围，增强医疗服务的可及性。

（2）医疗保障政策

政府的财政支出还可以通过医疗保障政策，确保更多人能够享受到基本医疗服务。这包括扩大医疗保险覆盖范围、提高医疗补贴水平、降低医疗费用负担等手段，以保障社会各层次人群都能够获得必要的医疗服务，提高医疗服务的可及性。

3. 社会保障服务

（1）社会救助体系建设

政府支出可以用于建设更加健全的社会救助体系。通过完善社会救助制度，提供更为广泛的救助范围和更高水平的救助标准，政府可以提高社会救助服务的可及性，确保那些生活困难的人群得到及时帮助。

（2）扩大社会保障覆盖范围

政府支出也可以通过扩大社会保障覆盖范围，包括拓宽养老金、失业保险、医疗保险等的覆盖面，使更多的人能够享受到社会保障服务。这有助于提高社会保障服务的可及性，减轻社会弱势群体的生活负担。

（三）优化政府支出以提高社会福利服务水平

1. 强化财政监管和透明度

为提高社会福利服务的质量，政府需要强化财政监管和透明度。建立健全的预算制度和绩效评价机制，确保每一笔支出都能够有效用于提升服务水平，防止财政资源浪费和滥用。

2. 拓展财政渠道，增加财政收入

为增加社会福利服务的可支配资源，政府可以通过拓展财政渠道，增加财政收入。这包括优化税收制度、提高税收征管效率，吸引更多的社会投资，以及通过经济发展和创新产业来增加税收收入。

3. 实施科技创新和信息化手段

科技创新和信息化手段可以提高社会福利服务的效率和水平。政府可以投资信息技术基础设施，建设智能化的社会福利服务平台，提高服务的便捷性和可及性。此外，科技创新还可以在教育、医疗等领域提供更先进的服务方式，提高服务质量。

4. 加强制度建设和人才培训

建立健全的社会福利服务制度和加强相关人才的培训对于提高服务水平至关重要。政府需要投资制度建设，确保社会福利服务的合理性和公正性。同时，通过加强相关人才的培训，提高从业人员的专业水平，以更好地满足社会的需求。

5. 加强与社会组织的合作

政府可以与社会组织、非政府组织等合作，充分发挥社会力量。通过与社会组织合作，政府可以更好地了解社会需求，提高服务的针对性。同时，社会组织也可以在服务提供、监督和评价等方面发挥积极作用，提高社会福利服务的质量和可及性。

（四）挑战与未来展望

1. 挑战

财政压力：财政压力是政府支出面临的主要挑战。财政资源有限，需要更好地分配和利用。

服务水平不均：不同地区和群体之间存在服务水平不均的问题，需要更精准的政策来解决。

社会需求多样：社会的需求不断多样化，政府需要灵活应对，满足不同层次的需求。

2. 未来展望

智能化服务：利用人工智能、大数据等技术，实现社会福利服务的智能化，提高服务的效率和质量。

全面覆盖：通过政府支出，实现社会福利服务的全面覆盖，让每个公民都能享受到基本的社会福利。

可持续发展：在财政支出中注重可持续性，确保社会福利服务不仅在当前能够提供，还能够长期持续发展。

政府支出对社会福利服务的质量和可及性有着深刻的影响。通过在教育、医疗、社会保障等领域的财政支出，政府能够提高服务的水平，使其更具可及性。为了优化政府支出，提高社会福利服务水平，需要加强监管和透明度、拓展财政渠道、实施科技创新、加强制度建设和人才培训，以及加强与社会组织的合作。

三、财政支出策略对社会福利的长期影响

财政支出策略是国家管理经济、调整社会结构、提供公共服务的核心手段之一。这些策略直接关系到社会福利的分配、服务的质量和可及性，对社会的长期发展产生深远的影响。本节将深入探讨不同类型的财政支出策略对社会福利的长期影响，并讨论如何制定有效的财政支出策略以促进社会的可持续发展。

（一）财政支出与社会福利的关系

1. 财政支出对社会福利的直接影响

财政支出直接影响社会福利的质量和可及性。通过教育、医疗、社会保障等方面的财政支出，政府可以提供基本公共服务，保障社会弱势群体的基本生活需求，推动社会的整体福利水平提升。

2. 财政支出对社会结构的调整

财政支出策略还可以通过调整社会结构来影响社会福利。例如，政府在

科技创新、就业培训等领域的财政支出，有助于提高社会的生产力和创新能力，为就业提供更多机会，从而间接改善社会福利。

3.财政支出对经济可持续发展的支持

良好的财政支出策略有助于经济的可持续发展，为社会创造更多的财富，提高整体生活水平。这对于社会福利的提升是至关重要的，因为只有在经济持续发展的基础上，政府才能有更多的资源用于提供更好的福利服务。

（二）不同类型财政支出策略的长期影响

1.投资型财政支出

（1）基础设施建设

投资型财政支出主要体现在基础设施建设上，如交通、能源、信息等领域。这种支出在短期内可能带来就业机会和经济刺激，而在长期内，良好的基础设施有助于提高生产力、促进产业升级，进而带动社会福利水平的提升。

（2）科技创新投入

政府在科技创新方面的投资对社会福利的长期影响也不可忽视。科技创新能够推动产业升级、提高生产效率，同时为解决社会问题提供新的手段。长期来看，这种投资有望带来更多的就业机会和更高水平的社会福利服务。

2.消费型财政支出

（1）教育和医疗支出

消费型财政支出主要体现在教育和医疗领域。这类支出直接影响社会福利服务的质量和可及性。长期来看，通过提高教育水平，培养更高素质的人才，社会将更具创新力和竞争力。同时，健康的人口有助于提高整体生产力，减轻医疗负担，促进社会的长期可持续发展。

（2）社会保障支出

社会保障支出在长期内对社会福利产生深远影响。建立健全的社会保障体系，包括养老、失业、医疗等，能够提高社会的稳定性，解决社会不公平问题，保障弱势群体的基本生活。这有助于社会的可持续发展和福利水平的提升。

3.税收策略

（1）收入再分配

税收策略直接涉及社会的收入再分配。长期来看，合理的税收策略有助于缩小贫富差距，提高社会的公平性。通过减轻低收入者的税负、加重高收入者的税负，政府可以更好地满足弱势群体的需求，促进社会的可持续发展。

（2）鼓励创新和创业的税收政策

为了促进创新和创业，政府可以通过税收政策激励企业和个人进行创新活动。长期来看，这有助于提高社会的整体创新水平，推动产业结构的升级，进而增加就业机会和提高生产力，为社会创造更多的财富。

（三）财政支出策略的优化与可持续发展

1. 优化财政支出结构

为了实现长期社会福利的提升，政府需要不断优化财政支出结构。通过合理配置资源，强化对教育、医疗、社会保障等关键领域的支持，确保财政支出更加精准地服务于社会需求，提高服务的质量。

2. 加强财政管理与监督

加强财政管理与监督是确保财政支出长期有效的关键。建立健全的预算制度、审计机制和绩效评价体系，确保每一笔支出都能够产生最大的社会效益，防范腐败和滥用资金的风险。

3. 科技创新与数字化转型

政府应当积极推动科技创新与数字化转型，以提高社会福利服务的效率和水平。通过引入先进的技术手段，政府能够更好地管理和提供服务，提高社会资源的利用效率，进而实现更长远的社会福利目标。

4. 制定长期规划和政策

为了实现社会福利的长期可持续发展，政府需要制定长远的规划和政策。这包括设立明确的发展目标、制定长期的财政规划，确保政策的延续性和稳定性，为社会提供更为可靠的服务。

5. 强化国际合作

在全球化的背景下，政府还应该加强与其他国家和国际组织的合作。通过分享经验、吸收先进管理经验和技术，政府可以更好地应对全球性挑战，为本国社会福利的提升汲取外部的智慧和支持。

（四）挑战与展望

1. 挑战

资源有限性：财政支出受到资源有限性的制约，政府需要面对如何在有限的资源下实现最大社会效益的挑战。

制度不健全：一些国家存在财政制度不健全、腐败问题突出的情况，这会影响财政支出的有效性和社会福利的长期发展。

不同领域之间的平衡：在教育、医疗、社会保障等领域之间需要平衡，确保各个领域都能够得到合理的支持。

2. 展望

智能化与科技应用：随着科技的发展，智能化和数字化将在财政支出管理和服务提供中发挥越来越大的作用，提高效率和质量。

绿色与可持续发展：绿色与可持续发展将成为未来的主题，政府在财政支出中应该更多关注环保、可再生能源等方面，实现经济与生态的平衡。

社会参与与治理创新：更加注重社会参与，倡导开放透明的治理方式，促进政府与社会的合作，共同推动社会福利服务的提升。

财政支出策略直接关系到社会福利的长期发展。投资型财政支出、消费型财政支出和税收策略都在不同层面对社会福利产生影响。为了实现长期的社会福利提升，政府需要优化财政支出结构，强化财政管理与监督，推动科技创新与数字化转型，制定长期规划和政策，以及加强国际合作。在面对挑战的同时，积极应对并持续创新，才能够实现社会福利服务的长期可持续发展。

第三节　税收政策与社会福利公平

一、税收体系与社会福利的关系

税收体系是国家财政的重要组成部分，直接关系到资源的配置、社会公平与经济发展。在税收的收入与支出中，社会福利是一个核心领域。本节将深入探讨税收体系与社会福利之间的关系，探讨税收如何影响社会福利的分配、质量和可及性。

（一）税收体系的基本概念

1. 税收的定义

税收是指政府以其政治权力，强制公民和企业按照一定的税法规定，按照一定的税率和税基，缴纳一定的金额，以满足政府提供公共产品和服务的财政收入。

2. 税收体系的构成

税收体系由多个税种组成，包括但不限于：

所得税：针对个人或企业的收入征收的税种，包括个人所得税和企业所得税。

消费税：针对商品和服务的销售征收的税种，包括增值税、销售税等。

财产税：针对个人或企业的财产征收的税种，包括房产税、土地税等。

关税：针对进口和出口商品征收的税种。

社会保险费：针对职工的工资征收的税种，用于社会保险体系的建设。

（二）税收体系与社会福利的关系

1. 社会福利的概念

社会福利是指国家通过提供各种公共服务和社会保障，保障人民的基本生活，提高整体生活水平，实现社会公平和稳定的一系列政策与措施。

2. 税收与社会福利的联系

（1）财政收入来源

税收是国家主要的财政收入来源之一，通过税收，政府能够筹集资金用于提供社会福利服务，包括但不限于教育、医疗、社会保障等。

（2）财政调控工具

税收在财政调控中起到重要的作用。通过调整税率、税收优惠政策等手段，政府能够引导资源的分配，促进社会福利的均衡发展。

（3）社会福利支出的资金来源

税收直接关系到政府提供社会福利服务的资金规模。高效的税收体系可以确保政府有足够的财政收入用于社会福利支出，保障公民的基本生活需求。

3. 税收体系对社会福利的影响

（1）收入再分配

通过对个体和企业的收入征税，实现了财富的再分配。通过适当的税收政策，政府能够缩小贫富差距，提高社会福利的平等性。

（2）税收的公平性

税收的公平性直接关系到社会福利的分配。通过适当的税收策略，政府可以确保富人群体承担更大的税收负担，为社会福利提供更多的资源。

（3）经济稳定与可持续发展

通过税收，政府可以对经济进行调控，维持社会的经济稳定。一个健全的税收体系有助于促进经济的可持续发展，从而为社会福利提供更加坚实的基础。

4. 不同税种对社会福利的影响

（1）所得税

正面影响：适度的个人所得税有助于缩小贫富差距，实现收入再分配，为社会提供公共服务。

负面影响：过高的个人所得税可能会影响企业家的积极性，减少投资和创业活动，对经济产生负面影响。

（2）消费税

正面影响：消费税通常以商品和服务的销售额为基础，可以通过鼓励节约和理性消费来引导社会行为。合理的消费税政策有助于资源的有效利用，促进经济可持续发展。

负面影响：消费税对低收入群体的影响较大，可能会加重其负担，导致社会福利的不平等分配。在政策制定中需要考虑社会公平性。

（3）财产税

正面影响：可以通过对房产、土地等财产征税，实现财富的再分配，减少社会不平等。

负面影响：过高或不合理的财产税可能导致资源的不合理配置，影响经济的健康发展，需要谨慎制定。

（4）社会保险费

正面影响：社会保险费主要用于建设社会保障体系，包括养老、医疗、失业等。社会保险，可以提高社会福利水平，确保公民的基本生活。

负面影响：过高的社会保险费可能增加企业和个人的负担，影响经济发展。需要平衡税收与社会福利的关系。

（三）优化税收体系以促进社会福利

1. 税收体系的公平性

为了促进社会福利，税收体系应当具有较高的公平性。政府需要审慎设计税收政策，确保富人和贫困群体之间的负担分配是合理的。适当的进步税制和财产税等机制可以实现更公平的税收体系。

2. 有效的税收征管

有效的税收征管是确保税收体系正常运转的关键。政府应当加强税收征管的能力，打击逃税行为，确保应纳税款得到征收。这有助于保障税收的可持续性，为社会福利提供足够的财政支持。

3. 税收激励与经济活力

税收政策应当有利于经济活力的提升。通过合理的税收激励政策，政府可以鼓励创新、投资和创业，促进经济的增长。这不仅有助于提高税收总量，也为提供更多社会福利服务创造了更多的财政支持。

4. 环境税收的引入

为了促进可持续发展和保护环境，政府可以考虑引入环境税收。对污染排放、能源消耗等实施征税，可以引导企业和个人采取更环保的行为，实现经济与生态的平衡。

5. 跨国税收合作

在全球化的背景下，跨国税收合作变得愈发重要。通过加强与其他国家的合作，遏制跨国企业的逃税行为，实现全球税收的公平和可持续发展。

（四）挑战与展望

1. 挑战

贫富差距：在税收体系中实现真正的公平性仍然是一次挑战，因为低收入群体更容易受到税收的影响。

经济活动抑制：过高的税率和不合理的税收政策可能抑制企业的投资和创新，从而影响整体经济活动。

环境保护与税收平衡：引入环境税收需要平衡环保与经济发展的矛盾，确保环境保护与税收负担之间的平衡。

2. 展望

数字经济税收：随着数字经济的发展，数字经济税收将成为未来的发展趋势，政府需要适时调整税收政策以应对数字经济的挑战。

绿色税收：进一步推动绿色税收的发展，通过对环境友好行为的激励和对污染行为的处罚，促进经济可持续发展。

国际税收合作：在全球层面进一步推动国际税收合作，遏制跨国企业的逃税行为，实现全球税收的公平和可持续发展。

二、税收政策对不同社会群体的影响

税收政策是国家财政管理的核心组成部分，税收的征收和分配，直接影响到社会各个群体的生活水平、财富分配和社会公平。本节将深入探讨税收政策对不同社会群体的影响，包括富裕阶层、中产阶层和低收入阶层，以及对不同行业和地区的影响。

（一）富裕阶层

1. 所得税政策

（1）正面影响

富裕阶层通常面临较高的所得税率，这有助于实现收入再分配，缩小社会贫富差距。通过适度的进步税制，政府可以在富裕阶层中征收更高比例的税款，为社会提供更多公共服务和社会福利。

（2）负面影响

过高的所得税率可能导致富裕阶层采取避税手段，如利用税收优惠、转移资产等方式，从而减少实际纳税额。此外，高税率可能影响企业家的积极性，抑制创业和投资活动。

2. 财产税政策

（1）正面影响

财产税主要针对个人和企业的资产征税。对于富裕阶层来说，这有助于促使他们更合理地配置财产，避免财富过于集中。财产税的征收也为社会提供了额外的财政收入，用于公共服务和社会福利。

（2）负面影响

富裕阶层通常拥有复杂的财产结构，财产税的征收难度较大。一些富裕群体可能通过资产转移、信托等手段来规避财产税，降低其征收效果。

3. 投资收益税政策

（1）正面影响

对于投资收益的征税有助于平衡财富的来源，确保不同形式的收入都能够合理地纳税。这有助于减轻富裕阶层通过资本收益获取财富而逃避其他形式税收的情况。

（2）负面影响

过高的投资收益税可能导致资本流动受限，减少对企业的投资，影响经济发展。此外，富裕阶层往往拥有更多的投资渠道和避税手段，可能通过跨境投资等手段规避投资收益税。

4. 综合影响

富裕阶层在面对税收政策时，往往能够更容易地获得专业的税收规划服务，通过合法手段规避一部分税收负担。因此，税收政策对富裕阶层的影响既包括直接的财务影响，也包括其对税收规避手段的适应程度。

（二）中产阶层

1. 所得税政策

（1）正面影响

中产阶层通常享受相对较低的所得税率，这有助于提高其可支配收入，促进家庭消费和储蓄。适度的所得税优惠也能够鼓励中产阶层更多地参与经济活动，推动社会的整体经济增长。

（2）负面影响

如果所得税政策过于复杂，中产阶层可能需要面对更高的税收筹划成本。此外，如果所得税制度存在不公平性，可能导致一些中产家庭感到不满，降低其对税收制度的信任。

2. 消费税政策

（1）正面影响

相对于所得税，消费税更加依赖个人的实际消费水平。适度的消费税政策可以激励中产阶层更加理性地进行消费，避免过度浪费，有助于提高整体社会的经济效益。

（2）负面影响

高额的消费税可能对中产阶层的生活质量造成一定的影响，尤其是对于日常消费品的购买。这可能导致中产阶层感受到实质性的经济压力。

3. 住房税政策

（1）正面影响

住房税政策对于中产阶层来说，可能通过合理征税来减少过高的住房需求，促使住房市场更加平稳，确保中产家庭能够更容易获得适宜的住房。

（2）负面影响

高额的住房税可能会给中产阶层拥有的房产造成较大的负担，尤其是在一些房价高企的地区。这可能影响中产阶层的资产积累和家庭财务状况，增加其生活成本。

4. 教育与医疗税收政策

（1）正面影响

通过适度的教育和医疗税收政策，政府能够为中产阶层提供更好的公共服务。这有助于提高中产家庭的生活质量，确保他们能够获得高质量的教育和医疗服务。

（2）负面影响

如果税收政策不足以覆盖公共服务的成本，中产阶层可能需要额外支付高昂的私人教育和医疗费用，增加其家庭财务的压力。

5. 综合影响

中产阶层在税收政策方面通常处于相对平衡的位置，既享受一些税收优惠，又需要面对一定的税收负担。他们对税收政策的影响主要体现在可支配收入的变化、家庭消费水平、房产投资和子女教育医疗费用等方面。

（三）低收入阶层

1. 所得税政策

（1）正面影响

对于低收入阶层来说，适度的所得税减免或退还政策能够有效地提高其可支配收入，减轻其生活负担。这有助于缩小贫富差距，促进社会的公平发展。

（2）负面影响

所得税政策的复杂性可能导致低收入阶层难以充分享受税收减免政策，需要面对较高的办税成本。此外，如果所得税政策设计不当，可能导致低收入者的实际减免效果较小。

2. 消费税政策

（1）正面影响

相对于所得税，消费税更加依赖个人实际消费水平，有助于引导低收入者更加理性地进行消费。适度的消费税政策可以防止过度浪费，促进经济的可持续发展。

（2）负面影响

消费税对于低收入者来说，可能占据其总支出的较大比例，导致实际负担较重。特别是对于基本生活用品的征税可能使得低收入者生活更加困难。

3. 社会救助与福利政策

（1）正面影响

社会救助与福利政策通过提供低收入者生活所需的基本服务和援助，能够有效地改善其生活状况。这包括医疗救助、住房援助、食品券等形式的福利。

（2）负面影响

如果社会救助与福利政策过于繁琐或不足以覆盖基本需求，低收入者可能仍然难以摆脱贫困状态。此外，过度依赖福利可能导致一些个体丧失努力提升自身经济状况的动力。

4. 综合影响

低收入阶层通常更加依赖社会救助和福利政策来改善其生活状况。税收政策对于低收入者的影响主要体现在所得减免、消费税负担以及福利政策的完善程度等方面。

（四）不同行业和地区

1. 行业差异

（1）制造业

正面影响：制造业通常能够享受一些税收优惠，如减免部分生产设备的购置税。这有助于降低生产成本，促进制造业的发展。

负面影响：制造业可能面临一些环境保护税的增加，尤其是对于高污染产业。这可能导致制造业企业承担更大的财务负担。

（2）服务业

正面影响：服务业往往能够通过创新和技术发展获得税收激励。例如，科技创新企业可能享受到研发费用税收优惠。

负面影响：高度竞争的服务业可能需要面临较高的消费税，尤其是对于高附加值的服务。这可能影响服务业的盈利水平。

2. 地区差异

（1）发达地区

正面影响：发达地区通常拥有更完善的基础设施和公共服务，税收收入足够用于提供高质量的教育、医疗和社会福利服务。居民在享受更好公共服务的同时，也有可能获得更高的收入。

负面影响：在发达地区，由于生活成本较高，税收往往也相对较高。这可能对低收入阶层造成一定的负担，尤其是在房产税等方面。

（2）欠发达地区

正面影响：欠发达地区可能享受到一些税收优惠，以吸引投资和促进地方经济发展。这有助于提高当地居民的就业水平和生活质量。

负面影响：欠发达地区由于财政收入有限，可能难以提供高质量的公共服务，导致居民在教育、医疗等方面面临一些困难。

（五）影响因素与政策建议

1. 影响因素

（1）政府财政状况

政府的财政状况直接影响到税收政策的制定。在财政状况良好的情况下，政府有更多的资金用于提供公共服务和社会福利，同时也有更大的空间减轻税收负担。

（2）经济发展水平

国家的经济发展水平决定了税收政策的整体方向。在高收入国家，税收政策更注重社会公平和福利；而在低收入国家，可能更注重吸引投资和促进经济增长。

（3）社会结构与阶层分布

社会的结构和阶层分布直接关系到税收的社会分配效应。政府需要根据社会的实际情况，灵活调整税收政策，确保税收体系对不同阶层的影响相对平衡。

2. 政策建议

（1）提高税收公平性

政府应该通过适度的进步税制和合理的财产税政策，确保税收体系对富裕阶层的影响更为显著，促使富裕阶层更公平地承担社会责任。

（2）加强社会救助和福利政策

特别是对于低收入阶层，政府应该进一步加强社会救助和福利政策，提高其基本生活水平，减轻其贫困压力。

（3）优化消费税政策

在制定消费税政策时，需要注意合理设置税率，避免对低收入者的不利影响。可以考虑对基本生活必需品给予适当的减免，减轻低收入者的消费税负担。

（4）完善税收征管

政府应该加强税收征管，打击逃税行为，确保税收政策的有效执行。通过技术手段和信息化建设，提高税收征管的效率，减少漏税现象。

（5）推动税收与经济发展协同

税收政策应与经济发展相协调，促使企业创新和投资，提高税收总额。政府可以通过给予科研、创新等方面的税收激励，鼓励企业增加研发投入。

税收政策作为国家经济管理的一项重要手段，对不同社会群体产生广泛而深远的影响。富裕阶层、中产阶层和低收入阶层在面对税收政策时，各自承担着不同的税收负担，并受到税收政策的调控。同时，不同行业和地区也因其特殊性受到不同税收政策的影响。为了实现税收的公平性、可持续性，政府需要根据实际情况不断优化税收体系，确保税收政策更好地服务于社会的整体利益。

三、税收公平与社会福利制度的可持续性

税收公平与社会福利制度的可持续性是现代国家财政政策设计中至关重

要的两个方面。税收公平涉及税收体系对不同社会群体的公正分担，而社会福利制度的可持续性则关系到国家经济长期的平衡和社会公共服务的延续。本节将深入探讨税收公平与社会福利制度的关系，分析二者之间的平衡与挑战，提出优化建议，以促进更加公正和可持续的财政体系。

（一）税收公平的概念与实现

1. 税收公平的概念

税收公平是指税收在征收和分配过程中对不同群体、阶层的公正对待。公平的税收体系应该确保富人、中产阶层和低收入者之间的税收分担是合理的，避免税收负担对社会阶层造成过大的不平等。

2. 税收公平的实现

（1）进步税制

进步税制是一种根据纳税人的收入水平逐渐增加税率的税收体系。通过设立递进税率，富裕群体需要支付相对更高的比例税款，实现财富的再分配，促进社会公平。

（2）财产税

财产税是对个人和企业的财产征收的税收形式。通过合理设置财产税，政府可以降低财富集中度，减缓富人的财产积累速度，促进社会财富的更均衡分配。

（3）消费税政策

消费税是按照商品和服务的消费额度征收的税收形式。适度的消费税可以通过对奢侈品的征税，实现让高收入者承担更高比例的税收负担，促进社会公平。

（二）社会福利制度的概念与可持续性

1. 社会福利制度的概念

社会福利制度是指国家为了维护社会公平和提高公民福利而制定的一系列政策与措施的总和，包括但不限于医疗保险、社会保障、教育补助等各种形式的福利服务。

2. 社会福利制度的可持续性

社会福利制度的可持续性涉及福利服务的提供是否能够长期维持，不至于给国家财政造成不可承受的压力。一种可持续的社会福利制度应当能够在保障公民基本福利的同时，不使国家陷入财政危机。

（三）税收公平与社会福利制度的关系

1.公平税收的支撑

公平的税收体系是社会福利制度的重要支撑。通过合理的税收调节，政府能够获得足够的财政收入，用于提供各类福利服务，包括医疗、教育、养老等，从而实现社会的整体公平。

2.税收负担与福利服务的平衡

税收负担与提供的福利服务之间需要保持一种平衡。税收负担过重可能导致社会不满，而过轻则无法维持社会福利制度的可持续性。政府需要审慎制定税收政策，确保税收与福利服务之间的平衡。

3.财政可持续性的关键

税收公平直接关系到财政的可持续性。如果税收体系不公平，财政收入就难以稳定增长，社会福利制度就难以得到长期的支持。公平的税收体系有助于确保财政的可持续性，为社会福利的延续提供坚实基础。

（四）挑战与平衡

1.挑战

（1）财政压力

税收公平与社会福利制度的可持续性面临着财政压力的挑战。随着社会结构的变化和老龄化问题的加剧，福利服务的需求增加，而政府的财政收入却可能面临限制。

（2）社会预期

社会对于福利服务的预期不断提高，希望政府能够提供更广泛、更高质量的服务。这可能导致财政支出的增加，需要更多的税收来满足社会的期望。

（3）经济不确定性

经济不确定性可能对税收负担和社会福利制度的可持续性造成影响。在经济波动时期，政府可能面临财政困难，福利制度的可持续性可能受到冲击，需要更加灵活的财政政策来应对经济的波动。

2. 平衡

（1）完善税收体系

为了实现税收公平，政府应不断完善税收体系，通过适度的进步税制和财产税等手段，确保高收入群体承担更大的税收责任，促使财富的合理分配。

（2）提高税收效益

政府可以通过提高税收征管效率，打击逃税行为，确保税收的真实征收。加强技术手段和信息化建设，降低征管成本，提高税收效益。

（3）制定合理的福利政策

社会福利制度的可持续性需要政府合理制定福利政策，确保在有限的财政资源下提供最大的社会效益。可以通过重点支持基本公共服务、创新社会救助方式等来实现。

（4）提高社会教育水平

加强公众对税收的理解和接受度，提高社会的税收意识，有助于形成共识。通过加强税收教育，使公众了解税收的重要性和合理性，更容易支持政府的税收政策。

3. 创新与发展

（1）创新税收制度

政府可以通过创新税收制度，引入新的税种或税收模式，以适应社会经济的发展。例如，考虑对数字经济的征税，以应对科技进步给税收带来的新挑战。

（2）促进经济增长

通过采取措施促进经济增长，政府可以获得更多的财政收入，增加社会福利的可持续性。这包括鼓励创新、支持产业发展等。

（3）强化社会责任

在税收体系中强调富裕阶层和企业的社会责任，鼓励他们更多地参与社会事业，通过慈善和社会投资等方式回馈社会，从而实现更加公平的财富分配。

税收公平与社会福利制度的可持续性是构建一个公正、和谐社会的重要组成部分。税收公平通过建立合理的税收体系，实现对富裕群体的财富再分配，为社会福利制度提供了重要的经济基础。而社会福利制度的可持续性需要政府不断优化福利政策，确保在财政有限的情况下，为广大社会群体提供可靠的福利服务。

在面对各种挑战和平衡时，政府需要灵活运用财政工具，合理制定税收政策和福利政策，确保在税收公平与社会福利制度的可持续性之间取得平衡。这包括提高税收效益、创新税收制度、制定合理的福利政策、强化社会责任等方面的努力。

总体而言，税收公平与社会福利制度的可持续性是一个相互促进的关系，需要在政府、企业和社会各方的共同努力下，不断完善，实现社会的可持续繁荣。只有在税收公平的基础上，社会福利制度才能得到广泛支持，从而为社会的长期发展奠定坚实基础。

第四节　政府债务与社会福利可持续性

一、政府债务与社会福利的关联

政府债务与社会福利是现代国家经济管理中密切相关的两个方面。政府债务作为一种财政手段，与社会福利之间存在着复杂而紧密的关系。本节将深入探讨政府债务与社会福利之间的关联，分析二者之间的互动机制、影响因素以及平衡之道。

（一）政府债务的概念与形成原因

1.政府债务的概念

政府债务是指国家为筹措财政支出所发行的债券，通过向投资者借款来获取所需的资金。政府债务通常以国债、地方政府债等形式存在，是一种债权工具，政府通过支付一定的利息和债务到期时的本金来偿还债务。

2.政府债务的形成原因

财政赤字：当政府财政支出超过财政收入时，形成财政赤字。为弥补赤字，政府需要借款，形成政府债务。

经济危机：在面临经济衰退或危机时，政府通常会通过增加支出来刺激经济，这可能导致财政赤字的出现，进而产生政府债务。

基础设施建设：政府为了促进经济发展和提高人民生活水平，需要进行基础设施建设，如修建道路、桥梁、学校、医院等。这些项目通常需要大量资金，政府债务成为一种常见的融资手段。

（二）政府债务与社会福利的关联机制

1. 社会福利的提供与融资需求

教育与医疗投资：政府通过债务融资可以提供更多的教育和医疗资源，提高社会福利水平。

社会保障体系：债务资金可用于建设和维护社会保障体系，包括养老金、失业保险等，提高社会的整体福利水平。

贫困救助：债务可以用于实施贫困救助计划，帮助处于困境中的群体，提高社会的公平性和包容性。

2. 政府债务对社会福利的影响

债务利息支付：当政府债务增加时，需要支付的利息也相应增加。这可能导致政府在支付债务利息上的支出增加，从而减少可用于社会福利项目的财政资源。

限制财政空间：大规模的政府债务可能导致财政空间的限制，降低政府在社会福利方面的投入。长期的债务负担可能限制政府的财政灵活性，使其难以满足社会对更多福利的需求。

（三）政府债务与社会福利的影响因素

1. 债务规模

债务规模是影响政府债务与社会福利关系的关键因素。规模较小的债务可能更容易得到有效管理，而大规模的债务可能对社会福利产生更大的负面影响。

2. 债务结构

债务结构包括债务的种类、期限和利率等因素。不同类型的债务可能对社会福利产生不同的影响。例如，长期低息债务可能对社会福利的长期可持续性产生较小的负面影响。

3. 债务用途

政府债务的用途对社会福利的影响也很大。如果债务主要用于基础设施和社会福利项目的投资，可能对社会福利产生积极影响。而如果债务主要用于消费性支出，可能导致短期内的社会福利提升，但长期效果有限。

（四）政府债务与社会福利的平衡之道

1. 财政纪律与透明度

政府在债务管理中应保持财政纪律，防止过度借债。透明度是维护社会信任的关键，政府需要向公众清晰地呈现债务用途和管理情况，确保债务资金用于社会福利项目。

2. 健康经济基础

健康的经济是维护政府债务与社会福利平衡的基础。通过促进经济增长、提高税收收入，政府能够更好地支持社会福利项目，减轻债务负担。

3. 多元化债务融资渠道

政府可以通过多元化债务融资渠道，降低债务成本，降低对社会福利的不利影响。多元化的融资方式包括发行不同类型的债券、吸引私人投资、建立合作伙伴关系等，从而分散财务风险。

4. 健全风险管理机制

政府应建立健全的风险管理机制，预测和评估债务风险。及时发现并妥善处理潜在的财务问题，确保债务的可持续性，维护社会福利项目的稳定运行。

5. 提高债务投资效率

政府在进行社会福利项目投资时应注重效率，确保债务资金用于有长期收益和社会效益的项目。优先选择对经济增长和社会发展有积极影响的领域，提高债务投资的效益。

6. 强化社会福利监管

建立有效的社会福利监管机制，确保福利项目的有效实施和资源利用。监管机制能够有效防范腐败和滥用债务资金的行为，维护社会福利的公正性和可持续性。

二、债务管理与社会福利的长期影响

债务管理与社会福利之间的关系是现代国家财政政策中至关重要的议

题。债务作为一种资金筹措方式，与社会福利之间存在着深刻的相互影响关系。本节将深入探讨债务管理与社会福利之间的长期关系，分析二者之间的互动机制、长期效应以及如何平衡这一关系。

（一）债务管理的概念与重要性

1. 债务管理的概念

债务管理是指政府有效地筹措和使用债务，以满足财政需求并确保债务的可持续性。这包括债务的发行、偿还、再融资等方面的活动，旨在最大化债务效益，降低债务成本，同时确保财政的长期健康。

2. 债务管理的重要性

资金筹措：债务是政府获取资金的主要手段之一，尤其在财政赤字或需要大规模投资的情况下，债务能够迅速满足财政需求。

经济稳定：良好的债务管理有助于维护财政稳定，防范财政危机，保持宏观经济的稳定发展。

项目投资：债务可以用于资助基础设施建设、社会福利项目等，促进经济增长和提高公民生活水平。

（二）社会福利的概念与重要性

1. 社会福利的概念

社会福利是指国家为提高公民生活水平、保障基本权益而提供的各种服务和资金支持。这包括但不限于医疗、教育、养老、住房等方面的福利服务。

2. 社会福利的重要性

公平与公正：社会福利的提供有助于实现社会的公平和公正，消除社会中存在的不平等。

人力资本投资：通过提供教育和健康服务，社会福利有助于培养更多的人力资本，提高国家整体竞争力。

社会稳定：良好的社会福利制度有助于缓解社会不满情绪，维护社会的长期稳定。

（三）债务管理与社会福利的互动机制

1. 债务资金用途

社会福利项目资助：债务资金可用于资助各类社会福利项目，如医疗设施建设、教育机构投资等，从而提高社会福利水平。

基础设施建设：政府通过债务融资进行基础设施建设，如交通、能源、水利等，这些项目的建设直接或间接影响社会福利。

2. 债务成本对社会福利的影响

利息支出：政府为偿还债务而支付的利息会占用一部分财政收入，可能降低可用于社会福利的资金。

财政灵活性：债务的规模和成本会影响政府的财政灵活性，从而影响其在社会福利方面的投入。

3. 社会福利对债务管理的反馈

经济增长：良好的社会福利制度有助于提高人力资本素质，促进经济增长，为政府提供更多的财政收入，有利于债务管理。

公众支持：良好的社会福利制度可以获得公众的支持，使政府更容易筹措债务，实现良性的债务循环。

（四）长期影响因素分析

1. 债务规模

过度债务：过大规模的债务可能导致长期的财政拖累，影响政府对社会福利项目的投资。

适度债务：适度规模的债务可以为社会福利提供必要的融资支持，但需要谨慎管理以防止过度依赖。

2. 利率水平

高利率：高利率会增加债务成本，减少可用于社会福利的可支配资金。

低利率：低利率有助于降低债务成本，为社会福利项目提供更多的资金支持。

3. 债务结构

长期债务：选择长期债务能够降低还款压力，有助于维护财政的可持续性。

短期债务：短期债务可能面临利率波动和再融资风险，对社会福利的长期影响可能不稳定。

4. 债务用途

投资性债务：将债务用于能够提升未来经济产出和社会福利的项目，有助于长期发展。

消费性债务：过度依赖债务用于满足当前支出，可能在短期内提高社会福利水平，但长期效益可能有限。

5. 经济增长

债务引导经济增长：若债务用于刺激经济增长，将有助于提高国家整体福利水平。

债务阻碍经济增长：过度债务可能导致财政拖累，阻碍经济增长，从而限制社会福利的提升。

（五）长期平衡之道

1. 财政可持续性

债务限制：设立债务上限，防止政府过度依赖债务，保障财政的可持续性。

财政纪律：加强财政纪律，防范财政赤字，确保债务用于可产生长期经济效益的项目。

2. 债务管理工具

利率风险管理：使用利率衍生品等工具，降低债务利率波动的风险。

再融资策略：制定合理的再融资策略，优化债务结构，确保债务成本的长期可控性。

3. 持续投资社会福利

社会福利效益评估：对社会福利项目进行效益评估，确保投资的社会效益能够在长期内持续。

创新社会福利模式：探索创新的社会福利模式，提高项目的效率和可持续性。

4. 公众参与和监督

公众参与：提高公众对债务和社会福利关系的认知，鼓励公众参与债务决策。

透明度和监督：提高政府对债务用途的透明度，建立有效的监督机制，确保债务资金用于公共利益。

（六）长期影响的评估

1. 财政健康指标

债务/GDP 比例：债务占 GDP 比例的长期趋势，反映了国家财政的长期健康状况。

债务服务占比：债务服务占总财政支出的比例，评估债务成本对财政的影响。

2. 社会福利指标

人均社会福利投入：评估政府每年为社会福利项目的人均投入，反映社会福利的长期发展趋势。

社会福利指数：综合考虑医疗、教育、住房等多个方面的社会福利指标，全面评估社会福利水平。

债务管理与社会福利之间的长期关系至关重要，需要在财政可持续性、债务用途、经济增长等方面取得平衡。政府在债务管理中应强调长期规划，确保债务对社会福利的积极影响。通过科学的财政政策、有效的债务管理工具以及社会福利项目的创新，政府能够实现债务与社会福利的双赢。在公众的广泛参与和监督下，政府可以更好地权衡债务管理和社会福利之间的关系，确保长期的财政可持续性和社会福利的提升。

第五节　财政刺激政策与社会福利改善

一、财政刺激政策对社会福利的作用机制

财政刺激政策是国家在面临经济下行压力时采取的一种经济政策手段，通过增加财政支出、减税等方式刺激经济增长。这一政策不仅在短期内对经济产生积极作用，也对社会福利产生深远影响。本节将深入探讨财政刺激政策对社会福利的作用机制，分析其影响途径、效果以及可持续性。

（一）财政刺激政策的基本概念

1. 财政刺激政策

财政刺激政策是指通过提高政府支出、减少税收或一揽子政策措施，刺激经济活动、促进就业、提高生产水平，以达到经济增长和稳定的目的。

2. 财政刺激政策与社会福利

财政刺激政策不仅直接影响经济运行，也通过经济增长对社会福利产生积极影响。它可以促进就业、提高居民收入水平，从而改善社会的整体福利水平。

（二）财政刺激政策对社会福利的直接影响

1. 就业和收入水平提高

创造就业机会：财政刺激政策通过增加政府支出，尤其是用于基础设施建设、公共服务等领域的支出，创造了大量的就业机会，降低了失业率。

提高收入水平：更多的就业机会意味着更多的人赚取收入，整体社会的收入水平得到提高，进而改善了居民的生活水平。

2. 社会保障体系改善

提高社会保障水平：财政刺激政策可能用于提高社会保障体系的投入，包括养老金、医疗保险、失业保险等。这有助于减少社会不平等，提高弱势群体的福利水平。

应对社会风险：财政刺激政策的实施能够提高社会对各种风险的抵御能力，包括经济危机、自然灾害等。通过建立健全的社会保障系统，社会福利可以在面临冲击时更为稳定。

（三）财政刺激政策对社会福利的间接影响

1. 教育和医疗投资增加

加大教育投入力度：财政刺激政策可能用于增加对教育领域的支持，提高学校设施、师资水平，从而提高居民的受教育水平，促进社会的整体进步。

提高医疗服务水平：增加对医疗领域的投资可以提高医疗服务质量，提高人民的健康水平，间接影响社会福利。

2. 住房和基础设施建设

促进住房建设：财政刺激政策可能用于增加住房建设的投入，改善居民居住条件，提高居民的生活品质。

改善基础设施：加大基础设施建设投资力度，如修建道路、桥梁、水利工程等，不仅促进了经济发展，也提高了社会的整体福利水平。

（四）财政刺激政策对社会福利的影响途径

1. 消费和需求增长

拉动消费：财政刺激政策通过提高就业和收入水平，刺激了居民的消费需求，促进了市场的活跃。

促进需求：政府增加支出，尤其是用于社会福利领域的支出，可以增加对商品和服务的需求，有利于产业的发展。

2. 刺激企业投资

提高企业信心：财政刺激政策可以通过提高企业收入、扩大市场需求，增强企业信心，促使其增加投资。

加大研发投入：财政刺激政策可能用于支持科技创新，提高企业的竞争力，间接影响社会的科技水平和创新能力。

3. 税收和社会福利重分配

减轻税收负担：财政刺激政策通常包括减税政策，减轻了居民和企业的税收负担，增加了他们的可支配收入，提高了社会的整体福利水平。

社会福利项目投入：财政刺激政策可能通过增加对社会福利项目的支持，加大对弱势群体的帮扶，实现社会资源的更加公平分配。

4. 防范社会不平等

就业机会均等：财政刺激政策通过创造大量就业机会，可以减少社会不平等现象，提高弱势群体的社会地位。

社会福利均等：财政刺激政策加大对社会福利的投入力度，有助于缩小社会福利差距，提高全体居民的福利。

（五）财政刺激政策对社会福利的长期效应

1. 永续经济增长

产业升级：财政刺激政策可能通过促进产业结构升级，实现经济的可持续增长，为长期社会福利的提升创造条件。

技术创新：政府投资在科技、创新领域，有助于推动技术创新，提高整个社会的生产力水平。

2. 社会保障体系升级

强化社会保障：财政刺激政策可能为社会保障体系的升级提供资金支持，实现更全面、更普惠的社会保障制度。

解决社会问题：通过刺激政策解决一些社会问题，如教育不平等、医疗资源分布不均等，可以为社会福利的长期改善奠定基础。

3. 社会文明程度提升

教育水平提高：财政刺激政策可能增加对教育的投资，提高社会整体的文化素养和受教育水平。

文化事业发展：通过对文化事业的投入，促进文艺、科技等方面的发展，提高社会的文明程度。

（六）财政刺激政策的持续性挑战

1. 财政可持续性

财政赤字：长期实施财政刺激政策可能导致财政赤字，影响财政的可持续性。

债务水平：过高的债务水平可能限制政府在未来继续进行刺激的能力。

2. 社会不平等

效果差异：财政刺激政策的效果可能在不同群体间存在差异，加剧社会不平等。

政策导向：需要加强政策导向，确保刺激政策更多地惠及弱势群体，实现社会福利的普惠性。

财政刺激政策对社会福利产生深远影响，通过就业、收入、教育、医疗、住房等多个途径，提高了社会整体的福利水平。然而，实现可持续的社会福利提升仍面临挑战，需要关注财政可持续性、社会不平等等问题。政府在实施财政刺激政策时应注重长期规划，加强对各项政策的评估，确保社会福利的长期可持续性，促进社会的全面进步和提高。

二、财政刺激政策的社会福利效果评估

财政刺激政策是国家在面临经济衰退或危机时采取的一种常见手段，其目的是通过增加财政支出和减少税收来刺激经济活动，提振就业和促进经济

增长。然而，这一政策的社会福利效果因多种因素而异。本节将深入探讨财政刺激政策对社会福利的效果，分析其影响机制、评估指标以及可能的挑战。

（一）财政刺激政策对社会福利的影响机制

1. 就业和收入水平

刺激就业：财政刺激政策通过增加政府支出，尤其是用于基础设施建设和公共服务的支出，创造更多的就业机会，降低失业率。

提高收入水平：就业机会的增加意味着更多人获得收入，从而提高了整体社会的收入水平。

2. 社会保障体系和福利项目

加大社会保障投入力度：财政刺激可能用于提高社会保障水平，包括养老金、医疗保险、失业保险等，以增进社会的整体福利。

社会福利项目资助：政府在刺激政策中加大对社会福利项目的资助力度，如教育、医疗、住房等，直接影响公民的生活质量。

3. 教育和医疗水平提高

增加教育支持：财政刺激政策可能增加对教育的投入，改善学校设施、提高师资水平，促进教育水平的提升。

提高医疗服务水平：财政刺激政策可用于增加医疗资源，提高医疗服务水平，对居民的健康产生积极影响。

（二）财政刺激政策对社会福利的评估指标

1. 就业率和失业率

就业率：衡量财政刺激政策对就业的影响，反映社会的就业状况。

失业率：观察失业率的变化，判断财政刺激政策对减轻就业压力的效果。

2. 收入水平

平均工资：考察财政刺激政策对工资水平的提升效果，反映居民的收入水平。

家庭收入分配：观察财政刺激政策对家庭收入分配的影响，了解社会不同群体的受益情况。

3. 社会保障水平

社会保障支出：衡量财政刺激政策对社会保障体系的资金支持，反映社会福利项目的投入。

社会保障覆盖率：观察社会保障覆盖率的变化，评估财政刺激政策对弱势群体的保障效果。

4. 教育和医疗水平

教育投入：观察财政刺激政策对教育领域的资金投入，判断其对提高教育水平的效果。

医疗服务质量：评估财政刺激政策对医疗服务质量的提升效果，反映在公共卫生方面的社会福利。

（三）财政刺激政策对社会福利效果的影响因素

1. 政策执行效率

资金使用效益：政府对刺激政策资金的使用效益影响社会福利效果，要确保投入能够切实用于改善公共服务。

项目选择合理性：选择合理的刺激项目，如注重基础设施、教育和医疗等领域，对社会福利有更直接的推动作用。

2. 社会不平等程度

福利分配：考虑政策对不同社会群体的影响，以防止财政刺激政策加剧社会不平等。

弱势群体关注：重点关注财政刺激政策对弱势群体的关爱程度，确保其受益。

3. 宏观经济环境

全球经济形势：国际经济环境对国内刺激政策的效果有一定影响，需在宏观层面进行综合考虑。

通货膨胀压力：过度的财政刺激可能导致通货膨胀，从而对社会福利产生负面影响。因此，在宏观经济环境的变化下，需要平衡刺激效果和通货膨胀的风险。

（四）财政刺激政策对社会福利效果的评估方法

1. 定量分析

经济指标分析：利用失业率、就业人数、国内生产总值（GDP）等宏观经济指标，量化财政刺激政策对就业和经济增长的影响。

收入水平测算：通过调查居民收入、平均工资等数据，分析财政刺激政策对居民收入水平的提升效果。

社会保障数据：利用社会保障支出、覆盖率等数据，量化财政刺激政策对社会保障体系的贡献。

教育和医疗投入：通过分析政府对教育和医疗的资金投入，评估财政刺激政策对公共服务的提升效果。

2. 财政健康指标

财政赤字：评估财政刺激政策对财政赤字的影响，以确保财政可持续性。

债务水平：考察政府债务水平的变化，防范因过度债务而引发的社会福利问题。

3. 社会福利调查

居民调查：通过居民调查，了解个体对财政刺激政策的感受，评估其对生活质量的实际影响。

弱势群体关注：重点关注弱势群体，了解其在财政刺激政策中的受益状况，确保社会福利的普及性。

4. 长期追踪分析

时间序列分析：利用多年的数据进行时间序列分析，观察财政刺激政策的长期效果，包括就业、收入、社会保障等方面。

长期趋势观察：关注财政刺激政策的长期趋势，考察其对社会福利的可持续性影响。

（五）财政刺激政策对社会福利效果的挑战

1. 可持续性问题

财政可持续性：长期实施财政刺激政策可能导致财政赤字和债务水平上升，影响政府未来提供社会福利的能力。

通货膨胀风险：过度的刺激可能引发通货膨胀，对居民的实际购买力产生负面影响。

2. 收入和福利分配问题

不平等加剧：财政刺激政策效果可能在不同群体之间产生差异，导致社会不平等程度加剧。

弱势群体忽视：如果财政刺激政策未能充分关注弱势群体，可能导致社会福利效果的失衡。

3. 刺激效果不均衡

地区差异：财政刺激效果可能因地区差异而不均衡，一些地区可能受益较多，而其他地区可能效果较弱。

产业结构影响：刺激效果也可能因不同产业结构而有所不同，某些行业可能受益较多，而其他行业可能受益较少。

财政刺激政策对社会福利产生深远影响，通过就业、收入、社会保障、教育、医疗等多个途径提高了整体社会的福利水平。然而，其效果需要通过多方面的评估指标进行深入分析，注意挑战和问题，确保政策的可持续性和公平性。政府在制定和执行财政刺激政策时，需密切关注社会福利效果的实际情况，通过有效的监测和调整，使刺激政策更好地服务于社会的长期福利。

三、财政刺激与长期社会福利可持续性的平衡

财政刺激作为一种短期内刺激经济增长和提升就业的政策手段，其与长期社会福利的可持续性之间的平衡问题备受关注。本节将深入探讨财政刺激与长期社会福利的可持续性之间的关系，分析如何在追求短期经济效益的同时确保长期社会福利的可持续性。

（一）财政刺激的短期经济效益与长期社会福利的关系

1. 财政刺激的短期经济效益

经济增长：财政刺激政策通过增加政府支出和减税，刺激了消费和投资，促进了短期内的经济增长。

就业机会：增加的政府支出通常涉及基础设施建设和公共服务，直接创造了大量就业机会，降低了失业率。

消费提升：减税等政策可以提高个体和企业的可支配收入，刺激消费需求，拉动市场。

2. 长期社会福利的可持续性挑战

财政可持续性：长期实施财政刺激政策可能导致财政赤字和债务水平上升，影响政府长期提供社会福利的能力。

通货膨胀风险：过度的刺激可能引发通货膨胀，对居民的实际购买力产

生负面影响，影响社会福利。

资源配置问题：长期过分依赖财政刺激可能导致资源配置不合理，使得一些产业和项目依赖政府支持而难以自主发展。

（二）平衡短期刺激与长期社会福利的策略

1. 制定明智的财政政策

精准支持产业：在制定财政政策时，应该更精准地支持那些对长期社会福利具有重要推动作用的产业，如教育、医疗、环保等。

避免过度依赖刺激：避免长期过度依赖财政刺激，鼓励产业自主创新和发展，减少对政府支持的过分依赖。

2. 增强政府支出的效益

优化支出结构：政府应优化支出结构，确保支出更多地投入教育、医疗、社会保障等关系到长期社会福利的领域。

提高支出效率：强化监管，确保财政支出高效用于各个项目，避免浪费和低效使用。

3. 引导社会投资

激励私人投资：通过优惠政策和市场机制，激励私人对关键领域的投资，减轻政府财政负担。

发展社会投资基金：鼓励和引导社会投资基金等，为具有社会福利属性的项目提供资金支持。

（三）社会福利制度的结构性改革

1. 完善社会保障体系

强化养老金制度：完善养老金制度，提高养老保障水平，确保老年人的基本生活水平。

健全医疗保障：加强对医疗卫生事业的支持，提高医疗保障水平，使更多人能够享受到高质量的医疗服务。

2. 优化教育体系

增加教育资源：加大对教育的投入力度，提高教育资源配置，确保教育的公平性和可及性。

职业培训机制：建立更加灵活和适应市场需求的职业培训机制，提高就业者的技能水平。

3. 促进可持续发展

绿色经济投资：将财政刺激的方向更多地引到可持续发展的项目上，促进绿色经济和环保产业的发展。

社会创新支持：加大对社会创新和公益事业的支持力度，推动社会福利的创新和可持续发展。

（四）建立有效监管机制

1. 预警机制

财政预算：建立健全的财政预算体系，通过预算安排对社会福利项目进行明确的划分，确保社会福利领域的资金得到充分的保障。

财政风险评估：建立财政风险评估体系，及时发现潜在的财政压力和可持续性问题，为政府调整政策提供科学依据。

2. 绩效评估

项目绩效评估：对财政支出的各个项目进行绩效评估，确保资金使用的效益最大化，对社会福利产生积极的长期影响。

社会福利指标监测：建立社会福利指标监测体系，定期发布社会福利数据，以便社会对政府工作进行监督。

3. 法律法规体系

合理财政法规：制定和完善合理的财政法规，规范政府财政行为，避免财政刺激导致的不当行为和风险。

社会福利法律保障：加强社会福利法律体系建设，明确社会福利的法律责任和权益保障，为长期社会福利提供法律保障。

（五）公众参与与社会共治

1. 透明沟通

政策透明度：提高政策制定和执行的透明度，让公众更清晰地了解财政刺激政策的目标、预期效果和可能带来的影响。

社会福利信息公开：主动公开社会福利领域的信息，让公众了解社会福利项目的进展和效果。

2. 社会组织参与

社会组织监督：鼓励社会组织参与监督财政刺激政策的执行，提出建议和意见，促进政策更科学、更合理。

公众参与：在财政决策中，引入公众参与机制，让公众能够参与决策，确保社会福利的平等性和公正性。

（六）国际合作与共赢

1. 国际经验借鉴

学习先进经验：借鉴国际上成功的财政刺激政策案例，吸取经验教训，更好地指导我国的实践。

多边合作：在国际层面推动财政刺激政策的合作，共同应对全球性挑战，分享社会福利领域的最佳实践。

2. 货币政策与财政政策协调

协同效应：货币政策和财政政策的协调可以更好地平衡经济与社会福利之间的关系，实现长期经济和社会的可持续发展。

防范通货膨胀：货币政策需要与财政政策协调，防范因刺激政策导致的通货膨胀风险。

财政刺激与长期社会福利的可持续性之间的平衡是一个复杂而关键的问题。为了在追求短期经济效益的同时确保长期社会福利的可持续性，需要在政策制定、执行和监管等方面采取一系列有效措施。这包括明智的财政政策制定、社会福利制度的结构性改革、有效的监管机制建设、公众参与和国际合作等多方面的努力。只有在这些方面共同发力的情况下，才能够实现财政刺激与长期社会福利可持续性的有机平衡，促进国家经济和社会的全面发展。

第三章　社会投资与社会福利的关系

第一节　教育投资与社会福利的提升

一、教育投资的社会福利效果

教育被普遍认为是社会进步和个体发展的关键因素之一。在现代社会中，政府和私人部门对教育的投资被视为一项长期的社会责任和智力资本的重要积累。本节将深入探讨教育投资的社会福利效果，分析其对个体、社会和国家的多层面影响。

（一）教育对个体的社会福利效果

1. 就业和职业发展

提高就业机会：受过良好教育的个体更容易获得更高质量的就业机会，其拥有的专业技能和知识使其更具竞争力。

职业晋升：教育不仅对初始就业有积极影响，还有助于个体在职场中的职业晋升，提高收入水平和职业地位。

2. 收入水平和财务状况

提高收入水平：受过教育的人群通常拥有更高的收入水平，教育被认为是财富和收入不平等的缓解手段之一。

降低贫困率：通过提高个体的技能水平和就业机会，教育投资对降低贫困率具有显著效果，改善个体的经济状况。

3. 健康和生活质量

促进健康：受过良好教育的个体更容易获得健康信息，更有可能采取健康的生活方式，从而提高整体健康水平。

改善生活质量：教育水平的提高通常与更高的生活质量相关，包括更好的住房、饮食、休闲娱乐等。

（二）教育对社会的社会福利效果

1. 社会和文化价值观

培养公民素质：教育有助于培养公民素质，提高社会文化水平，促进社会和谐发展。

价值观的传承：教育是社会文化价值观传承的主要途径，通过教育传递社会共同的价值观念。

2. 社会流动性和平等

社会流动性：良好的教育体系有助于提高社会流动性，打破家庭背景对个体发展的影响，创造更公平的社会机会。

减少社会不平等：教育的广泛普及和提高可以减少社会中的不平等现象，缩小不同群体之间的差距。

3. 科技和创新

推动科技发展：受过高等教育的人才通常更具创新能力，教育投资有助于推动科技和文化创新。

提高社会竞争力：发展科技和创新水平对整个社会的竞争力至关重要，而教育是培养创新人才的主要途径。

（三）教育对国家的社会福利效果

1. 经济增长和竞争力

提高生产力：受过教育的劳动力通常工作更高效和更具创造力，从而提高国家的整体生产力水平。

国家竞争力：发展良好的教育体系是提高国家竞争力的基石，更能吸引国际投资和人才。

2. 社会稳定和治理

提高公民素质：受过良好教育的公民更有可能理性参与社会治理，提高社会的稳定性。

减少社会矛盾：教育的普及可以减少社会矛盾，改善社会治理的环境。

3. 人口结构和劳动力市场

调整人口结构：通过提高受教育程度，有助于调整人口结构，减轻老龄化对国家经济的负担。

适应劳动力市场：受过教育的劳动力更容易适应现代劳动力市场的需求，提高就业率。

（四）教育投资的挑战与对策

1. 资金投入问题

公共支出不足：一些国家或地区存在公共支出不足问题，导致教育资源匮乏。

私人投资不均：私人投资在教育中的分配不均，可能导致地区或社会群体之间的不平等。

2. 教育质量和体制问题

教育质量参差不齐：一些地区或学校在教育质量上存在较大差异，可能是由资源分配不均或体制问题引起的。

教育体制改革：需要进行教育体制的改革，提高教育的质量和效益，确保每个学生都能够获得优质的教育资源。

3. 教育公平和包容性问题

地区差异：一些地区的教育资源相对匮乏，导致地区间的教育不公平。

社会群体不平等：社会群体之间存在的一些不平等，例如性别、贫富差距，需要通过政策手段加以解决。

4. 教育与就业市场的对接问题

就业市场需求：教育系统需要更好地了解就业市场的需求，调整专业设置，以便更好地适应社会的发展。

职业培训体系：建立健全的职业培训体系，确保教育系统培养的人才能够迅速适应市场变化。

（五）教育投资的策略与改进方向

1. 增加财政支出

加大政府投入：政府应该加大对教育的财政支出，确保学校设施、师资力量等基础条件的改善。

优化资源分配：政府需要优化教育资源的分配，确保资源更多地倾向于贫困地区和弱势群体。

2.强化职业教育和技能培训

职业教育改革：优化职业教育体系，加强对实际职业技能的培训，提高学生就业竞争力。

与产业对接：加强与产业的对接，确保职业教育的专业设置和课程设置符合实际用人需求。

3.推动教育信息化

教育科技：利用现代科技手段推动教育信息化，提高教学效果和资源利用效率。

远程教育：发展远程教育，使教育资源更广泛地覆盖到各个地区，减小城乡教育差距。

4.强调全面教育

培养综合素质：不仅注重学科知识的传授，还应注重培养学生的综合素质，包括创造力、团队协作能力等。

注重心理健康：关注学生的心理健康，建立心理辅导体系，促进学生全面发展。

二、教育体系与社会福利的协同发展

教育体系与社会福利的协同发展是现代社会持续进步的关键因素之一。教育作为人力资源培养的主要途径，直接关系到社会的知识水平、文化素养和经济发展。本节将深入探讨教育体系与社会福利之间的关系，分析二者的协同发展如何推动社会的全面进步。

（一）教育体系对社会福利的直接影响

1.就业与经济发展

提高就业竞争力：受过良好教育的人才更容易在就业市场中找到工作，增强劳动力的竞争力。

促进创新与经济增长：受过高等教育的人群更具创新能力，有助于推动科技进步和促进经济的可持续增长。

2. 收入水平和贫困减少

提高收入水平：受过教育的个体通常拥有更高的收入水平，教育是缩小社会收入差距的重要手段。

减少贫困率：教育能够为个体提供更多的机会，有助于降低贫困率，改善整体社会的经济状况。

3. 健康与生活质量

提高健康水平：受过良好教育的人群更有可能获得健康知识，养成良好的生活习惯，提高整体健康水平。

改善生活质量：教育对于提高人们的文化素养、增强社会参与意识，从而改善整体的生活质量具有积极作用。

（二）教育体系对社会福利的间接影响

1. 社会和文化价值观

培养公民素质：教育有助于培养公民的文化素养和社会责任感，推动社会的和谐发展。

价值观的传承：教育是传递社会共同价值观的主要途径，有助于社会的文化传承和发展。

2. 社会流动性和平等

社会流动性：良好的教育体系有助于提高社会流动性，减少社会中的阶层固化现象。

减少社会不平等：教育的普及能够减少不同社会群体之间的不平等，促进社会的公平和包容性。

3. 科技与创新

推动科技发展：受过高等教育的人才更具创新能力，能够推动科技和文化创新，为社会带来更多发展机遇。

提高社会竞争力：教育是提高国家整体竞争力的关键因素之一，对国家的科技、文化和经济都有积极的影响。

（三）社会福利对教育体系的要求

1. 资源投入与公平性

增加教育资源：社会福利需要投入更多资源到教育体系，确保学校设施、师资力量等方面得到充分支持。

资源公平分配：保障资源的公平分配，让不同社会阶层的人们都能够享受到优质的教育资源。

2. 适应性与就业导向

强化职业教育：针对社会需求，加强职业教育，使教育更加符合实际用人需求。

适应就业市场：教育体系需要更加注重培养学生的实际工作能力，使其更好地适应就业市场的变化。

3. 综合素质与社会责任感

全面发展：教育体系应该注重培养学生的综合素质，包括创造力、团队协作、沟通能力等。

社会责任：强调社会责任感的培养，使教育不仅仅是为了个体发展，更是为了社会的长远进步。

（四）教育体系与社会福利的协同发展策略

1. 教育体系改革

多元化教育：推动多元化的教育体系改革，包括职业教育、继续教育等，满足不同层次的需求。

素质教育：强调培养学生的全面素质，注重学科知识的同时，关注学生的思辨、创新和团队协作能力的培养。

2. 教育体系与社会需求对接

产业与教育协同：加强产业界与教育体系的协同，建立产业需求与教育培养之间的紧密联系，确保教育更好地适应社会需求。

灵活课程设置：教育体系需要更加灵活地调整课程设置，及时反映社会的发展变化，保证学生学到最新、最实用的知识和技能。

3. 提升教育质量

师资培训：加强教师培训，提高教育从业人员的专业水平，保证教育的高质量传递。

科技融合：积极借助科技手段，将科技融入教育体系，提升教学手段和效果，提高学习体验。

4. 推动教育公平

资源均衡分配：强化教育资源的均衡分配，缩小城乡、贫富之间的差距，确保每个学生都有平等地接受教育的机会。

助学政策：推动各级政府出台助学政策，帮助经济困难的学生更好地完成学业，不因家庭经济状况而失去接受教育的机会。

5. 强调社会责任

社会实践：强调学生的社会实践活动，培养他们的社会责任感，让他们更好地融入社会，为社会福利的发展贡献力量。

社会参与：教育体系应该积极鼓励学生参与社会服务、志愿者活动，培养他们对社会的关爱和责任心。

（五）未来教育体系与社会福利的发展趋势

1. 数字化智能化

在线学习：推动在线学习的发展，提供更多线上教育资源，使学习更为灵活便捷。

人工智能辅助教学：引入人工智能技术，个性化定制学习路径，满足不同学生的学习需求。

2. 全球化

国际合作：加强国际合作，吸引外国优秀教育资源，推动国际化人才培养。

留学机会：提供更多留学机会，让学生有更广阔的国际视野和学术背景。

3. 跨学科与终身教育

跨学科融合：推动不同学科的跨学科融合，培养更具综合素质的人才。

终身教育理念：强调终身教育的理念，鼓励个体在不同阶段都能够接受适应性的学习。

教育体系与社会福利的协同发展是社会全面进步的必然要求。通过建设合理、灵活、高效的教育体系，能够培养更多具备综合素质、社会责任感的人才，推动社会福利的长期健康发展。同时，社会福利的不断提升也为教育体系提出更高的要求，要求其更好地适应社会需求、提高教育质量、强调公平和社会责任。只有通过双向的协同发展，教育体系和社会福利才能形成良性循环，共同推动社会朝着更加繁荣、公正、可持续的方向前进。

三、教育投资对不同群体社会福利的影响

教育投资作为一项长期而重要的社会投入，对于不同群体的社会福利具有深远的影响。本节将深入探讨教育投资对儿童、青少年、成年人和弱势群体等不同群体的社会福利产生的影响，并分析其中的差异与挑战。

（一）对儿童的影响

1. 儿童教育机会

提高受教育机会：教育投资可以改善儿童的教育条件，提高他们接受教育的机会，为其未来的发展奠定坚实基础。

促进早期教育：投资可促进早期教育，提供更好的学前教育资源，有助于培养儿童的基本能力和兴趣。

2. 社会融入和公平性

加强社会融入：教育投资的提高有助于儿童更好地融入社会，建立积极的人际关系，培养社会责任感。

促进教育公平：教育投资可以促进儿童教育的公平，缩小城乡、贫富差距，确保每个儿童都能享有平等的教育权利。

（二）对青少年的影响

1. 提高学业水平

提升学业水平：教育投资有助于提供更丰富的学科资源和更好的教学条件，提升青少年的学业水平，增加升学和就业机会。

职业规划：投资可支持职业规划和职业技能培训，帮助青少年更好地为未来职业生涯做准备。

2. 培养创新和领导力

创新能力：通过提供更多的科技和文化创新资源，教育投资可以培养青少年的创新能力，推动社会的科技和文化进步。

培养领导力：有针对性的教育投资可以培养青少年的领导力和团队协作能力，使其更好地参与社会建设。

（三）对成年人的影响

1. 终身学习机会

提供终身学习机会：教育投资不仅关注青少年时期，也应关注成年人。通过终身学习的机会，成年人可以不断提升自己的技能，适应职业市场的需求。

促进职业发展：继续教育的机会使成年人能够更好地适应职业发展的变化，提高就业竞争力。

2. 社会参与和公民素质

提高社会参与度：受教育水平的提高有助于成年人更积极地参与社会活动，增强社会凝聚力和社会责任感。

提高公民素质：教育投资可以提高成年人的公民素质，提高其社会责任感、法治观念和道德水平。

（四）对弱势群体的影响

1. 打破贫困循环

提供平等机会：教育投资可以为贫困家庭的儿童提供平等的教育机会，打破贫困代际传递。

提高就业能力：通过教育培训，弱势群体可以提高就业能力，脱离贫困状况。

2. 提升社会地位

教育改变命运：教育是弱势群体改变命运的重要途径，可以提升其社会地位，改善生活质量。

易于社会融入：受过教育的弱势群体更容易融入社会，减少社会对他们的歧视和排斥。

（五）教育投资的差异与挑战

1. 地区差异

城乡差异：在一些地区，城市相对于农村更容易获得更多的教育资源，导致城乡教育差距。

发展差异：不同地区的发展水平不同，导致了对教育资源分配的不均衡。

2. 发展阶段差异

在发展中国家，与发达国家相比，由于资源有限，可能存在更大的教育投资差距，造成社会群体之间的差异。

3. 社会群体差异

性别差异：在某些地区，性别差异依然存在，女性接受教育的机会相对较低，需要加强对女性的教育投资。

少数民族差异：一些少数民族可能面临文化、语言等方面的障碍，需要特别关注和增加相应的教育投资。

4. 教育体制和课程设置

教育体制不完善：一些地区的教育体制可能存在问题，例如教育资源分配不合理、师资力量不足等，影响教育质量。

课程设置不适应需求：部分地区的课程设置可能不够灵活，不能满足不同群体的实际需求，需要进行调整和改革。

（六）解决方案与发展策略

1. 提高基础教育水平

普及基础教育：加大对基础教育的投资，确保每个孩子都能够接受到良好的基础教育。

改善教育设施：投资用于改善教育设施，包括学校建筑、教室设备等，提高学习环境质量。

2. 实施教育补贴政策

设立奖助学金：为家庭经济困难的学生设立奖学金助学金，鼓励他们继续深造。

提供免费教育：在一些贫困地区或弱势群体中，可推行免费义务教育，降低他们的教育成本。

3. 加强职业教育和技能培训

拓宽职业选择：提高对职业教育和技能培训的投资，帮助学生更好地选择和适应不同的职业。

与企业合作：加强与企业的合作，使职业教育更贴近市场需求，提高学生就业竞争力。

4. 推动数字化教育和远程教育

普及数字化教育：加大对数字化教育资源的投入，提供更多在线学习机会，满足不同地区的学生需求。

远程教育：在偏远地区推动远程教育，使学习资源更广泛地覆盖到各个地方。

5. 加强教育公平政策

优化资源分配：制定更科学合理的资源分配政策，确保教育资源公平分布，减小不同地区和群体之间的差距。

改革招生制度：通过改革招生制度，确保优质教育资源更加平等地服务于不同群体，减少社会不平等现象。

未来，教育投资将继续在推动社会福利方面发挥重要作用。政府、社会组织和企业需要共同努力，通过改革和创新，确保教育资源更加平等地分布，满足不同群体的需求。只有通过全社会的共同努力，才能够实现教育公平，提高社会各个群体的福利水平，实现全面的社会进步。

第二节　医疗卫生投资与社会健康福利

一、医疗卫生投资对社会健康福利的直接与间接影响

医疗卫生投资是社会资源的重要分配方向之一，直接关系到人民群众的身体健康水平和社会全面发展。本节将深入探讨医疗卫生投资对社会健康福利的直接与间接影响，从改善医疗服务、提升健康水平、促进社会经济等多个方面进行分析。

（一）医疗卫生投资的直接影响

1. 提高医疗服务水平

优化医疗设施：医疗卫生投资直接用于改善医疗设施和基础设施，包括医院、诊所、实验室等，提升医疗服务的质量和水平。

引进先进技术：投资可用于引进和更新医疗技术，提高医疗诊断和治疗的水平，促进医学科研和技术创新。

2. 增加医疗人才

培训医务人员：投资可以用于培训医生、护士、技术人员等医务人员，提高医疗队伍的整体素质。

改善医务人员待遇：通过提高医疗工作者的薪酬水平和工作条件，吸引更多高素质人才从事医疗卫生工作。

3. 扩大医疗服务覆盖

提高医疗保障水平：投资可用于建设医疗保障系统，提高覆盖面，确保更多人能够享受到基本的医疗服务。

推动基层医疗：加强对基层医疗机构的支持，促进医疗服务下沉到社区，方便群众更便捷地获得医疗服务。

（二）医疗卫生投资的间接影响

1. 提高人民群众健康水平

降低疾病发病率：通过提供更好的医疗服务，及时预防和治疗疾病，降低社会整体的发病率。

延长寿命：医疗卫生投资可以帮助提高人民群众的整体健康水平，延长寿命，提高生活质量。

2. 促进经济发展

降低生产力损失：通过减少疾病的发生，医疗卫生投资能够减轻社会生产力的损失，促进经济的持续发展。

提高劳动力素质：通过提高人口整体的健康水平，医疗卫生投资有助于提高劳动力的素质和工作效率。

3. 减轻社会负担

降低医疗支出：医疗卫生投资可以通过提高基本医疗保障水平，减轻患者医疗支出，缓解社会的医疗负担。

降低社会治安问题：通过改善居民的身体健康，减少由于疾病导致的社会不安定因素，降低社会治安问题的发生率。

（三）医疗卫生投资的社会公平影响

1. 缩小城乡医疗差距

建设农村医疗机构：投资可用于建设农村地区的医疗机构，缩小城乡医疗服务差距，提高农民的医疗保障水平。

引导医生下沉：通过政策引导，鼓励医生下沉到基层，提供更全面的医疗服务，确保农村居民能够享受到优质医疗资源。

2. 保障弱势群体的医疗权益

设立医疗救助基金：通过医疗卫生投资，设立医疗救助基金，帮助贫困和弱势群体解决看病难题。

推动医疗援助项目：支持医疗援助项目，为有特殊需求的群体提供医疗服务，保障其基本的医疗权益。

（四）医疗卫生投资的未来发展趋势

1. 强化数字医疗和智能医疗

数字化医疗信息化：未来医疗卫生投资将更加注重数字化医疗系统的建设，包括电子病历、远程医疗等，提高医疗信息的流通效率和治疗的精准性。

人工智能应用：引入人工智能技术，例如医学影像分析、诊断辅助系统等，提升医生的诊疗水平，实现医疗服务的个性化和精准化。

2. 加强公共卫生体系建设

应对传染病：面对全球性传染病的威胁，未来医疗卫生投资需要更多地关注公共卫生体系建设，包括早期预警、疫苗研发等方面。

慢性病管理：随着慢性病的不断增加，将加强对慢性病的管理和防控，通过健康管理、生活方式干预等手段，降低慢性病的发病率。

3. 加强基层医疗服务体系

社区卫生服务：强化社区卫生服务体系，推动医疗服务下沉到社区，提高基层医疗服务的覆盖面和水平。

远程医疗：推动远程医疗发展，通过互联网技术实现医生和患者之间的虚拟会诊，提高医疗资源的利用效率。

4. 推动医疗与社会经济的融合

医疗旅游：促进医疗与旅游、文化等产业的融合，推动医疗旅游的发展，提高医疗服务的国际竞争力。

医疗大数据应用：充分利用医疗大数据，分析人群健康状况，为政府决策提供科学依据，推动医疗与社会经济的协同发展。

（五）解决医疗卫生投资面临的挑战

1. 医疗资源不均衡

城乡差距：医疗资源在城乡之间存在明显的不均衡，城市拥有更多的医疗机构和医生，而农村地区医疗资源匮乏。未来需要加大对农村医疗卫生体系的投资，提高农村居民的医疗保障水平。

发展差异：发展水平不同的地区之间医疗资源的分配也存在差异，需要进一步完善医疗资源的分布政策，确保资源更加均衡。

2. 医疗成本上升

医疗技术进步：随着医疗技术的不断进步，医疗成本也在上升。未来需要制定更加合理的医疗费用政策，保障患者的医疗需求同时控制医疗成本的增长。

药价问题：药品价格上涨也是医疗成本上升的因素之一，需要进一步加强药品价格监管，推动药价合理降低。

3. 人才短缺

医生不足：医疗卫生系统中存在医生短缺的问题，未来需要加大对医生的培训和引进力度，提高医疗服务的供给能力。

护理人员不足：护理人员的短缺也是一个亟待解决的问题，需要进一步提高护理人员的职业吸引力，吸引更多专业人才从事护理工作。

4. 全球卫生安全问题

传染病威胁：全球性传染病的爆发对各国卫生系统都构成了巨大的威胁，未来需要加强国际卫生合作，建立更加有效的传染病防控机制。

全球医疗资源分配：医疗资源在全球范围内的不均衡分配问题也需要国际社会共同努力，推动医疗资源更加公平地服务于全球人民。

二、公共卫生体系的建设与社会福利保障

公共卫生体系是一个国家社会福利保障的重要组成部分，直接关系到人民群众的身体健康和社会的整体稳定。本节将深入探讨公共卫生体系的建设与社会福利保障的关系，从体系构建、疾病预防、应急响应、医疗服务等多个方面进行分析。

（一）公共卫生体系的构建

1.体系构建的基本要素

卫生基础设施：公共卫生体系的构建首先需要有健全的卫生基础设施，包括医疗机构、卫生院、疾控中心等，覆盖城乡各个层级。

人才队伍：具备专业知识和技能的医务人员是构建公共卫生体系的关键。包括医生、护士、卫生管理人员等，他们在预防、治疗、健康教育等方面发挥着重要作用。

信息化系统：引入现代信息技术，建设数字化的公共卫生信息系统，有利于卫生数据的收集、分析和共享，提高卫生管理的效率和准确性。

2.医疗保障与社会公平

医疗保险体系：公共卫生体系应当融入医疗保险体系，为人民提供基本的医疗保障，确保每个人都能够享受到基本的医疗服务。

社会公平：体系构建应当注重公平，不论是城市还是农村、富裕阶层还是贫困人口，每个人都应该有平等的健康服务权利。

（二）公共卫生体系与疾病预防

1.健康教育与宣传

宣传疾病知识：公共卫生体系通过健康教育活动，普及疾病防控知识，提高居民的健康意识，降低疾病的发生率。

生活方式宣导：通过宣传健康的生活方式，如合理膳食、适度运动、戒烟限酒等，引导人们养成良好的生活习惯，减少慢性病的发生。

2.疫苗接种与传染病防控

疫苗接种计划：公共卫生体系通过推行疫苗接种计划，实现对传染病的有效控制，提高人群免疫力，阻断疾病传播链。

突发传染病应对：在传染病暴发时，公共卫生体系需要迅速响应，采取有效的隔离、治疗、宣传等措施，最大限度地遏制疾病的传播。

（三）公共卫生体系的应急响应

1.突发公共卫生事件处理

指挥体系建设：公共卫生体系应当建立完善的突发公共卫生事件指挥体系，确保在面对突发疫情、自然灾害等情况下，能够快速、有序地应对。

物资储备：充足的医疗物资储备是应急响应的基础，公共卫生体系需要建立健全的物资采购、储备、调配机制，确保医护人员有足够的保护装备和治疗工具。

2. 信息公开与社会参与

信息透明：在应急事件中，及时、透明地向公众发布信息，减少谣言和恐慌，增强公众对卫生体系的信任。

社会参与：公共卫生体系需要与社区、企业、媒体等建立良好的合作关系，形成一体化的应急响应网络，共同参与防疫、救灾等工作。

（四）公共卫生体系与医疗服务

1. 基层医疗服务网络

建设社区卫生服务站：公共卫生体系应当加强对社区卫生服务站的建设和支持，提高基层医疗服务的水平和能力。

发挥基层医生作用：强化基层医生的培训，发挥其在健康教育、疾病预防和初步诊疗等方面的重要作用，使基层医疗服务能够更好地为居民提供及时有效的医疗服务。

2. 信息化医疗服务

电子病历系统：公共卫生体系可通过建设电子病历系统，提高医疗信息的管理和交流效率，降低信息不对称风险。

远程医疗：引入远程医疗技术，通过互联网等手段，使医生能够远程为患者提供医疗咨询和诊断服务，提高医疗服务的覆盖范围。

3. 提升医疗服务质量

医疗质量评估：设立医疗服务质量评估体系，通过评估医疗机构和医生的服务质量，鼓励提供高质量的医疗服务。

医患关系改善：通过加强医患沟通，建立更加和谐的医患关系，提高患者满意度，增强对公共卫生体系的信任。

（五）社会福利保障与公共卫生体系的关系

1. 保障公众的基本生活需求

医疗保障：公共卫生体系是社会福利保障的重要组成部分，通过提供基本的医疗服务，保障公众的身体健康，使其更好地享受社会福利。

生活水平提升：公共卫生体系的健全运行有助于降低患病率，减轻患者的医疗负担，提高人们的生活质量。

2. 维护社会和谐稳定

预防社会动荡：公共卫生体系的有效运作可以防止传染病的扩散，减轻突发公共卫生事件带来的社会动荡风险，维护社会的和谐稳定。

社会责任感：通过提供广泛的健康服务，公共卫生体系增强了社会对公共利益的责任感，形成了一种更加团结和共同履行责任的社会氛围。

3. 社会公平与平等

平等医疗服务：公共卫生体系的建设应强调平等，不论个体的社会经济地位，都应享有平等的医疗服务权利，体现社会公平。

贫困人口关照：公共卫生体系通过针对贫困人口的医疗援助和保障措施，有助于缩小社会贫富差距，促进社会的公平发展。

（六）面临的挑战与未来发展方向

1. 面临的挑战

医疗资源不均衡：不同地区之间医疗资源分配不均衡，城乡差距、发展差异导致部分地区的卫生体系仍然薄弱。

人才短缺问题：医护人员短缺、专业人才不足是制约公共卫生体系发展的重要因素，尤其是在一些贫困地区。

2. 未来发展方向

深化医疗体制改革：进一步深化医疗体制改革，推动公立医院改革，提高医疗服务效率和质量。

强化基层卫生服务：加强基层医疗服务体系建设，提高基层医疗机构的服务水平，推动卫生服务下沉到社区。

发展数字化医疗：推动数字化医疗服务，提高医疗信息化水平，推动远程医疗、云诊疗等技术的应用。

加强国际卫生合作：面对全球性传染病威胁，加强国际卫生合作，共同应对全球卫生安全挑战。

强调健康教育：加强健康教育，提高公众健康素养，鼓励人们养成良好的生活方式。

三、医疗卫生投资与社会健康不平等问题的解决

医疗卫生投资是构建社会健康体系的基石，然而，不同社会群体之间存在明显的健康不平等问题。本节将深入探讨医疗卫生投资与社会健康不平等问题的关系，并提出解决方案，以促进更为公平和可持续的社会健康发展。

（一）医疗卫生投资与社会健康不平等的现状

1. 健康服务的地域不均衡

城乡差异：在医疗卫生投资方面，城市通常拥有更多的医疗资源和服务机构，而农村地区医疗资源匮乏，导致城乡健康服务水平的不平等。

发展水平不同地区：发达地区相对于贫困地区更容易吸引医疗人才和引入先进的医疗技术，造成医疗卫生服务水平的地区差异。

2. 收入水平差异导致的医疗服务不平等

医疗费用负担：在一些低收入群体中，由于医疗费用负担较重，他们可能会因为经济原因而不得不放弃或推迟就医，导致医疗服务不平等。

医疗保险差异：缺乏医疗保险或医疗保险覆盖不足的群体，面临较高的医疗费用风险，增加了医疗服务的不平等。

（二）解决医疗卫生投资与社会健康不平等的方案

1. 提高基层医疗服务水平

加强农村医疗机构建设：增加对农村医疗机构的投资，提升其基础设施和医疗设备水平，缩小城乡医疗服务水平差距。

培训基层医疗人才：加大对基层医生、护士等的培训力度，提高其专业水平，使其能够更好地为农村居民提供医疗服务。

2. 制定差异化的医疗政策

社会医疗援助：设立社会医疗援助项目，对贫困人口和特殊群体提供医疗费用的资助，缓解其医疗费用负担。

差异化医疗保险：制定差异化的医疗保险政策，对低收入人群给予更多的补贴和保障，确保他们能够获得基本的医疗服务。

3. 推动数字化医疗服务

发展远程医疗：利用数字技术推动远程医疗服务，通过互联网等手段让

偏远地区的居民也能享受到高水平的医疗服务。

电子健康档案：推动建立电子健康档案系统，方便医生更全面地了解患者的健康状况，提高医疗诊断的精准性。

4. 加大对特殊群体的关照

1. 关注老年人健康：针对老年人群体，加大医疗卫生投资，建设更多适应老年人需求的医疗机构，提供专业的老年医疗服务。

儿童医疗保障：针对儿童群体，实施儿童医疗保障计划，包括儿科医疗设施建设和免费儿童疫苗接种，保障儿童的基本医疗需求。

5. 强化卫生教育和健康促进

推动健康教育：通过学校、社区等渠道，推动全民健康教育，提高公众对健康的认知，引导大众养成健康生活方式。

加强慢性病防控：设立慢性病防控计划，加大对高血压、糖尿病等慢性病的防治力度，降低慢性病对医疗资源的压力。

6. 强化社会卫生服务

社区卫生服务：加强社区卫生服务网络建设，提高社区卫生服务站的能力，使其能够提供基本的健康咨询、常见病治疗等服务。

防控传染病：建立健全的传染病防控机制，通过提前预警、及时隔离等手段，减少传染病对社会健康的威胁。

（三）社会各界合作促进医疗卫生公平

1. 政府加大投入

加大医疗卫生经费：政府应加大对医疗卫生事业的经济支持，增加卫生资源的投入，确保医疗服务的覆盖面和质量。

制定激励政策：制定激励政策，鼓励医生到偏远地区工作，提高医疗卫生服务水平。

2. 企业社会责任

企业参与医疗投资：鼓励企业参与医疗卫生投资，支持医疗科技创新，提高医疗服务的水平。

医疗健康保险计划：企业可推动建立医疗健康保险计划，为员工提供更全面的医疗保障，减轻其医疗负担。

3.社会组织积极参与

非营利组织参与医疗服务：鼓励非营利组织介入医疗服务领域，为弱势群体提供免费医疗服务，推动医疗服务的公平性。

社会组织开展健康宣教：社会组织可开展健康宣教活动，提高社会对健康问题的关注度，促进公众形成健康生活方式。

（四）利用科技促进医疗服务均等化

1.发展远程医疗技术

提升医疗服务覆盖范围：发展远程医疗技术，通过视频会诊、在线咨询等方式，拓展医疗服务的覆盖范围，减轻偏远地区医疗资源匮乏的问题。

数字化医疗档案：推动建设数字化医疗档案系统，实现患者信息的快速共享，提高医生的诊疗效率。

2.大数据应用于医疗决策

医疗大数据分析：利用大数据技术，分析患者群体的健康状况，制定更为科学的医疗政策，有针对性地提升医疗服务水平。

个性化医疗：通过基因检测等手段，实现个性化医疗服务，更好地满足患者个体化的健康需求。

第三节　社会保障投资与社会福利体系

一、社会保障体系的构建与演进

社会保障体系是一个国家在社会和经济领域中发挥保障和促进作用的制度体系。它涉及医疗、养老、失业、工伤和生育等多个方面，旨在为公民提供全面的社会保障服务，保障他们的基本生活需求和提高生活质量。本节将深入探讨社会保障体系的构建与演进，分析其在不同历史时期的发展轨迹、存在的问题以及未来的发展趋势。

（一）社会保障体系的构建

1.起源与初步建立

社会保障体系的起源可以追溯到 19 世纪末 20 世纪初的工业革命时期。由于工业化带来的劳动条件恶劣、劳动强度大以及工伤、生病等问题，各国开始认识到有必要通过制度来为劳动者提供社会保障。最早的社会保障制度主要是工伤保险，旨在为工人提供工伤医疗和赔偿。

2.发展与完善

20 世纪初至中期，社会保障体系逐渐扩展到其他领域，如养老保险、医疗保险、失业保险等。这一时期的社会保障体系主要以职工为主体，由雇主和雇员共同缴纳保险费，形成了最初的社会保障网络。在一些国家，政府逐渐介入社会保障领域，加强监管和制定相关政策法规，确保社会保障体系的公平和稳定。

3.不同国家的模式

不同国家在构建社会保障体系时采取了不同的模式。北欧国家强调福利制度，实现了相对较高水平的社会保障，包括全额的养老金、免费医疗和高额的失业救济金。德国、法国等国家则采用社会保险制度，通过雇主和雇员的缴费建立社会保障基金，为居民提供保障。美国则以社会福利为主，强调慈善和私人保险。

（二）社会保障体系的演进

1.面临的挑战

人口老龄化：随着人口老龄化问题的加剧，养老金支付压力增大，社会保障体系面临着更大的财务挑战。

就业形态变化：现代职业多样化、灵活就业等新兴工作模式的出现，使得传统的职工社会保障模式逐渐显得滞后。

医疗成本上升：随着医疗技术的进步和医疗服务水平的提高，医疗成本逐渐上升，对医疗保障体系提出了更高的要求。

2.改革与创新

多层次社会保障体系：一些国家开始探索建立多层次的社会保障体系，包括基本养老金、企业补充养老金、个人商业养老保险等，以应对人口老龄化的挑战。

全员参保：部分国家逐渐推动全员参保，包括农民工、个体经营者等群体进入社会保障体系，实现更广泛的覆盖。

医疗服务体系创新：推动医疗服务体系创新，加强基层医疗服务，引入互联网医疗，提高医疗服务效率和水平。

3. 国际经验借鉴

跨国合作：国际上一些国家通过合作、借鉴和经验分享，共同应对全球性的社会保障问题，形成了一些跨国性的合作机制。

引入市场机制：一些国家开始在社会保障领域引入市场机制，鼓励保险公司和企业参与，提高社会保障的运行效率。

（三）社会保障体系的未来发展趋势

1. 强调个性化服务

未来社会保障体系的发展趋势之一是更加强调个性化服务。通过大数据和人工智能等技术手段，提供更为个性化、精准的社会保障服务，满足不同群体、不同需求的个性化保障需求。

2. 推动数字化转型

数字化转型将成为社会保障体系发展的重要方向。包括建设数字社保卡、推行电子社保服务、建设智能社保平台等，通过数字技术提高社会保障服务的效率和质量。数字化转型有助于实现信息的共享、服务的便捷以及监管的精准，进一步提升社会保障的运行水平。

3. 强化养老保障

随着人口老龄化问题的加剧，未来社会保障体系将更加强化养老保障。这包括对养老金体系的进一步完善，推动延迟退休、灵活就业，以及鼓励个人养老储蓄等措施。通过多元化、多层次的养老保障体系，更好地应对人口老龄化所带来的挑战。

4. 增强就业保障

随着经济结构的不断调整和新兴产业的崛起，未来社会保障体系需要更加注重就业保障。这包括对新型就业形态的适应性保障、提升职业技能培训的力度，以及积极应对自动化、人工智能等技术发展对就业市场的影响。

5. 全球合作

全球化趋势下，社会保障体系的发展将更加注重国际合作。各国可以分享社会保障经验、共同研究应对全球性挑战的策略，形成共同应对的合作机制。特别是在面对传染病、气候变化等全球性问题时，国际协作将成为社会保障体系更为健全的重要保障。

6. 着力解决不平等问题

社会保障体系的未来发展也需要更加关注不同群体之间的不平等问题。这包括性别差异、收入差距、地域差异等方面的不平等。通过差异化的政策和措施，更好地解决不同群体在社会保障方面的不平等问题，促进社会的公平和包容性。

二、社会保障投资对社会福利体系的可持续性贡献

社会保障投资是国家在社会福利领域的重要手段之一，旨在提供全民基本的社会保障服务，保障公民的基本权益，提高整体社会福利水平。本节将深入探讨社会保障投资对社会福利体系的可持续性贡献，分析其在经济、社会和环境层面的作用，以及如何更好地实现社会福利体系的可持续发展。

（一）社会保障投资的概念与范围

1. 社会保障投资的定义

社会保障投资是指国家或地方政府通过投入资金、资源和技术，建设和维护社会福利体系的行为。这包括但不限于养老保险、医疗保险、失业保险、工伤保险、生育保险等多个领域，旨在提高公民的生活水平，增加社会稳定性，促进整个社会的可持续发展。

2. 社会福利体系的内涵

社会福利体系是指通过政府或其他机构提供的，旨在提高整个社会福利水平的服务和保障措施。主要包括：

医疗服务：提供基本的医疗保健服务，确保公民的健康水平。

养老保险：提供老年人基本的养老金，保障其晚年生活。

失业保险：在失业时提供一定的生活保障，减轻个体和家庭的财务压力。

工伤保险：对在工作中受伤的人提供经济和医疗援助。

生育保险：提供生育津贴和医疗保障，支持家庭生育。

（二）社会保障投资的经济效益

1. 促进就业和经济增长

社会保障投资通过提供医疗、养老等服务，降低了就业者对突发疾病和老年生活的担忧，鼓励更多人参与劳动力市场。同时，养老金的发放也为老年人提供了稳定的经济来源。这有助于促进就业、提高劳动生产率，从而对经济增长产生积极影响。

2. 减轻社会负担与减少贫困率

通过提供失业保险、医疗保险等服务，社会保障投资减轻了个体和家庭因疾病、失业等原因导致的经济负担。这有助于降低社会不平等程度，减少贫困率，提高整体社会的福利水平。

3. 促进消费和市场活力

社会保障投资提高了公民的社会安全感，使他们更愿意参与消费。老年人和失业者等群体通过养老金、失业保险等获得收入，增加了他们的消费能力。这有助于激发市场需求，推动市场活力。

（三）社会保障投资的社会效益

1. 促进社会和谐稳定

社会保障投资有助于减轻社会不公平现象，提高弱势群体的福利水平。通过提供基本生活保障，降低社会动荡的风险，促进社会的和谐稳定，减少社会矛盾。

2. 提升社会公平与公正

社会保障投资的实施有助于实现社会公平与公正。无论个人的经济条件如何，都能在遇到意外或老年时得到相应的社会保障，从而降低社会阶层差距，实现更加平等的社会。

3. 保障社会弱势群体权益

社会保障投资关注社会弱势群体，如老年人、失业者、病患者等，通过提供相应的保障，保障他们的基本权益，提升整体社会的人道主义和关怀。

（四）社会保障投资的环境效益

1. 降低社会不安定因素

社会保障投资有助于降低社会不安定因素，减少因生活困境导致的社会动荡。通过提供医疗保障和养老保险等服务，社会成员更能够应对各种风险，减少社会不稳定的可能性，维护社会的和谐与平稳。

2. 促进绿色可持续发展

在社会福利体系的投资中，可以考虑更加注重环境的可持续性。例如，鼓励发展环保医疗服务、推动可再生能源在社会福利机构的应用等，从而推动社会福利投资与环境可持续发展的融合。

（五）社会保障投资的挑战与应对策略

1. 财务可持续性问题

挑战：社会保障投资需要大量财政资金支持，可能面临财务可持续性的问题。

应对策略：建立科学的社会保障财政模型，通过提高税收、调整社保制度、引入社会资本等多元化的方式，确保社会保障体系的财务可持续性。

2. 人口结构变化

挑战：随着人口老龄化和生育率下降，社会保障体系可能面临更大的养老和生育压力。

应对策略：调整养老金发放机制，推动延迟退休，鼓励生育政策等，以适应人口结构的变化。

3. 技术创新与数字化转型

挑战：社会保障体系需要不断跟上技术创新的步伐，进行数字化转型，但这也可能带来信息安全等问题。

应对策略：投入资金进行技术创新和数字化转型，同时建立健全的信息安全体系，确保社会保障投资的科技应用安全可靠。

4. 社会对公共服务的期望提升

挑战：社会对公共服务的期望不断提升，要求社会保障体系提供更全面、更优质的服务。

应对策略：进行政策调整，提高社会保障的覆盖面和质量，同时鼓励社会资本参与，提升服务水平。

社会保障投资对社会福利体系的可持续性贡献不可忽视。通过促进就业、提高生活水平、减少社会不平等、消除社会不安定因素等多方面的作用，社会保障投资有助于维护社会的和谐、稳定与繁荣。然而，在面对财务可持续性、人口结构变化、技术创新等多重挑战时，需要政府、社会机构和公民共同努力，通过制度创新、政策调整、技术应用等手段，不断提升社会保障投资的效益和可持续性。只有在全社会的共同努力下，社会保障投资才能更好地发挥其作用，为实现全体公民的可持续福利作出更大的贡献。

三、社会保障投资与社会福利改善的关键因素

社会保障投资与社会福利改善是一个复杂而紧密相连的议题，涉及政府政策、经济状况、社会需求等多个层面。为了深入探讨这一主题，我们需要考虑一系列关键因素，这些因素将直接影响社会保障投资的效果以及社会福利的改善。以下是其中一些重要的因素：

（一）经济状况与财政可行性

1.GDP 增长

经济的健康状况对社会保障投资至关重要。高速增长的国家更有能力提供更多的社会保障和福利项目。

2. 财政状况

政府的财政可行性直接关系到社会保障的投资规模。财政稳健的政府更容易承担更多的社会责任。

（二）社会结构和人口统计

1. 人口老龄化

老龄化社会需要更多的养老保障措施，这可能需要增加社会保障投资。

2. 人口增长

人口的增长速度也对社会保障的需求产生影响。人口激增可能导致社会福利压力的增加。

（三）社会需求与期望

1. 教育水平

受教育水平的提高通常与社会福利的改善密切相关。投资于教育有望提高人们的就业能力，减少社会福利的需求。

2. 健康水平

健康水平的提高可能减少医疗保障的需求，但也可能导致养老保障需求的增加。

（四）政府政策与法规

1. 社会保障体系设计

不同国家有不同的社会保障体系。政府的政策和法规将直接塑造社会保障投资和福利改善的方向。

2. 税收政策

税收政策直接关系到政府的财政收入，从而影响社会保障的投资规模。

（五）科技和全球化的影响

1. 科技进步

科技的发展可以提高生产力，降低社会福利项目的成本，同时也可能导致某些行业的就业需求减少。

2. 全球化

全球化可能导致劳动力市场的变化，影响国内就业和社会福利需求。

（六）社会不平等和社会稳定

1. 收入不平等

不平等可能导致社会内部的紧张局势，影响社会的稳定性。

2. 社会安全感

人们对未来的安全感将直接影响他们对社会保障投资的需求和期望。

综合考虑以上因素，有效的社会保障投资需要综合考虑国家的经济基础、社会结构和人口统计、政府政策与法规等多个层面。社会福利的改善不仅仅是提高投入，更需要考虑如何更有效地使用这些资源，以确保福利项目能够真正惠及社会的各个层面，促进社会的可持续发展。

第四节　住房与基础设施投资对社会福利的影响

一、住房投资与社会福利的紧密关系

住房投资与社会福利之间存在着紧密的关系，住房不仅仅是个人的基本需求，更是社会发展和福利的重要组成部分。在这方面，住房投资涉及经济、社会、环境等多个层面，对社会福利的改善具有深远的影响。本节将深入探讨住房投资与社会福利之间的紧密关系，并分析相关的关键因素。

（一）住房作为基本需求

1. 生存需求

住房是人们的基本需求之一，提供了安全和稳定的居住环境，确保了人们的基本生存。

2. 社会融入

合适的住房可以促进社会融入，使个体更好地参与社会、经济和文化生活。

（二）经济层面的影响

1. 房地产市场对经济的贡献

房地产业通常是国家经济的支柱之一，直接参与住房投资不仅刺激了建筑业、金融业等相关行业的发展，还为政府提供了重要的税收来源。

2. 房地产波动与经济稳定

房地产市场的波动直接影响着经济的稳定性。合理的住房投资有助于平稳房价波动，维护宏观经济的稳定。

（三）社会公平与平等

1. 住房公平

住房作为社会资源，其分配是否公平合理直接关系到社会公平。住房投资的方向和政策需要考虑如何避免贫富差距的进一步扩大。

2. 社会流动性

适当的住房政策可以促进社会的流动性，提高人们的社会经济地位，减缓社会的阶层固化。

（四）城市规划与可持续发展

1. 环境可持续性

住房投资需要与城市规划相结合，以确保新建住房的可持续性，包括节能、环保、城市绿化等方面。

2. 城市空间规划

合理的住房投资应与城市规划相协调，避免城市过度拥挤、资源浪费等问题，保障城市的宜居性。

（五）社会福利体系

1. 住房保障

住房投资是社会提供住房保障的一种手段，通过政府或社会机构的介入，解决低收入群体的住房问题。

2. 医疗、教育等公共服务

合适的住房环境有助于提高人们的生活质量，减少对医疗、教育等公共服务的需求，从而减轻社会福利体系的负担。

（六）政府政策与法规

1. 住房政策

政府通过住房政策来引导和规范住房投资，例如调控房价、推动租赁市场发展等。

2. 税收政策

税收政策也对住房投资起到引导和调节的作用，通过税收手段来促使开发商和购房者更合理地参与市场。

（七）创造就业机会

1. 建筑业就业

住房投资直接刺激了建筑业的发展，创造了大量的就业机会。

2. 住房服务行业就业

住房的建设和维护还涉及物业管理、房地产中介等服务行业，也为就业提供了机会。

（八）技术创新与智能城市建设

1. 智能化住房

技术的进步可以推动住房的智能化，提高住房的舒适性和安全性。

2. 智能城市建设

住房投资需要紧密结合城市的智能化建设，以促进城市的可持续发展。

住房投资与社会福利之间存在紧密的联系，不仅仅是满足个体的基本需求，更是影响整个社会经济结构和福利体系的重要组成部分。在制定住房政策和进行住房投资时，政府和社会各界需要全面考虑经济、社会、环境等多方面的因素，以促进社会的可持续发展和提升整体福利水平。

二、基础设施投资对社会福利的直接与间接影响

基础设施投资是推动经济增长和提高社会福利的关键因素之一。基础设施包括道路、桥梁、交通系统、电力、水资源管理、通信网络等，它们构成了一个社会正常运转所必需的基础。本节将深入探讨基础设施投资对社会福利的直接与间接影响，并分析相关的关键因素。

（一）基础设施投资的直接影响

1. 就业机会创造

基础设施建设通常需要大量的劳动力，从工程建设人员到相关服务行业的从业者，投资于基础设施直接创造了就业机会，提高了社会就业水平。

2. 经济增长与产值提升

基础设施的建设和维护促进了相关产业的发展，增加了经济的总体产值。良好的基础设施有助于提高生产力和效率，推动国家整体经济增长。

3. 交通流通性的提升

交通基础设施的完善可以降低交通成本，提高运输效率，加速商品、人员的流通，促进地区间的经济交流，对整体社会的福利有直接的积极影响。

4. 公共服务水平的提高

基础设施投资通常包括公共服务设施，例如医疗机构、学校、文化设施等。这些设施的提升直接影响着社会的健康、教育水平和文化活动，对社会福利起到直接的推动作用。

5. 灾害防范和减灾

投资于基础设施也包括对灾害防范的建设，例如防洪工程、地震抗震设施等。这些设施的建设直接提高了社会的安全性，减少了灾害对社会的不利影响，对社会福利有着直接的保障作用。

（二）基础设施投资的间接影响

1. 刺激其他产业发展

基础设施投资带动了相关产业的发展，如建筑业、材料制造业等。这些产业的繁荣又间接促进了其他相关产业的发展，形成了产业链的良性循环。

2. 促进区域均衡发展

良好的基础设施有助于打破地区之间的经济差异，促进区域间的均衡发展。通过交通、能源等基础设施的联通，资源和产业可以更加平衡地分布在不同地区，提高整体社会的均衡性。

3. 技术创新和产业升级

基础设施投资常常伴随着技术创新，尤其是在智能交通、绿色能源等领域。这些技术创新的推动促使了产业的升级和转型，提高了整体社会的生产力和科技水平。

4. 社会参与和民生改善

通过基础设施的建设，社会各界参与其中，形成合作共赢的局面。而且，基础设施的改善也直接影响到民生，如更加便捷的交通、可靠的电力供应等，提高了居民的生活质量。

5. 环境可持续性的提升

一些基础设施投资项目注重环境可持续性，例如可再生能源的利用、低碳交通系统的建设等，有助于减轻环境负担，提高社会的可持续发展水平。

（三）关键因素影响基础设施投资的效果

1. 政府政策和规划

政府的基础设施投资决策和规划对效果至关重要。明确的政策方向、合理的规划可以确保资源的有效利用，避免盲目的投资。

2. 投资资金来源

基础设施投资需要大量的资金，资金来源的合理性和可行性对项目的实施有着直接的影响。政府资金、社会投资、国际合作等多元化的资金来源可以提高基础设施建设的可持续性。

3. 技术水平和创新

高新技术的应用和不断的技术创新可以提高基础设施建设的效益，使其更加智能、绿色、可持续。

4. 社会参与和反馈

社会的参与和反馈是基础设施投资的重要环节。充分听取公众意见、解决社会关切，可以增强项目的可持续性，降低社会风险。

5. 环境影响评估

在基础设施投资过程中，环境影响评估是关键的一环。合理的环境影响评估有助于避免对生态环境的破坏，确保基础设施建设不仅能够满足社会需求，还能够在环境可持续性方面取得平衡。

基础设施投资对社会福利的影响是复杂而深远的。直接的经济效应、就业机会的创造、公共服务水平的提升等都为社会带来实实在在的改善。而间接的影响，如促进产业升级、提高环境可持续性、推动科技创新等，为社会的长期发展奠定了基础。

第四章　可持续金融与社会福利

第一节　可持续金融的概念与原则

一、可持续金融的定义与发展历程

可持续金融是一种注重经济、社会和环境可持续性的金融理念和实践。它强调了在金融活动中融入社会责任和环境保护的原则，以促进可持续发展。本节将深入探讨可持续金融的定义、发展历程，以及其在全球范围内的重要性。

（一）可持续金融的定义

可持续金融是指金融机构和市场在进行投资、融资和其他金融活动时，以经济、社会和环境可持续性为出发点，通过整合环境、社会和治理（ESG）因素，制定金融决策。可持续金融的目标是在满足当前需求的同时，确保不损害未来的发展机会。

（二）发展历程

早期阶段（20世纪初—20世纪70年代）：可持续金融的萌芽可以追溯到20世纪初。当时，一些社会责任投资者开始将道德和伦理原则融入投资决策中。然而，在此时期，这一概念尚未引起广泛关注。

社会责任投资的崛起（20世纪80年代—90年代）：在20世纪80年代和90年代，社会责任投资（socially responsible investing，SRI）概念逐渐崭露头角。投资者开始关注公司的社会和环境影响，并纳入这些因素来评估投资组合。

ESG 标准的提出（2000—2010 年）：21 世纪初，环境、社会和治理（ESG）标准成为可持续金融的核心。投资者开始要求企业透明披露 ESG 信息，以更全面地评估企业绩效。这一趋势推动了 ESG 整合成为投资决策过程中的标准做法。

可持续金融的国际化（2010 年后）：随着可持续金融理念的不断普及，国际金融机构和监管机构开始采取措施推动全球范围内的可持续金融发展。联合国于 2015 年制定了可持续发展目标（SDGs），为全球提供了共同的发展愿景。

绿色金融和社会金融的兴起（2010 年至今）：绿色金融和社会金融成为可持续金融的重要分支。绿色金融注重投资环保项目，而社会金融关注支持社会公益事业。这两者共同推动了金融行业更为积极地参与可持续发展。

（三）可持续金融的重要性

风险管理：可持续金融有助于识别和管理环境和社会风险。企业和投资者通过考虑 ESG 因素，能更好地预测和应对与气候变化、社会稳定和治理等问题相关的风险。

创新和机会：可持续金融推动了创新，为企业和投资者提供了更多可持续发展的机会。投资于清洁能源、可再生资源和社会创新的项目，有望在未来获得可观的回报。

社会责任：金融机构在实践可持续金融的过程中，更好地履行社会责任。这有助于建立可信赖的品牌形象，吸引越来越关注社会和环境问题的消费者和投资者。

全球合作：可持续金融促使全球金融体系更好地合作，共同应对全球性挑战。通过共享最佳实践和标准，金融机构能够更有效地推动可持续发展。

可持续金融作为一种新兴理念和实践，正在逐步改变金融行业的格局。从早期的社会责任投资到如今的全球可持续发展目标，可持续金融在金融业和投资中崭露头角。在未来，随着全球可持续发展议程的深入推进，可持续金融有望发挥更加重要的作用，为经济、社会和环境的可持续性做出积极贡献。

二、可持续金融原则与社会福利的协同推进

随着全球社会和经济的快速发展，人们对于金融体系的期望也在不断演变。可持续金融原则应运而生，成为塑造未来金融格局的一种关键因素。这一理念的提出旨在将金融活动与社会福利紧密相连，促使金融行业更加关注环境、社会和治理（ESG）等方面的可持续性问题。本节将探讨可持续金融原则与社会福利的协同推进，探讨二者之间的关系、作用及未来发展方向。

（一）可持续金融原则的基本概念

可持续金融原则是指金融机构在开展业务活动时，将环境、社会和治理因素纳入考虑，以实现经济、社会和环境的共同可持续发展。这一原则通过引导金融机构在资金配置、投资决策和风险管理中考虑 ESG 因素，推动了金融行业向更为可持续的方向发展。可持续金融原则的核心包括环境可持续性、社会责任和良好治理。

（二）可持续金融与社会福利的内在联系

环境可持续性与生态平衡：可持续金融通过支持环保和可再生能源等项目，有助于维护生态平衡，减缓气候变化的影响，从而改善人们的生活环境。

社会责任与贫困减缓：金融机构在项目选择和投资决策中考虑社会责任，支持社会公益事业和扶贫项目，有助于减缓贫困问题，提高社会整体福利水平。

良好治理与社会公平：强调良好治理的可持续金融原则有助于建立透明、公正的金融机构，促进社会资源的公平分配，为社会公平打下基础。

（三）可持续金融在社会福利中的作用

资金引导作用：可持续金融通过将资金引导到符合可持续发展目标的项目中，加速社会福利事业的发展，为可持续发展目标提供强有力的资金支持。

风险管理：考虑 ESG 因素有助于金融机构更好地识别和管理与环境和社会相关的潜在风险，降低负面影响，确保项目的长期可持续性，从而更好地服务社会。

社会创新：通过支持创新性的可持续项目，金融机构可以推动社会的科技进步和发展，从而提高人们的生活水平。

（四）挑战与应对策略

信息不对称：需要建立更为透明、完整的 ESG 信息披露体系，以降低金融机构在决策过程中面临的信息不对称问题。

激励机制：制定有效的激励机制，鼓励金融机构更积极地履行社会责任，推动可持续金融原则的贯彻实施。

监管框架：加强监管框架建设，确保可持续金融原则得到有效监督，防范可能的违规行为，保障社会的长期利益。

（五）未来展望

可持续金融原则与社会福利的协同推进是一个长期的过程，需要金融机构、政府、社会和公众的共同努力。未来，随着可持续金融理念的深入人心，可期待更多的金融机构将可持续性纳入业务决策的核心，并通过创新性的金融产品和服务，为社会福利事业做出更大的贡献。

可持续金融原则与社会福利的协同推进是实现经济、社会和环境共同可持续发展的关键一步。通过考虑 ESG 因素，金融机构可以在资金引导、风险管理和社会创新等方面发挥积极作用，为社会福利事业带来实质性的影响。在面临各种挑战的同时，通过透明信息披露、激励机制和强化监管等手段，可以不断提高可持续金融原则在社会福利中的实际效果。未来，社会各界应共同努力，推动可持续金融原则的深入实施，为建设更加可持续、公平、繁荣的社会做出贡献。

三、可持续金融在全球可持续发展中的作用

在 21 世纪，全球社会面临着日益严峻的环境、社会和经济挑战。为实现全球可持续发展目标（SDGs），可持续金融作为一种重要的金融理念崭露头角。其核心理念在于通过整合环境、社会和治理（ESG）因素，引导金融活动朝着可持续性方向发展。本节将探讨可持续金融在全球可持续发展中的作用，分析其在环境、社会和经济层面的贡献，并讨论未来发展趋势。

（一）可持续金融与全球可持续发展目标的契合

可持续金融与全球可持续发展目标密不可分。17 个 SDGs 旨在解决贫困、

饥饿、健康、教育、性别平等、清洁水源、可持续能源等全球性问题。可持续金融原则的提出与 SDGs 的制定都是对不断增长的环境和社会挑战做出的回应。金融机构通过贯彻可持续金融原则，可以在实现这些目标的过程中发挥积极的作用。

（二）环境可持续性的推动

可再生能源投资：可持续金融鼓励金融机构投资于可再生能源项目，如太阳能和风能。这有助于减缓气候变化、改善空气质量，并推动全球向低碳经济过渡。

环境治理：强调良好治理的可持续金融原则有助于建立环境友好型企业和机构。通过规范和监督，可以防止环境破坏，保护生态系统的平衡。

碳排放交易：可持续金融在推动碳市场和碳排放交易中发挥着关键作用，通过市场机制引导企业降低碳排放，推动低碳经济的发展。

（三）社会责任与可持续发展

贫困消除：金融机构在可持续金融框架下通过支持社会公益事业、扶贫项目和可持续农业，为贫困消除提供资金支持，有助于实现 SDG 1（消除贫困）。

教育和健康：可持续金融可以投资于教育和医疗卫生领域，支持 SDG 3（保障健康生活）、SDG 4（确保所有人获得高质量教育）。

社会公平：强调良好治理的可持续金融有助于建立公正、透明的社会制度，减少社会不平等，符合 SDG 10（减少不平等）的要求。

（四）经济层面的促进

创新与科技发展：可持续金融通过资助创新性的项目，推动科技的发展，从而促进经济增长。这符合 SDG 9（工业、创新与基础设施）。

就业机会和经济包容：可持续金融有助于支持可持续产业的发展，创造就业机会，提高生活水平，实现 SDG 8（促进经济增长，实现全面、可持续的就业）。

金融包容：可持续金融通过促进金融包容，让更多的人群能够融入金融体系，实现 SDG 1（消除贫困）。

（五）可持续金融的全球推广与合作

国际金融机构的角色：国际金融机构在全球可持续发展中发挥着关键作用，通过提供资金、技术和政策支持，推动发展中国家实现可持续目标。

全球合作：跨国企业和金融机构应加强合作，共同应对全球性挑战。国际组织、政府、非政府组织等多方利益相关者的协同努力，对于可持续金融的推动至关重要。

信息共享和标准化：为促进可持续金融的发展，需要建立全球范围内的信息共享机制和标准化框架，以降低投资者和金融机构的信息不对称风险。

可持续金融在全球可持续发展中发挥着关键作用，为实现 SDGs 提供了重要的金融支持。通过环境可持续性的推动、社会责任的履行以及经济层面的促进，可持续金融不仅有助于解决全球性的问题，也促进了经济的可持续增长。然而，可持续金融面临的挑战仍需共同努力解决，才能确保可持续金融的全面实施。在未来，全球社会应加强协作，推动可持续金融理念深入人心，为构建更加繁荣、公平和可持续的世界贡献力量。

第二节　绿色金融与环境可持续性

一、绿色金融对环境可持续性的贡献与挑战

随着全球对环境可持续性问题的日益关注，绿色金融作为一种创新的金融手段，正逐渐成为推动可持续发展的重要力量。其核心理念在于将环境因素纳入金融决策过程，通过引导资金流向环保、可再生能源和低碳项目，实现金融和环境的双赢。然而，绿色金融在取得显著成就的同时，也面临一系列的挑战。本节将深入探讨绿色金融对环境可持续性的贡献，并分析其面临的挑战与解决策略。

（一）绿色金融的基本概念

绿色金融是指在金融业务中，将环境和社会责任纳入考虑，通过支持环保和低碳项目，推动社会和环境可持续发展的一种金融形式。它包括绿色信

贷、绿色债券、绿色保险、绿色基金等多种金融工具，旨在引导资金向具有环保效益的领域流动，减缓气候变化、改善生态环境。

（二）绿色金融的环境可持续性贡献

推动清洁能源发展：绿色金融通过投资可再生能源项目，如太阳能和风能，推动清洁能源的发展，减少对传统能源的依赖，降低温室气体排放。

支持环保工程和技术创新：绿色金融为环保工程和技术创新提供了资金支持，促进了环境保护技术的研发和应用，推动了绿色产业的发展。

鼓励可持续农业和林业：绿色金融通过绿色信贷等手段，支持可持续农业和林业项目，促进生态农业和森林保护，维护生态平衡。

降低环境风险：强调绿色金融原则的金融机构更注重环境风险的管理，避免投资那些可能对环境造成负面影响的项目，有助于降低环境污染和生态破坏。

提高企业社会责任意识：绿色金融要求企业更加注重环境和社会责任，促使企业在经营过程中更加关注生态环境，减少对资源的过度开发和浪费。

（三）绿色金融面临的挑战

标准化难题：缺乏全球统一的绿色金融标准，导致定义绿色项目的标准存在差异，降低了投资者对项目的可比性，增加了投资决策的难度。

信息不对称：投资者难以获得准确、全面的绿色项目信息，这使得他们在做出投资决策时面临较大的不确定性，可能导致投资方向偏离绿色发展的初衷。

流动性问题：一些绿色金融产品可能存在流动性不足的问题，投资者可能因为难以买卖而犹豫投资，影响了市场的活跃度。

长期回报难以衡量：绿色投资的长期环境效益难以直接量化和衡量，使得投资者更倾向于追求短期内可见的经济回报，而非长期的环境效益。

缺乏监管标准：一些地区和国家缺乏对绿色金融的有效监管，可能导致绿色项目中的绿色标准和质量得不到有效维护。

（四）应对挑战的解决策略

建立全球绿色金融标准：国际社会应加强合作，制定全球统一的绿色金融标准，提高绿色项目的透明度和可比性，促进全球绿色金融市场的发展。

加强信息披露：金融机构和企业应加强对绿色金融项目的信息披露，提供更为详尽和透明的绿色项目信息，以便投资者能够更准确地评估项目的绿色性质和风险。

发展绿色金融工具：创新绿色金融工具，如绿色债券、绿色证券等，提高绿色金融产品的流动性，吸引更多投资者参与。

加强监管与合规：建立健全的监管体系，加强对绿色金融的监管力度，规范市场行为，确保绿色项目符合相关标准和质量要求。监管部门还可以提供相应的激励措施，鼓励金融机构更积极地参与绿色金融。

提高投资者教育水平：加强对投资者的教育，提高其对绿色金融的认知水平，帮助他们更好地理解绿色项目的长期环境效益，培养长期投资的理念。

建立绿色评估体系：发展科学、权威的绿色项目评估体系，帮助投资者更全面地了解绿色项目的环境效益，为其投资决策提供更为准确的参考。

（五）绿色金融的未来发展趋势

全球合作：随着绿色金融的日益发展，国际社会将加强合作，共同应对全球性的环境挑战。国际金融机构、政府、企业和民间社会的合作将成为推动绿色金融发展的关键力量。

科技创新：科技的不断发展将为绿色金融提供更多的支持。区块链、大数据、人工智能等技术的应用将提高绿色金融产品的效率和透明度，促进市场的健康发展。

社会责任投资：投资者对社会责任的关注度将不断提高，越来越多的资金将流向具有环保和社会责任的项目。金融机构和企业需要主动担当社会责任，以绿色金融为工具，为社会可持续发展作出更大贡献。

可持续债券市场：可持续债券市场将进一步扩大，成为绿色金融的重要组成部分。政府和企业发行更多的可持续债券，募集资金用于环保、社会和治理方面的项目。

绿色金融的多元化：绿色金融不仅仅限于债券和信贷，还将在投资基金、保险产品等领域实现多元化。金融产品的创新将满足不同投资者的需求，拓宽绿色金融的市场空间。

绿色金融对环境可持续性的贡献不仅体现在推动清洁能源、支持环保工程等方面，更在于引导金融机构和投资者更加关注环境和社会责任，推动整个金融体系朝着可持续方向发展。然而，绿色金融仍面临着标准化、信息不对称、流动性问题等挑战，需要国际社会的共同努力来解决。

　　未来，随着全球绿色金融市场的不断发展和成熟，相信通过标准化制度的建立、信息透明度的提高、监管体系的完善以及投资者教育水平的提升，绿色金融将更好地发挥其在环境可持续性方面的作用。金融机构和投资者的积极参与，政府和监管机构的有效监管，都将推动绿色金融在全球范围内发挥更大的作用，为实现可持续发展目标贡献力量。

二、环境风险评估与社会福利的关系

　　环境问题是全球面临的一大挑战，其对社会福利的影响日益显著。为了理解和应对环境问题对社会带来的潜在风险，环境风险评估成为一种关键的工具。环境风险评估旨在识别和评估环境中的潜在危害，为决策者提供信息，以制定有效的环境政策和管理措施。本节将深入探讨环境风险评估与社会福利之间的关系，分析环境风险评估对社会福利的影响和意义。

（一）环境风险评估的基本概念

　　环境风险评估是一种系统的过程，通过对环境因素和潜在危害的分析，识别潜在的风险并评估其可能的影响。这个过程通常包括问题定义、风险识别、风险评估、风险管理和沟通等步骤。环境风险评估可以涉及各种环境问题，包括但不限于气候变化、污染、生物多样性丧失等。

（二）环境风险与社会福利的关系

　　卫生和人类健康：环境中存在的化学物质、空气污染、水污染等都可能对人类健康产生负面影响。环境风险评估通过评估这些危险的潜在影响，有助于制定健康保护政策和减轻潜在的卫生风险，从而提高社会福利。

　　生态系统稳定性：生态系统的稳定对于维持社会的基本功能至关重要。环境风险评估有助于识别可能对生态系统造成威胁的因素，从而引导采取措施来保护和维护生态系统的稳定，确保其提供的生态服务不受损害。

　　气候变化和自然灾害：环境风险评估在评估气候变化和自然灾害的潜在风险方面发挥着关键作用。通过对气候变化和极端天气事件的风险评估，社会可以更好地适应气候变化，减轻自然灾害对社会的不利影响，维护社会的稳定。

资源可持续性：环境风险评估也涉及对自然资源的评估，包括水资源、土壤和能源等。通过识别资源过度开采、污染和枯竭的潜在风险，社会可以更好地管理资源，确保其可持续利用，有益于社会的长期发展和福利。

（三）环境风险评估的社会福利影响

提高公众意识：环境风险评估的结果可以通过公共信息传递渠道向公众传达。这有助于提高公众对环境问题的认知水平，促使公众更加关注和参与环境保护活动，提高整体社会的环保意识。

科学决策支持：环境风险评估提供了科学依据，为政策制定和管理决策提供支持。决策者可以基于环境风险评估的结果，制定更为科学合理、有针对性的环保政策，从而促进社会的可持续发展。

企业社会责任：企业在环境风险评估的基础上，可以更好地认识到其经营活动对环境的影响。这有助于企业更加积极地履行社会责任，采取措施减少环境风险，提高企业的社会形象，同时为社会提供更好的产品和服务。

法规制度改进：环境风险评估的结果可以为环境法规的制定提供依据。政府可以根据评估结果调整法规，加强环境保护力度，确保社会的整体利益得到最大化。

（四）环境风险评估的挑战

不确定性：环境风险评估过程中存在许多不确定性，包括模型的不确定性、数据的不确定性等。这使得评估结果可能不准确，从而影响对潜在风险的理解。

综合性难题：环境问题通常是复杂的、多层次的系统问题，综合性难题较为突出。评估过程需要考虑众多因素的相互作用，这增加了评估的复杂性，使得难以全面理解和解决环境问题。

利益冲突：在进行环境风险评估时，不同利益相关方可能存在不同的利益诉求，甚至可能发生冲突。例如，企业可能追求经济效益，而环保组织则强调生态保护。这些利益冲突可能导致评估结果的争议，影响社会对评估结果的接受度。

缺乏全局视角：一些环境风险评估可能局限在特定区域或特定问题上，

缺乏全局视角。环境问题通常具有全球性的影响，因此需要更全面、系统的评估方法，以便更好地理解和应对全球性环境挑战。

时间尺度：部分环境问题的影响是长期的，而环境风险评估通常受到时间尺度的限制。这可能导致对长期影响的评估，从而影响社会福利的可持续性。

（五）改进环境风险评估的途径

不断提高科学水平：通过不断提高环境风险评估的科学水平，优化模型和数据的质量，减小不确定性，增加评估结果的可信度。

多元参与：在环境风险评估过程中，鼓励多元参与，包括各级政府、企业、科研机构、非政府组织等各方利益相关者。这有助于更全面地考虑各种利益和观点，降低评估结果的争议性。

跨学科合作：解决环境问题需要跨足多个学科领域，因此推动跨学科合作对于提高环境风险评估的综合性和全局性至关重要。

提升社会参与度：强调公众和利益相关方的参与，通过公众咨询、社会调查等方式，充分听取不同群体的声音，提高社会对评估过程和结果的认同感。

环境风险评估与社会福利之间存在密切的关系。通过对潜在危害的识别和评估，环境风险评估为社会提供了科学依据，有助于制定有效的环境政策，在提高社会的环保意识、维护生态系统的稳定、保障人类健康等方面发挥了积极的作用。然而，环境风险评估也面临一系列挑战，包括不确定性、综合性难题、利益冲突等，需要通过不断提高科学水平、多元参与、跨学科合作等途径来加以解决。

未来，随着全球环境问题的不断演变，环境风险评估将朝着全球化、数字化、多样化、社会科技融合等方向发展。通过这些发展趋势，环境风险评估将更好地适应复杂多变的环境挑战，为社会提供更全面、准确的信息，从而更好地保障社会的可持续发展。

综合而言，环境风险评估与社会福利之间的关系不仅仅是一个单向的影响，而是相互交织的。社会福利的提高需要依赖环境的良好状态，而环境风险评估为实现这一目标提供了关键的支持。通过科学决策、法规改进、社会参与等手段，可以更好地发挥环境风险评估的作用，实现环境和社会的双赢。

最终在维护环境可持续性的同时，为人类社会创造更为健康、繁荣的未来。

三、绿色金融与社会福利的双赢机制

绿色金融作为一种注重环境可持续性的金融模式，旨在通过引导资金流向环保、低碳、可再生能源等领域，促进可持续发展。绿色金融与社会福利之间存在着紧密的关系，其双赢机制在于既推动了金融市场的可持续发展，也为社会创造了更加健康、安全、环保的生活环境。本节将深入探讨绿色金融与社会福利的双赢机制，分析绿色金融如何促进社会福利的提升。

（一）绿色金融的基本概念

绿色金融是指在金融业务中，将环境和社会责任纳入考虑，通过支持环保和低碳项目，推动社会和环境可持续发展的一种金融形式。它包括绿色信贷、绿色债券、绿色保险、绿色基金等多种金融工具，旨在引导资金向具有环保效益的领域流动。

（二）绿色金融与社会福利的双赢机制

促进可持续发展：绿色金融通过投资可再生能源、环保科技和清洁生产等项目，推动了可持续发展的实现。这不仅有助于减缓气候变化、改善环境质量，也为社会提供了更为稳定、可持续的经济增长。

创造绿色就业机会：绿色金融的发展催生了绿色产业的兴起，从而创造了大量绿色就业机会。涉及清洁能源、环保工程、可持续农业等领域的企业和项目，为社会提供了更多的就业岗位，促进了就业机会的多元化和可持续性。

提升社区环境质量：绿色金融的投资主要集中在环保领域，例如空气和水质改善、城市绿化等。这些项目的实施有助于提升社区的环境质量，减少环境污染对居民健康的影响，提高居民的生活质量。

减轻环境风险：绿色金融注重环境和社会责任，金融机构在进行投资决策时更加关注项目的环境影响。这有助于减轻环境风险，避免投资导致的环境污染和资源浪费，从而保护社会免受环境灾害的侵害。

降低社会整体成本：长期来看，通过绿色金融支持的环保项目，有助于减少社会因环境问题而引起的医疗、恢复和应对成本。投资于清洁能源和资源高效利用，有助于削减社会的整体成本负担。

提高社会抗风险能力：绿色金融投资的可持续项目通常更具韧性，对市场波动和环境变化有更好的抵御能力。这有助于提高社会的整体抗风险能力，降低在外部冲击下的脆弱性。

（三）绿色金融的实践案例

可再生能源项目：绿色金融支持的可再生能源项目是其中的典型案例。通过绿色债券和绿色基金，资金被引导投向风能、太阳能等清洁能源项目，为社会提供可持续的能源来源，同时推动了相关产业的发展。

环保科技创新：绿色金融支持环保科技创新，投资于污染治理、废弃物处理、环境监测等领域。这些创新项目有助于提升环境管理效率，减轻社会环境压力，为社会创造了更健康的生活环境。

可持续农业：绿色金融支持可持续农业项目，包括有机农业、水资源管理、土壤改良等。这不仅提高了农业的生产效率，减少了对化肥和农药的依赖，也有助于维护农村社区的生态平衡。

城市可持续发展：绿色金融支持城市可持续发展项目，包括城市公共交通、绿色建筑、城市绿化等。这些项目改善了城市环境，提升了居民的生活质量，同时为城市经济注入了活力。

（四）绿色金融与社会福利的双赢机制

社会责任投资：绿色金融机构在资产管理中越来越重视社会责任投资。通过整合环境、社会、治理（ESG）因素，投资者可以选择支持那些在环境和社会方面表现良好的企业。这种投资方式使得企业更加注重可持续性和社会责任，从而创造更多社会福利。

绿色债券：绿色债券是指用于支持环保和可持续发展项目的债务融资工具。发行绿色债券的企业或机构承诺将借款用于符合一定环保标准的项目，例如清洁能源、能效提升等。这种方式通过债务市场的力量，将资金引导到对社会和环境有益的领域，实现了投资者与社会的双赢。

绿色信贷：金融机构通过提供绿色贷款，支持客户进行环保和可持续发展的项目。这不仅鼓励企业采取更环保的经营方式，也为社会创造了更多的绿色就业机会。绿色信贷通过降低环保项目的融资成本，推动了可持续经济的发展，增强了社会福利。

社会责任保险：一些保险公司推出了社会责任保险产品，涵盖了环境灾害、社区安全、可持续农业等方面。这种保险产品不仅为企业提供了风险保障，也通过降低社会对自然灾害和其他风险的脆弱性，提升了整体社会的安全水平。

环保主题基金：绿色金融市场中涌现出了众多的环保主题基金，这些基金专注于投资符合环保和可持续发展标准的企业。投资者通过购买这些基金，既能获取良好的投资回报，同时也促使更多企业朝着环保和社会可持续性的方向发展。

（五）绿色金融与社会福利的挑战与应对

标准化不足：绿色金融领域缺乏统一的标准和定义，导致一些项目难以评估其真正的环保效益。建立更为标准化的绿色金融体系，制定统一的环保标准，有助于提高项目的透明度和可比性。

信息不对称：投资者和金融机构在获取环保项目的信息时可能面临不对称的问题。建立更为透明和可靠的信息披露机制，提供准确的环保数据，有助于降低信息不对称，促进绿色金融市场的稳健发展。

长期回报难以量化：一些绿色项目的环保效益在短期内难以量化，投资者可能更注重短期经济回报。通过引入更为科学的评估方法，如生命周期分析等，有助于更全面地评估绿色项目的长期环境和社会效益，提升长期投资的吸引力。

缺乏监管和激励机制：目前绿色金融领域的监管仍相对不足，缺乏有效的激励机制。建立健全的监管体系，对环保项目进行更为严格的审查，同时提供相应的激励政策，有助于规范市场行为，吸引更多资金参与绿色金融。

社会认知不足：部分社会群体对绿色金融的认知仍不足，可能存在对其效益的误解。加强对绿色金融的宣传教育，提高公众对绿色金融的认知水平，有助于增加社会对绿色金融的支持度。

绿色金融与社会福利之间的双赢机制体现在通过金融手段促进了环保和可持续发展，为社会提供了更好的生态环境、创造了绿色就业机会、提升了社区的环境质量。各种绿色金融工具的发展和创新不仅满足了投资者对可持续投资的需求，也引导了企业更加注重社会责任，为社会创造了更加繁荣、安全和健康的未来。

第三节 社会投资与社会福利可持续性

一、社会投资的多维度效益与社会福利提升

社会投资作为一种注重社会效益的资金配置方式，旨在通过投资社会企业、推动社会创新、促进可持续发展，实现社会和经济的共同进步。社会投资的核心在于不仅追求经济回报，更注重产生积极的社会影响。本节将深入探讨社会投资的多维度效益，分析社会投资如何推动社会福利的提升，涉及的层面包括经济、环境、社会、和治理。

（一）社会投资的基本概念

社会投资是一种投资形式，其目标是追求社会和环境的积极变革，而不仅仅是获得金融回报。这种投资形式主要包括但不限于社会企业投资、社会创新项目投资、环境保护投资等。社会投资者关注的不仅是项目的经济可行性，更重要的是项目对社会的正面影响。

（二）社会投资的多维度效益

1. 经济效益

社会企业发展：社会投资促进社会企业的发展，这些企业通常以解决社会问题、提供社会服务为主要目标。社会企业的发展不仅创造就业机会，还通过提供商品和服务为社会经济增添新动力。

创新激励：社会投资引导资金流向创新型项目，推动社会创新。通过支持科技、教育、医疗等创新领域，社会投资有助于培育新兴产业，提高整体经济的创新水平。

2. 环境效益

环保项目支持：社会投资常投向环境保护领域，支持可持续发展和绿色能源项目。这有助于减缓环境污染、保护生态系统，为社会提供更为清洁和健康的生活环境。

碳减排和可持续资源：通过投资减少碳排放和提高资源利用效率的项目，社会投资有助于缓解气候变化问题，推动社会走向低碳、可持续发展的方向。

3. 社会效益

社会服务提升：社会投资常用于支持教育、医疗、社会福利等领域，提升社会服务水平。这有助于改善社会公共服务的覆盖范围和质量，增强社会的整体福利。

减贫和社会平等：通过投资于减贫项目和促进社会平等的倡议，社会投资有助于降低社会不平等，提高弱势群体的生活水平。

4. 治理效益

企业社会责任：社会投资推动企业更加关注社会责任，加强对经营活动的监管和透明度。这有助于改善企业治理结构，提升企业的社会声誉。

社会参与和民主：通过投资社会参与项目，社会投资鼓励公众参与决策，促进社会治理的透明和民主。这有助于建立更加开放、包容的社会治理体系。

（三）社会投资推动社会福利提升的机制

社会投资关注社会问题解决：传统的资本市场注重经济回报，而社会投资更加关注社会问题的解决。通过引导资金流向环境、教育、医疗等领域，社会投资直接解决社会问题，推动社会福利的提升。

社会投资激发社会创新：社会投资通常投向创新型项目，这有助于激发社会创新。通过支持新兴产业、社会企业，社会投资为解决社会问题提供了更为灵活和创新的手段。

社会投资带动企业社会责任：社会投资者通常会倾向于支持注重社会责任的企业。这种支持鼓励企业更加关注社会和环境影响，促使企业实施可持续经营战略，进而推动社会福利的提升。

社会投资引导政策支持：社会投资的兴起往往伴随着相关政策的支持。政府对社会投资提供税收优惠、补贴等激励政策，有助于引导更多资金投向社会问题解决和社会福利提升。政府的支持可以通过法规制定、财政激励等方式，为社会投资创造更有利的环境。

社会投资促进合作与共赢：社会投资通常需要不同利益相关方的合作，包括企业、非营利组织、政府等。这种多方合作的模式有助于形成共赢局面，各方通过共同努力解决社会问题，实现了经济和社会效益的双赢。

社会投资培养社会责任观念：社会投资不仅关注项目本身的社会效益，还有助于培养企业和投资者的社会责任观念。这种观念的培养有助于创建更加有爱心的商业文化，推动企业和投资者更为积极地参与社会问题的解决。

社会投资以其强调社会效益、推动社会创新的特点，为社会福利的提升提供了独特的机制。通过多维度效益的产生，社会投资不仅有助于经济的可持续发展，也推动了环境保护、社会服务、治理水平的提升。然而，社会投资仍然面临一系列挑战，需要政府、企业、投资者等多方共同努力，建立更为完善的社会投资体系，促进社会福利的全面提升。只有在共同努力下，社会投资才能更好地发挥其在社会可持续发展中的积极作用。

二、可持续社会投资的评估与监管

随着社会对可持续发展的日益关注，可持续社会投资成为投资领域的热点之一。可持续社会投资强调在获取经济回报的同时，对社会、环境和治理（ESG）等方面产生积极影响。为了确保可持续社会投资的有效实施，需要建立科学的评估体系和有效的监管机制。本书将深入探讨可持续社会投资的评估方法和监管措施，以确保这一投资模式对整体社会可持续发展产生积极影响。

（一）可持续社会投资的评估方法

1.ESG 评估体系

环境（environmental）：评估投资项目对环境的影响，包括碳排放、资源利用、水和空气质量等因素，可以通过环境影响评估（EIA）等方法来实施。

社会（social）：考虑投资项目对社会的影响，包括社区关系、劳工权益、人权、社会公平等。社会影响评估、社会责任报告等是评估社会因素的工具。

治理（governance）：评估投资项目的治理结构，包括公司治理、透明度、董事会结构等，可通过公司治理评级、内部控制评估等手段来进行评估。

2. 社会影响评估

社会影响测量：通过定量和定性方法测量投资项目对社会的实际影响，包括就业创造、贫困减少、社会服务提升等。社会回报率、社会影响指标等是常用的测量工具。

社会利益评估：评估投资项目在社会层面产生的利益，包括公共利益、社会公正、社会参与等，可以通过社会利益评估报告等手段来实现。

3.可持续财务评估

长期回报分析：考虑可持续投资项目在长期内的经济回报，包括经济增长、市场份额提升、品牌价值提高等。长期回报分析有助于引导投资者关注项目的长期社会价值。

风险管理：评估投资项目的可持续性风险，包括市场风险、法规风险、社会声誉风险等。通过综合评估风险，投资者可以更全面地了解项目的可持续性。

4.创新评估方法

技术创新评估：对投资项目的技术创新性进行评估，包括是否采用了清洁技术、数字化技术等。技术创新评估有助于推动可持续发展的科技进步。

社会创新评估：评估投资项目在社会层面的创新性，包括解决社会问题的新方法、创新的社会企业模式等。社会创新评估有助于推动社会问题的创新解决方案。

（二）可持续社会投资的监管机制

1.国际监管标准

联合国全球契约：作为全球性的企业社会责任和可持续投资的倡议，联合国全球契约提供了一系列原则，鼓励企业在经营中关注环境、社会和治理问题。

国际金融公司（IFC）可持续银行标准：IFC 的可持续银行标准是金融行业的全球性可持续性标准，规范了金融机构在环境、社会和治理方面的业务实践。

2.国家监管机构

ESG 信息披露要求：一些国家的金融监管机构要求上市公司在年度报告中披露其在 ESG 方面的业绩。这有助于提高市场透明度，推动企业更加注重可持续性。

社会投资税收优惠：一些国家通过税收政策鼓励社会投资，例如提供社会投资所得的税收优惠。这种激励措施可以促使投资者更加倾向于选择可持续社会投资，从而推动社会福利的提升。

3. 金融机构自律标准

可持续银行原则：一些国际性金融机构联合提出可持续银行原则，鼓励银行在业务中考虑环境、社会和治理因素。这些原则强调银行的责任和作用，推动金融机构更加注重可持续性。

投资者联盟：投资者联盟是由投资机构组成的组织，旨在共同推动可持续投资。通过自愿加入投资者联盟，金融机构表明其承诺关注 ESG 问题，同时也受到同业和投资者的监督。

4.ESG 评级机构

ESG 评级体系：存在多家独立的 ESG 评级机构，它们对企业和投资产品进行 ESG 评级。这些评级为投资者提供了有关投资项目可持续性的第三方评估，有助于提高透明度和投资决策的科学性。

ESG 指数：一些金融机构发布 ESG 指数，包括那些关注环保、社会责任和治理问题的指数。这些指数不仅可以作为投资参考，还对市场中的可持续投资进行了排名和比较。

5. 社会投资认证机构

社会责任认证：一些机构提供社会责任认证，对企业或投资项目进行认证，确保其在社会层面的表现符合一定标准。这种认证有助于提高社会投资的可信度和可持续性。

社会投资标志：一些社会投资项目使用独立的社会投资标志，以证明其符合一定的社会、环境和治理标准。这有助于消费者和投资者更容易辨认和选择符合他们价值观的项目。

（三）可持续社会投资评估与监管的挑战与应对策略

标准化难题：目前，ESG 评估标准存在较大的差异，标准化仍然是一个挑战。应对策略包括推动国际间的合作，制定更为统一的评估标准，提高可比性。

数据质量：可持续社会投资的评估依赖于大量的数据，而一些数据可能存在不准确或不完整的问题。解决方法包括建立更加严格的数据收集和报告标准，提高数据质量。

长期性回报的挑战：一些可持续社会投资项目的长期社会影响难以量化和证明，导致投资者更倾向于短期回报。应对策略包括建立更为科学的长期社会影响评估模型，吸引更多投资者关注项目的长期价值。

监管标准的不足：部分国家和地区尚未建立完善的可持续社会投资监管体系，存在监管标准不足的问题。解决方法包括建立更为严格的监管框架，鼓励国际间的经验分享。

社会投资的主观性：社会投资涉及对社会和环境问题的主观判断，投资者之间可能存在价值观的不同。应对策略包括加强透明度，让投资者更清晰地了解项目的社会价值观和目标。

可持续社会投资的评估与监管是实现社会可持续发展的关键环节。通过建立科学的 ESG 评估体系，强化国际和国内监管标准，社会投资可以更加有效地推动经济增长、改善社会福利、促进环境保护。然而，面对一系列的挑战，包括标准化、数据质量、长期性回报等问题，需要各方通力合作，共同推动可持续社会投资的发展。只有在综合考虑经济、社会和环境的多重因素，建立更为全面的评估和监管机制，才能确保可持续社会投资在全球范围内发挥更大的作用，为未来社会的可持续发展做出更为积极的贡献。

三、社会投资与金融机构的合作促进社会福利可持续性

社会投资与金融机构的合作对于促进社会福利的可持续性具有重要意义。社会福利的可持续性意味着在满足当前需求的同时，也要确保不损害未来世代的利益。本节将探讨社会投资和金融机构如何共同合作，以实现社会福利的可持续发展，并探讨这种合作模式的优势和挑战。

（一）社会投资的概念和作用

社会投资是指投资者在实现经济回报的同时，也追求社会和环境的积极影响。社会投资的目标通常包括改善教育、医疗、环境、社区发展等方面，以促进社会的可持续发展。社会投资者可以是个人、企业或机构，他们的投资决策不仅仅考虑财务回报，还注重社会责任和可持续性。

社会投资的作用主要体现在以下几个方面：

社会问题解决：通过资金的有针对性投资，社会投资可以直接解决一些紧迫的社会问题，如贫困、教育不平等、医疗资源不足等。

创新和实验：社会投资为创新提供了资金支持，使得一些新的社会项目

和商业模式得以尝试和实验，从而促进社会的不断进步。

社会责任履行：企业和个人通过社会投资来履行社会责任，提升自身的社会形象，树立良好的企业品牌。

可持续经济：社会投资有助于构建一个可持续的经济体系，通过推动社会公平和环境保护，为经济长期发展创造有利条件。

（二）金融机构在社会投资中的作用

金融机构在社会投资中扮演着关键的角色。它们不仅是社会投资的资金提供者，还通过金融产品和服务的创新，推动社会投资的可持续性。以下是金融机构在社会投资中的主要作用：

提供融资支持：金融机构通过向社会项目提供融资支持，帮助社会投资者实现他们的目标。这包括贷款、投资基金、债券等多种融资方式。

风险管理：金融机构可以通过提供保险和其他风险管理工具，降低社会投资项目的不确定性，增加投资者的信心。

金融创新：金融机构通过金融产品和服务的创新，可以满足不同社会投资项目的资金需求，提高社会投资的效率和可持续性。

社会投资咨询：金融机构拥有丰富的经验和专业知识，可以为社会投资者提供咨询服务，帮助他们更好地理解和评估社会投资的机会和风险。

（三）社会投资与金融机构的合作模式

社会投资和金融机构之间的合作可以采取多种模式，以实现社会福利的可持续性。以下是一些常见的合作方式：

共同基金：社会投资者和金融机构可以合作设立共同基金，共同投资于具有社会影响的项目。这种方式能够整合各方资源，实现更大规模的社会投资。

金融产品创新：金融机构可以创新性地设计金融产品，满足社会投资者的需求。例如，发行社会债券、绿色债券等，吸引更多资金流入社会项目。

社会投资平台：建立社会投资平台，让社会投资者和金融机构在这个平台上进行对接。这种模式能够提高信息透明度，降低交易成本。

金融培训和教育：金融机构可以提供培训和教育，帮助社会投资者更好地了解金融市场，提高他们的投资决策水平。

社会投资与金融机构的合作是实现社会福利可持续性的重要途径。通过整合资源、创新金融产品、共同承担风险，社会投资者和金融机构可以实现双赢，推动社会的可持续发展。然而，这种合作模式也面临一系列的挑战，需要各方共同努力，寻找解决之道。在未来，随着社会投资理念的深入人心和金融机构对可持续性的更高关注，这种合作有望进一步壮大，为社会福利的可持续性做出更大的贡献。

第四节　金融创新对社会福利的影响

一、金融创新对社会福利服务的拓展

金融创新作为社会经济发展的重要推动力之一，不仅在经济领域发挥着巨大作用，同时也对社会福利服务的拓展产生深远影响。本书将从金融创新的概念入手，深入探讨金融创新如何促使社会福利服务的拓展，分析其在社会福利领域的各个方面的影响，并探讨可能的挑战和应对之策。

（一）金融创新的概念与特征

金融创新是指在金融领域引入新的金融产品、服务、技术、业务模式等，以提高金融市场的效率、降低交易成本、满足不同需求为目的的创新活动。金融创新的主要特征包括技术驱动、市场导向、风险管理、金融产品多样化等。

在技术层面，金融科技（FinTech）的发展推动了金融创新的快速演进，包括区块链、人工智能、大数据等技术的应用，使得金融服务更加智能化、便捷化。

（二）金融创新对社会福利服务的拓展

提高金融服务普惠性：金融创新通过降低金融交易成本、推动数字金融发展，促使更多人群能够享受到金融服务，包括农村地区、中小微企业等传统金融服务难以覆盖的群体。这有助于提高社会福利服务的普及率。

创新融资模式：金融创新为社会福利项目提供了多样化的融资渠道，不仅有传统的银行贷款，还有社会债券、众筹、风险投资等多元化的融资模式。

这为社会福利项目提供了更灵活、更适应项目需求的融资选择。

数字化福利支付：通过金融科技手段，社会福利服务的支付和发放可以更加便捷、高效。例如，通过电子支付、区块链等技术，可以实现社会福利资金的迅速到账，减少了传统福利发放中的中间环节，提高了资金使用效率。

社会保险创新：金融创新有助于推动社会保险制度的创新。通过引入智能合约、区块链等技术，可以提高社会保险的透明度和效率，减少欺诈行为，确保福利资源更公平地分配。

金融教育与社会福利：金融创新也包括金融教育的创新，通过互联网和移动技术，提供更便捷、个性化的金融知识培训，增强社会福利受益人的金融素养，使其更好地利用福利资源。

（三）金融创新对社会福利服务的影响机制

降低交易成本：金融创新通过数字化、自动化等手段，降低了金融交易的实际成本，包括支付、融资、资金管理等方面，从而提高了社会福利服务的效率。

提高信息透明度：金融创新引入了更先进的信息技术，提高了金融市场的透明度，社会福利服务的各个环节都更容易被监测和评估。这有助于防范腐败和滥用福利资源的问题。

拓展融资渠道：金融创新使得社会福利项目可以更广泛地获取融资，从传统的银行贷款拓展到社会债券、风险投资、众筹等多元化的融资渠道，提高了项目的融资灵活性。

强化风险管理：金融创新引入先进的风险管理工具，通过大数据分析、人工智能等技术，更精准地评估福利项目的风险，提高了项目的可持续性。

提升金融产品多样性：金融创新推动了金融产品的多样化发展，社会福利服务可以根据不同需求选择更适合的金融产品，包括保险、贷款、投资等，满足福利服务的多元需求。

（四）金融创新在社会福利服务中的挑战

隐私与安全问题：金融创新引入了大量个人数据的收集和处理，面临着隐私泄露和数据安全的风险，尤其是在处理社会福利服务时，涉及大量敏感的个人信息，因此隐私和安全问题是一个亟待解决的挑战。确保福利服务中的金融创新在保护用户隐私的同时，有效应对潜在的安全威胁，是必不可少的任务。

数字鸿沟：尽管金融创新带来了便利，但数字鸿沟依然存在。部分社会群体可能因为教育水平、技术能力等方面的原因难以享受到金融创新带来的福利。在推动金融创新的过程中，应当注意确保服务的包容性，防止数字鸿沟的进一步加剧。

监管不足：金融创新的发展速度较快，监管相对滞后，可能导致一些不当行为和风险的出现。在社会福利服务领域，监管的不足可能使得福利资源被滥用，或者存在不透明的情况。因此，建立健全的监管体系，确保金融创新在规范的框架内运行，是一个亟待解决的问题。

社会接受度：一些新的金融创新产品和服务可能面临社会接受度的挑战。尤其是在社会福利服务中，需要平衡创新和社会的期望，确保新的金融工具能够被广泛接受，而不引发过多的负面反响。

技术风险：金融创新涉及先进的技术，技术风险包括但不限于系统故障、网络攻击、数据泄露等问题。在处理社会福利服务时，这些技术风险可能导致服务中断、信息泄露，从而对福利受益人造成不良影响。

（五）应对挑战的策略

强化监管框架：加强对金融创新的监管力度，建立健全的法规和政策框架，确保金融创新在规范的环境中发展。及时更新监管政策以适应迅速变化的金融创新环境，提高监管的前瞻性和灵活性。

加强数字能力培训：面对数字鸿沟的问题，需要加强社会的数字能力培训，提高广大社会群体对金融创新的接受度。特别是在社会福利服务中，通过培训和宣传，让更多的人了解和使用新的数字金融服务。

强化隐私保护：为了应对隐私和安全问题，需要制定更加严格的隐私保护法规和标准。同时，金融机构和科技公司应当采取高度的隐私保护措施，包括数据加密、权限控制等，确保用户的个人信息安全。

加强社会参与：在金融创新的过程中，加强社会参与，听取各方的声音，建立多方参与的决策机制。通过公开透明的方式，让社会更好地理解金融创新的意义和影响，提高社会对新服务的接受度。

建立协同机制：金融机构、科技公司、政府、非营利组织等应当建立协同机制，共同推动金融创新在社会福利服务领域的应用。通过合作，整合各方资源，形成联合推动社会福利服务拓展的合力。

金融创新对社会福利服务的拓展具有重要的意义，通过提高金融服务的普及性、创新融资模式、数字化福利支付、社会保险创新等方式，为社会福利服务的提升和优化提供了新的机遇。然而，金融创新在推动社会福利服务发展的同时，也面临着一系列的挑战，需要各方共同努力，通过强化监管、提高社会接受度、加强数字能力培训等方式，共同推动金融创新更好地服务社会福利的可持续发展。在未来，随着技术的不断进步和社会需求的不断变化，金融创新将继续在社会福利服务中发挥重要作用，为构建更加公平、高效的社会福利体系贡献力量。

二、数字金融与社会福利的普惠性

数字金融作为现代金融体系的重要组成部分，以先进的科技手段为基础，通过数字化、智能化的方式提供各种金融服务。在社会福利领域，数字金融不仅为传统金融体系带来了颠覆性的变革，更为社会福利的普惠性发展提供了新的机遇。本节将深入探讨数字金融对社会福利的普惠性带来的影响，分析其作用机制、优势、挑战以及未来发展方向。

（一）数字金融的概念与特征

数字金融的概念：数字金融是指通过先进的信息技术、互联网技术、大数据分析等手段，将传统金融服务数字化、智能化，提供更便捷、高效、个性化的金融产品和服务。数字金融覆盖了多个方面，包括数字支付、数字货币、智能投顾、区块链等。

数字金融的特征：

普及性与便捷性：通过数字渠道，任何人都可以轻松获得金融服务，无论时间和地点，提高了金融服务的普及性。

个性化服务：利用大数据和人工智能技术，数字金融能够更好地理解用户需求，提供个性化的金融产品和服务。

降低交易成本：数字金融的运作模式减少了中间环节，降低了金融交易的实际成本，使得金融服务更加经济高效。

（二）数字金融与社会福利的关系

1. 数字金融普惠性的作用机制

降低准入门槛：传统金融服务可能受到地理位置、身份认证等因素的限制，而数字金融通过互联网平台，可以随时随地为用户提供服务，降低了准入门槛，使更多人能够参与金融活动。

提供更多选择：数字金融推动金融产品的创新，用户可以根据自身需求选择更适合的金融产品，包括支付、储蓄、投资等，从而更好地满足个体的不同需求。

个性化服务：通过大数据分析，数字金融能够更好地了解用户的行为、偏好，为用户提供更符合个体需求的服务，提高了社会福利服务的个性化水平。

2. 数字金融在社会福利领域的应用

数字支付与社会福利发放：政府可以通过数字支付方式直接将福利金发放到受益人账户，避免了传统福利发放中的中间环节，提高了效率，降低了误发率。

数字化社会保险：利用数字金融技术，社会保险可以更精准地定位受益人，提高社会保险的普及性和覆盖率，减少不必要的行政成本。

数字化捐赠与慈善：数字金融推动了慈善和捐赠的数字化，通过在线平台进行捐款，实现透明化管理，确保捐款流向，提高了社会福利项目的透明度。

（三）数字金融在社会福利中的优势

提高效率：数字金融可以通过自动化、智能化的方式，大大提高福利服务的运作效率。从申请福利、发放福利到福利项目的监管，数字金融可以实现更快速、更精准的服务。

增强透明度：利用区块链等技术，数字金融可以实现福利项目的透明化管理，确保福利资源的流向可追溯，防范腐败和滥用福利资源的问题，提高社会的信任度。

拓宽服务范围：数字金融使得福利服务不再受制于地理位置和传统金融机构的限制，通过互联网，福利服务可以辐射到更广泛的社会群体，特别是一些偏远地区。

降低服务成本：传统的福利服务可能需要大量的人力、物力和财力，而数字金融的普及降低了运营成本，使得可以更经济地提供相同的福利服务。

提高个体参与度：通过数字金融，个体可以更方便地参与到福利服务中，了解福利政策、主动申请福利、管理福利资金，使福利服务更贴近个体需求。

三、创新金融工具与社会福利问题的解决

在当今全球化的背景下，金融领域的创新已经成为推动社会经济发展的关键因素之一。与此同时，社会福利问题也是世界各地面临的严重挑战之一。在这个背景下，创新金融工具的出现为解决社会福利问题提供了新的途径。本节将探讨创新金融工具在解决社会福利问题方面的作用，并分析其可能的影响和挑战。

（一）创新金融工具的定义与种类

创新金融工具是指在传统金融体系之外出现的，以新的理念、技术或模式为基础的金融产品和服务。这些工具的创新主要体现在其对金融资源的配置方式、风险管理方式以及金融市场的运作机制上。创新金融工具种类繁多，包括但不限于数字货币、区块链技术、智能合约、社会投资基金等。

数字货币和区块链技术的出现，为跨境交易提供了更为高效和安全的方式，同时也为金融包容性的提升创造了条件。智能合约的运用使得金融交易更加透明和可信，为社会福利项目的管理和执行提供了有效手段。社会投资基金则通过将社会责任融入投资决策，实现了经济效益与社会效益的双赢。

（二）创新金融工具与社会福利问题的关系

1. 贫困问题

创新金融工具可以通过促进金融包容性，为贫困地区提供更多金融服务和机会。数字货币的普及可以使得无银行账户的人群也能够参与到金融体系中，从而享受到金融服务的便利。区块链技术的透明性和安全性有助于打击贫困地区的腐败问题，提高援助资金的使用效率。此外，社会投资基金可以通过投资贫困地区的发展项目，实现经济和社会的共同提升。

2. 医疗卫生问题

创新金融工具的运用有助于改善医疗卫生问题。数字货币的流通可以提

高医疗资源的配置效率，降低交易成本。智能合约可以用于医疗保险的理赔和支付，简化了保险索赔的流程。社会投资基金可以投资于医疗创新领域，促进医疗科技的发展。

3. 教育问题

在教育领域，创新金融工具为解决教育问题提供了新的途径。数字货币和区块链技术可以用于建立去中心化的学历认证系统，提高学历认证的可信度。智能合约可以用于教育合同的自动执行，确保教育资源的公平分配。社会投资基金可以投资于教育项目，提高教育质量和普及率。

（三）创新金融工具可能面临的挑战

1. 风险和监管问题

创新金融工具的广泛应用可能引发新的金融风险，例如数字货币的波动性、区块链的安全性问题等。监管体系相对滞后于技术的发展，可能难以有效监管新型金融工具的合规运作。因此，需要建立健全的监管框架，平衡金融创新和风险防范之间的关系。

2. 不平等问题

尽管创新金融工具可以提高金融包容性，但在应用过程中可能会出现不平等现象。数字鸿沟可能导致一些群体无法充分享受新型金融工具带来的便利。为了确保金融创新的普惠性，需要采取措施促进数字素养和普及。

3. 隐私和安全问题

数字货币和区块链技术的应用可能涉及大量个人数据，隐私和安全问题成为关注焦点。在推动金融创新的同时，需要制定严格的数据保护法规，确保用户信息的安全和隐私权的保护。

创新金融工具对解决社会福利问题具有巨大的潜力。通过数字货币、区块链技术、智能合约以及社会投资基金等工具的应用，可以促进金融包容性，改善贫困、医疗卫生和教育等领域的问题。然而，要充分发挥创新金融工具的作用，需要应对监管、不平等、隐私和安全等方面的挑战。

第五章　社会福利与贫困问题的应对策略

第一节　贫困问题对社会福利的影响

一、贫困对社会福利体系的挑战

贫困一直以来都是全球面临的严峻问题，给社会福利体系构建和发展带来了巨大的挑战。贫困不仅影响着个体的基本权益，更对整个社会产生深远的影响。本节将深入探讨贫困对社会福利体系的挑战，分析其影响因素以及解决方案。

（一）贫困的定义与影响

1. 贫困的概念

贫困是指由于收入水平低、生活水平差，导致个体或家庭无法满足基本需求，陷入物质贫乏、社会排斥的状态。贫困不仅仅是经济问题，还涉及教育、医疗、社会参与等多个方面。

2. 贫困的影响

贫困对社会福利体系构建和发展带来了多方面的挑战。首先，贫困影响了人的基本权益，使得一部分人无法获得基本的教育、医疗和住房等服务。其次，贫困可能导致社会不公平现象的加剧，使富人和贫困人口之间的差距越来越大。再者，贫困会加剧犯罪率，形成社会不安定的因素。综合来看，贫困不仅是一个经济问题，更是一个全方位的社会问题。

（二）贫困对社会福利体系的挑战

1. 医疗服务不足

贫困人口由于经济原因，往往无法获得足够的医疗服务。这会导致患病时不能及时得到治疗，进而影响整个社会的健康水平。在传染病流行的情况下，贫困人口更容易成为疾病的传播源。贫困人口的医疗需求巨大，但社会福利体系可能因资源不足而无法满足其需求，进而造成医疗服务的不公平分配。

2. 教育机会不均

贫困对于教育机会的限制是社会福利体系面临的又一大挑战。由于经济拮据，贫困家庭的孩子可能无法接受高质量的教育。这导致了教育机会的不均衡，从而进一步加剧了社会的不平等。缺乏良好的教育机会也使得贫困人口难以获得更好的工作，陷入了贫困的恶性循环。

3. 就业问题

贫困人口普遍面临就业机会不足的问题。由于教育水平较低，技能较为有限，他们很难找到稳定而有竞争力的工作。社会福利体系需要应对失业和低收入的贫困人口，提供培训和就业机会，以帮助他们融入社会主流，实现自我提升。

4. 社会不公平

贫困不仅是一种经济状况，更是社会不公平的体现。在福利体系建设中，如果不能有效解决贫困问题，社会不公平现象将会日益严重。富裕人群享有更多的资源和机会，而贫困人口则无法享受社会的发展成果，形成两极分化的局面。

5. 心理健康问题

贫困可能导致心理健康问题的加剧。由于长期处于贫困状态，个体可能面临挫折感、焦虑和自卑等情绪问题。社会福利体系需要关注这一点，为贫困人口提供心理健康服务，帮助贫困人口建立积极的心态，更好地适应社会生活。

（三）应对贫困挑战的社会福利策略

1. 提高医疗服务覆盖率

社会福利体系需要通过提高医疗服务的覆盖率来解决贫困人口因病致贫

的问题。这可以通过建设更多的医疗机构、培养更多的医疗从业人员、推动远程医疗等方式来实现。同时，需要通过社会医保制度，确保每个人都能够获得基本的医疗保障。

2. 推动教育公平

社会福利体系应该致力于推动教育的公平发展。通过制定教育补贴政策、提供免费教育资源、建设更多教育设施等方式，保障每个人都有平等地接受教育的机会。同时，要加强对贫困家庭的资助，确保他们的孩子能够顺利完成学业。

3. 促进就业和技能培训

为了解决就业问题，社会福利体系可以通过开展职业培训和技能提升项目，提高贫困人口的就业竞争力。此外，积极推动创业支持和小微企业发展，为贫困人口提供更多的就业机会。在制定就业政策时，应特别关注贫困地区和贫困人口的特殊需求，确保政策的精准度和实效性。

4. 加强社会保障体系

社会福利体系的一个核心任务是建立健全的社会保障体系，以应对贫困问题。这包括建立完善的社会救助制度、失业保险体系和养老保障制度等。通过提供基本生活保障和福利待遇，帮助贫困人口渡过经济困难时期，并逐步实现脱贫致富。

5. 制定贫困治理战略

社会福利体系需要积极参与贫困治理战略的制定和执行。这包括通过减贫项目、发展基础设施、改善农村地区的基本公共服务等方式，从根本上解决贫困问题。同时，加强对特殊困境群体（如残疾人、单亲家庭等）的关爱和支持，确保社会福利政策的包容性。

6. 促进社会公平和包容性增长

在经济发展过程中，社会福利体系需要关注经济增长的公平性和包容性。通过推动更加公正的税收政策、降低社会收入差距、提高对弱势群体的资金和资源投入，实现经济增长的普惠性。这将有助于减轻贫困问题的根本性压力。

7. 强化社会扶贫参与

社会福利体系需要与社会各界形成合力，推动社会扶贫参与。通过发挥非营利组织、企业、公民社会组织等的作用，组织并实施有力的扶贫项目，形成全社会的共同努力。这有助于拓展资源渠道，提高贫困问题的解决效果。

贫困对社会福利体系的挑战是一个复杂而严峻的问题，需要综合性、长期性的策略和措施。通过提高医疗服务覆盖率、推动教育公平、促进就业和技能培训、加强社会保障体系、制定贫困治理战略、促进社会公平和包容性增长、强化社会扶贫参与等多方面的努力，社会福利体系才能更有效地应对贫困问题，才能推动全社会共同实现可持续发展的目标。在这个过程中，政府、企业、非营利组织以及广大市民都有责任发挥各自的作用，携手共建一个更加公平、包容、繁荣的社会。

二、贫困问题与社会不平等的相互关系

贫困问题和社会不平等一直是全球面临的重要议题，二者之间存在密切的关系。贫困作为一种极端形式的社会不平等现象，不仅会影响个体的基本生活，还会在整个社会中产生深远的影响。本节将深入探讨贫困问题与社会不平等的相互关系，分析二者的根本原因、相互作用的机制，以及应对措施。

（一）贫困问题与社会不平等的定义与特征

1. 贫困问题的定义

贫困是指由于个体或家庭收入水平低、生活水平差，导致无法满足基本需求，陷入物质匮乏和精神生活贫乏的状态。贫困不仅仅是经济上的困扰，更涉及教育、医疗、就业等多个方面，是一个综合性的社会问题。

2. 社会不平等的定义

社会不平等是指社会中不同群体之间在财富、机会、权力等方面存在不公平分配的现象。这种不平等可能表现为收入差距、教育差距、健康差距等多个方面的不公正现象。社会不平等是一种结构性的问题，涉及社会制度、文化传统、政策法规等多个层面。

3. 贫困问题与社会不平等的联系

贫困问题与社会不平等之间存在着密切的联系。贫困通常是社会不平等的结果之一，反过来，贫困的存在也会加剧社会不平等。在一个社会中，贫困人口通常面临较低的社会地位、较小的社会资源和机会，导致了整个社会

的不平等现象。

（二）贫困问题与社会不平等的根本原因

1. 收入分配不均

收入分配不均是导致贫困问题和社会不平等的主要原因之一。在一些社会中，富人群体占有大量财富，而贫困人口则面临着较低的收入水平。这种收入分配不均导致了社会财富的集中，形成了贫富差距，使得富人更容易获得更好的教育、医疗和其他社会资源。

2. 教育机会不均

教育机会的不均衡也是导致社会不平等和贫困问题的原因之一。由于贫困家庭无法支付高昂的教育费用，贫困人口的子女通常面临着较低的教育水平。这导致了教育机会的不公平，使得一些人难以获得良好的教育，从而在就业市场上处于不利地位。

3. 就业机会不足

就业机会的不足也是导致社会不平等和贫困的原因之一。在一些社会中，贫困人口由于受教育水平较低，技能有限，往往难以找到稳定的工作。而一些社会群体由于拥有更好的教育和就业机会，相对容易获得高收入的职业，从而形成了职业上的不平等。

4. 社会制度和政策的不公正

社会制度和政策的不公正也是导致社会不平等和贫困问题的原因之一。一些社会中，存在不公正的法规和制度，导致一些群体受益，而另一些人则被边缘化。这种不公正的制度和政策会加剧社会的不平等现象，使得一些人难以摆脱贫困的困境。

5. 种族、性别等社会歧视

种族、性别等社会歧视也是导致社会不平等和贫困问题的原因之一。在一些社会中，由于对于某些群体的歧视，导致这些群体在教育、就业、医疗等方面面临更大的障碍，更容易陷入贫困。这种社会歧视加剧了社会的不平等现象。

（三）贫困问题与社会不平等的相互作用机制

1. 贫困的传递性

贫困具有传递性，即贫困家庭中的子女更容易继续陷入贫困。这是因为贫困家庭由于缺乏教育和社会资源，难以为子女提供良好的成长环境和教育机会。因此，这些子女在成年后更难脱离贫困状态，形成了一代代的传承。

2. 教育和就业机会的循环

教育和就业机会的不均衡形成了一个循环，贫困和社会不平等之间存在相互强化的关系。贫困人口由于受到教育机会的限制，往往难以获得高质量的教育，从而影响了他们的就业机会。相反，就业机会的不足又使得这些人更难摆脱贫困状态。这种循环机制使得一些社会群体陷入了长期的贫困困境，形成了不平等的社会结构。

3. 社会不平等的恶性循环

社会不平等和贫困问题之间形成了一种恶性循环。社会不平等导致了贫困的加剧，而贫困本身又进一步加大了社会不平等。收入差距、教育差距、就业机会差距等方面的不平等现象相互影响，形成了一个相互强化的循环。这使得社会的不平等问题不仅难以短期内解决，而且在长期内可能会逐渐加剧。

4. 社会歧视的放大效应

社会歧视在一定程度上放大了贫困问题和社会不平等。当社会对于某些群体存在歧视时，这些群体更容易受到贫困的影响。例如，性别歧视导致女性在教育和就业机会上面临更大的障碍。这些社会歧视现象使得贫困问题更加突出，社会不平等更加明显。

5. 制度和政策的反馈效应

不公正的社会制度和政策也会产生反馈效应，加剧了社会不平等和贫困问题。一些不公正的法规和政策可能使得富人更容易获取财富，而贫困人口则更难摆脱贫困。这种制度和政策上的不公正形成了一种自我强化的循环，加深了社会的不平等问题。

（四）应对贫困问题与社会不平等的综合策略

1. 改革税收政策

通过改革税收政策，加大对高收入人群的税收负担，减轻低收入人群的税收负担，以实现财富更加平等的分配。通过纳入更多的社会资源，政府可以提供更多的公共服务，如教育、医疗等，以缓解贫困问题。

2. 提高教育公平

加大对教育的投入，提高教育资源的公平分配，确保每个人都有平等地接受教育的机会。通过建设更多的教育设施、提供更多的教育资助，特别是针对贫困家庭和地区，以减少教育机会的不平等，打破贫困的传递性。

3. 推动就业机会均等

政府和企业可以合作推动就业机会的均等分配，采取措施降低歧视，确保每个人都有公平的就业机会。此外，加强职业培训，提升劳动力的技能水平，以提高他们获得更好就业机会的能力。

4. 完善社会保障体系

加强社会保障体系，确保对低收入群体、失业人员、特殊困境群体的充分覆盖。建立健全的医疗保险、失业保险、养老保险等制度，为贫困人口提供基本的社会保障，减轻其生活压力。

5. 消除社会歧视

制定法律法规，加强对社会歧视的打击力度，推动社会各界树立平等和包容的文化。通过宣传教育、开展公共活动，促进社会对于不同群体的尊重和理解，减轻社会歧视对贫困问题和社会不平等的影响。

6. 加强监管和治理

建立更加公正透明的社会治理机制，加强对制度和政策的监管，防止不公正的现象发生。通过强化法治建设，提高社会治理的效能，为社会不平等问题和贫困问题的解决提供有力支持。

贫困问题和社会不平等是一个复杂且相互关联的系统性问题，解决这一问题需要多层次、全方位的综合策略。通过改革税收政策、提高教育公平、推动就业机会均等、完善社会保障体系、消除社会歧视、加强监管和治理等多方面的努力，可以逐步缓解贫困问题和社会不平等，并实现社会的可持续发展。这需要政府、企业、社会组织和个体共同努力，形成合力，共同推动社会的公平和包容性增长。

第二节　扶贫政策与社会福利改善

一、扶贫政策的演进与调整

扶贫工作一直以来都是国家政府和国际社会关注的焦点之一。为减少和消除贫困，各国实施了一系列的扶贫政策，这些政策在演进中经历了不同的阶段和调整。本节将深入探讨扶贫政策的演进历程，分析不同时期的政策取向、主要措施以及取得的成效，以及面临的挑战和调整的必要性。

（一）扶贫政策的历史演进

1. 初期扶贫措施

扶贫工作最早可以追溯到 20 世纪初。当时，一些国家主要采取社会福利和慈善救助的方式来帮助贫困人口。政府设立了一些福利机构，提供食品、住房和医疗等基本服务。然而，这些措施在解决根本问题上效果有限，主要是应急性的救济。

2. 以经济发展为主导的阶段

20 世纪 50 年代至 70 年代，随着一些国家经济的快速发展，政府开始认识到经济增长是减贫的关键。在这一时期，许多国家采取了以工业化和农业现代化为主导的发展战略。这些政策旨在提高全社会的生产力，通过创造就业机会和提高人们的收入水平来减轻贫困问题。

3. 农村发展和土地改革

20 世纪 60 年代至 80 年代，一些国家实施了农村发展和土地改革政策，通过农村基础设施建设、合作社制度的推广以及土地改革来改善农村居民的生活条件。这一时期的政策主要关注农村地区，试图通过提高农业生产力和改善农民生活水平来达到减贫目标。

4. 扶贫攻坚和目标导向

20 世纪 80 年代以后，国际社会逐渐形成了对于扶贫的共识，并提出了明确的扶贫目标。联合国在 2000 年制定的千年发展目标中首次确立了减贫目标，提出在 2015 年前实现全球范围内的极端贫困减半。这一时期，各国纷纷制定了具体的扶贫计划，强调通过实施目标导向的政策来达到减贫的目标。

5. 精准扶贫和社会保障

近年来，随着社会发展的不断深化，精准扶贫和社会保障逐渐成为扶贫政策的重要方向。精准扶贫强调通过科学的手段精确识别贫困人口，采取有针对性的帮扶政策。社会保障则注重建立健全的社会保障体系，为贫困人口提供医疗、教育、住房等多层次的保障。

（二）不同阶段的主要扶贫策略和措施

1. 社会福利和慈善救助

初期扶贫阶段，社会福利和慈善救助是主要的扶贫手段。政府设立福利机构，通过提供基本服务，如食品、住房和医疗，来帮助贫困人口度过困境。这一时期的政策主要是应急性的救济，缺乏长期可持续性。

2. 以经济发展为主导

20 世纪 50 年代至 70 年代，一些国家采取了以经济发展为主导的扶贫策略。通过工业化和农业现代化，提高社会的生产力和整体收入水平。这一时期的政策主要集中在经济层面，缺乏对社会公平和基本权益的关注。

3. 农村发展和土地改革

在 20 世纪 60 年代至 80 年代，一些国家实施了农村发展和土地改革政策。这些政策主要包括农村基础设施建设、合作社制度的推广以及土地改革。通过提高农业生产力和改善农民的土地权益，改善农村居民的生活条件。

4. 扶贫攻坚和目标导向

20 世纪 80 年代以后，扶贫政策逐渐以"扶贫攻坚"和"目标导向"为特征。联合国的千年发展目标将减贫明确为其中之一，各国在这一目标下提出了一系列具体的扶贫计划，以达到在 2015 年前实现全球范围内的极端贫困减半的目标。这一时期的政策更加注重明确的目标和实际的扶贫成效，强调经济发展与社会公平的协同推进。

5. 精准扶贫和社会保障

近年来，精准扶贫和社会保障逐渐成为主流扶贫策略。精准扶贫通过大数据、信息技术等手段，精确识别贫困人口，制定有针对性的帮扶政策。社会保障则注重建立健全的社会保障体系，包括医疗保障、教育保障、住房保障等，为贫困人口提供全面的保障。

6. 全球合作与国际援助

随着全球化的发展，国际合作和援助在扶贫工作中发挥了越来越重要的作用。一些发达国家和国际组织通过提供资金、技术和援助项目等形式，支持发展中国家的扶贫事业。这种全球性的合作有助于共同应对全球性的贫困问题，推动国际社会在减贫领域的共同发展。

（三）不同阶段的扶贫政策取得的成效

1. 社会福利和慈善救助阶段

初期的社会福利和慈善救助虽然为一些贫困人口提供了基本的救济，但这种方式主要是应对贫困的紧急需要，缺乏长期的可持续性。对于贫困问题的根本解决，这一阶段的成效有限。

2. 以经济发展为主导的阶段

以经济发展为主导的阶段取得了显著的成就，特别是在一些东亚国家。通过经济的迅速增长，人们的生活水平得到了显著提高，一大批贫困人口脱离了贫困。然而，这一阶段的成效也带来了新的问题，如贫富差距扩大等。

3. 农村发展和土地改革阶段

农村发展和土地改革在提高农村居民生活水平和改善农业生产力方面取得了一些成果。通过基础设施建设和土地权益的调整，一些农村地区的整体贫困状况有所改善。然而，在一些地区，土地改革也可能引发一些争议和社会问题。

4. 扶贫攻坚和目标导向阶段

扶贫攻坚和目标导向的阶段在实现具体减贫目标方面取得了明显的成效。联合国千年发展目标的实施使得全球范围内的贫困得到了明显的改善，一些国家甚至实现了较大范围的贫困减少。这一阶段强调政策的目标导向，有助于提高政策的实际执行效果。

5. 精准扶贫和社会保障阶段

精准扶贫和社会保障阶段强调更为科学和有针对性的扶贫手段，提高了扶贫政策的精确性和有效性。通过大数据、信息技术等手段，政府能够更准确地识别和帮扶贫困人口。社会保障的建设有助于提供全面的保障，确保贫困人口的基本生活需求。

6. 全球合作与国际援助

国际合作与国际援助在一些国家的扶贫成效中发挥了关键作用。一些发达国家和国际组织通过提供资金、技术和援助项目等形式，支持发展中国家的扶贫事业。这种全球性的合作使得贫困问题能够得到更全面、更有效的应对。

二、扶贫项目对社会福利的实际效果

贫困是全球社会普遍关注的问题之一，各国纷纷制定和实施扶贫项目，旨在改善贫困人口的生活状况，提高其社会福利水平。扶贫项目是通过一系列政策和行动来减轻、甚至消除贫困现象的工程，其实际效果直接关系到社会的整体福利水平。本节将探讨扶贫项目对社会福利的实际影响，并深入分析其中的机制、挑战和改进建议。

（一）扶贫项目的实施机制

1. 资金投入

扶贫项目的核心之一是资金投入，政府通过财政预算、国际援助等渠道，向贫困地区注入大量的经济支持。这些资金被用于改善基础设施、医疗卫生、教育等方面，以提升贫困地区的整体福利水平。

2. 教育培训

教育培训是扶贫项目的重要组成部分，通过提供更多的教育资源、建设学校、培训农村技术人才等方式，旨在提高贫困人口的知识水平和职业技能，增强其融入社会的能力，从而改善生计状况。

3. 社会保障

扶贫项目通常包括建设社会保障体系，为贫困人口提供医疗、养老、住房等方面的保障，以减轻他们生活的经济压力，提高整体福利水平。

4. 农业发展

在农村地区，扶贫项目还涉及农业发展，通过技术支持、改进种植业和畜牧业等方式，提高农民的生产水平，增加他们的收入来源，从而改善整体社会福利。

（二）扶贫项目的实际效果

1. 经济增长

通过大规模的资金投入和基础设施建设，扶贫项目有助于促进贫困地区的经济增长。新建的基础设施不仅提高了交通、通讯等方面的便利性，也吸引了更多的投资和商业活动，推动了当地经济的发展。

2. 教育水平提升

教育培训是扶贫项目的一个关键方面，通过提供更多的教育资源和培训机会，贫困人口的教育水平得到提升。这有助于打破贫困代际传递，提高贫困家庭子女的受教育机会，为他们未来的发展创造更多可能性。

3. 医疗卫生改善

社会保障体系的建设使得贫困人口能够获得更好的医疗服务，改善了他们的健康状况。这不仅有助于提高生活质量，也减轻了医疗支出对贫困家庭的经济负担。

4. 农业生产提升

扶贫项目对农业的投入和支持，有助于提高农业生产水平。通过引入新的种植技术、改善灌溉条件、提供农业培训等方式，农民的产量和收入得到提高，农村经济得以振兴。

5. 就业机会增加

扶贫项目的实施通常伴随着一系列的产业发展和基础设施建设，为当地居民提供了更多的就业机会。这不仅带动了贫困地区的就业率，也提高了居民的收入水平，从而改善了整体社会福利。

（三）扶贫项目的挑战和问题

1. 资金分配不均

在一些情况下，扶贫项目的资金分配存在不均衡的问题。有的地区可能因为政策执行不善、腐败等原因，导致资金未能真正用于改善贫困人口的生活状况，从而影响扶贫项目的实际效果。

2. 项目可持续性

一些扶贫项目在初期可能取得一定的效果，但由于缺乏可持续性的考虑，难以在长期内维持其影响力。一旦项目结束或资金减少，贫困地区可能再次陷入困境。

3.教育水平提升缓慢

尽管扶贫项目在教育方面投入了大量资源，但由于一些深层次的社会和文化因素，贫困地区的教育水平提升仍然相对缓慢。这包括缺乏受教育机会、文化传统等问题。

4.医疗卫生服务不平衡

在一些贫困地区，医疗卫生服务的覆盖范围仍然存在不平衡的情况。一方面，城市地区的医疗资源相对丰富，而偏远农村地区则可能缺乏足够的医疗机构和医护人员。这导致贫困地区的居民难以获得及时有效的医疗服务，影响了整体卫生水平的提升。

5.社会融合问题

尽管扶贫项目在提高收入、改善教育水平等方面取得了一些成就，但在社会融合方面仍然存在挑战。一些贫困地区的居民由于长期贫困，面临着融入社会的困难。这包括就业机会的不足、社会歧视等问题，制约了他们真正融入社会的能力。

6.自然灾害和气候变化影响

一些贫困地区受自然灾害和气候变化的影响较大。洪涝、干旱等灾害可能破坏基础设施、农田等，使得扶贫项目的实施受到挑战。气候变化也可能导致农业收成不稳定，影响贫困地区居民的生计。

（四）改进扶贫项目的建议

1.加强监管和透明度

为解决资金分配不均等问题，政府应加强对扶贫项目的监管和透明度。建立有效的监察机制，确保项目资金真正用于改善贫困人口的生活状况，防范腐败行为。

2.提升项目可持续性

在制定扶贫项目时，应注重可持续性的考虑。不仅需要解决眼前问题，还要思考长远发展。可以通过引入产业发展、培养地方经济支柱产业等方式，使项目在结束后依然能够维持其效果。

3.加强基础设施建设

基础设施建设是扶贫项目的核心之一，政府应继续加大力度，确保贫困地区的基础设施水平能够满足居民的基本需求。这包括道路、水电、通讯等方面的建设，提高贫困地区的生产和生活条件。

4. 完善医疗卫生体系

政府可以通过增加对贫困地区的医疗资源投入、提高医护人员待遇、建设更多的基层医疗机构等方式，改善医疗卫生服务的不平衡问题，确保居民能够及时获得高质量的医疗服务。

5. 推动社会融合

为解决社会融合问题，可以通过促进就业机会、加强职业培训、开展社会宣传活动等方式，帮助贫困地区的居民更好地融入社会，消除社会歧视，提高其参与感和归属感。

6. 应对气候变化影响

在面对自然灾害和气候变化时，政府可以通过引入应急响应机制、提供农业保险、推动可持续农业发展等方式，增强贫困地区的抗灾能力，减轻灾害对项目实施的不利影响。

扶贫项目对社会福利的实际效果是一个复杂而多层次的问题，涉及经济、教育、医疗、社会融合等多个方面。在项目的实施中，政府、社会机构和国际组织需要共同努力，不断改进和完善项目，确保其能够真正产生可持续的、正面的社会影响。通过加强监管、提升可持续性、加大基础设施建设等措施，可以更好地解决扶贫项目面临的挑战，推动社会福利的提升，为贫困地区居民创造更好的生活条件。

三、扶贫与可持续发展目标的协同推进

扶贫与可持续发展目标（sustainable development goals，SDGs）是全球社会共同面临的两个重要议题。扶贫旨在通过帮助贫困人口提高生活水平，改善其生存条件，而可持续发展目标则更为全面，包括了社会、经济、环境等多个层面的发展。本节将探讨扶贫与可持续发展目标之间的关系，分析二者在协同推进中的机制、挑战以及可行的改进方案。

（一）扶贫与可持续发展目标的内在联系

1. 减贫与 SDGs 的交叉点

扶贫是 SDGs 中第一个目标，目标是在 2030 年之前根除极端贫困。这表明减贫是可持续发展的首要任务之一，因为贫困是妨碍可持续发展的主要障碍之一。通过扶贫，不仅改善了贫困人口的生活状况，还为实现其他 SDGs 奠定了基础。

2. 包容性发展与社会公正

可持续发展的核心理念之一是包容性发展，即确保所有人都能够分享社会和经济的成果，不让任何人掉队。扶贫项目在实施过程中通常强调社会公正，努力减少贫富差距，为所有人提供平等的机会，与可持续发展目标的理念相契合。

3. 社会、经济、环境的综合发展

可持续发展目标不仅仅关注经济层面，还包括社会公正和环境可持续性。扶贫项目也应该考虑这些方面，通过提升社会福利、改善经济条件，同时保护环境资源，实现社会、经济和环境的协同发展。

4. 全球伙伴关系的构建

可持续发展目标强调了全球合作的重要性，要求各国通过伙伴关系共同努力，实现全球可持续发展。扶贫项目通常也需要国际援助和合作，特别是在贫困国家，这使得扶贫与可持续发展目标之间形成了密切联系。

（二）扶贫与可持续发展目标的协同推进机制

1. 综合规划与项目整合

为了实现扶贫与可持续发展目标的协同推进，需要进行综合规划，将扶贫项目纳入更广泛的可持续发展战略中。这意味着将贫困人口的需求与社会、经济、环境等多个方面的目标相整合，确保项目的实施不仅能够解决贫困问题，还能够推动可持续发展的全面进程。

2. 数据共享与监测评估

在协同推进的过程中，数据的共享和监测评估是至关重要的。通过共享相关数据，可以更好地了解扶贫项目的效果，及时调整项目方向，确保项目符合可持续发展目标的要求。监测评估机制则有助于提高项目的透明度和责任性。

3.社会参与与共建

可持续发展的成功需要社会的广泛参与。在扶贫项目中，可以通过与当地社区建立良好的沟通渠道，听取贫困人口的声音，共同制定解决方案。社会参与的过程中，可以形成更为广泛的共建机制，使得各方都能够为可持续发展目标贡献力量。

4.教育与意识提升

协同推进扶贫与可持续发展目标还需要加强教育与意识提升。通过宣传教育，向社会传递可持续发展的理念，让更多人了解贫困问题的根本原因，认识到扶贫不仅是一个局部问题，也是一个全球性的挑战。这有助于激发更多人的参与和支持。

（三）扶贫与可持续发展目标的挑战

1.资源不足

推进扶贫与可持续发展目标需要大量的资金和资源。然而，一些国家或地区面临着资源不足的问题，导致扶贫项目和可持续发展目标的实施受到限制。解决这一挑战需要国际社会加强合作，提供更多的援助。

2.环境压力

一些扶贫项目为了短期内提高贫困地区的生产水平，可能会忽视环境可持续性的考虑。这样的做法可能会导致环境压力增大，影响生态平衡。因此，在推进过程中需要平衡经济发展和环境保护的关系，采取可持续的环境管理策略，确保经济增长与生态平衡相协调。

3.政策和制度障碍

一些国家存在政策和制度方面的障碍，这可能妨碍扶贫与可持续发展目标的协同推进。政府层面的不协调、法规不健全、腐败问题等都可能影响项目的实施效果。解决这一挑战需要通过改革政策和制度，提高治理水平，确保政策的一致性和有效性。

4.社会不平等

社会不平等是阻碍可持续发展的一个根本性问题。在一些地区，贫富差距、教育机会不均等等社会不平等因素可能加剧了贫困问题。推进可持续发展需要着力解决这些不平等问题，确保所有人都能够享有公平的发展机会。

5. 自然灾害和气候变化

自然灾害和气候变化对于扶贫与可持续发展目标的实现构成了巨大的威胁。灾害可能导致贫困地区的基础设施受损，劳动力和产业遭受重创，影响项目的进展。因此，需要制定应对自然灾害和气候变化的应急计划，并在可持续发展的规划中充分考虑这些不确定性因素。

（四）改进扶贫与可持续发展目标协同推进的建议

1. 加强国际合作

由于扶贫与可持续发展目标是全球性的问题，国际社会需要加强协作，形成更为紧密的合作机制。富裕国家可以提供更多的援助和技术支持，帮助贫困国家加强扶贫工作，并推动可持续发展目标的实现。

2. 制定综合性政策

为了协同推进扶贫与可持续发展目标，各国需要制定更为综合性的政策。这些政策应该考虑社会、经济、环境等多个方面的因素，确保扶贫项目不仅仅解决眼前的贫困问题，还能够促进全面的可持续发展。

3. 提高环境意识

为了避免扶贫项目对环境造成负面影响，需要提高项目实施者和居民的环境意识。这可以通过开展环境教育、推动可持续的农业和生产方式等手段实现。环境保护应成为扶贫与可持续发展目标的一个重要组成部分。

4. 加强监测与评估

建立健全的监测与评估体系是协同推进的重要保障。各国需要加强数据收集、建立科学的评估机制，及时了解扶贫项目的进展和效果，为调整和改进提供有力的支持。

5. 推动社会参与

社会参与是实现可持续发展目标的关键。在制定和实施扶贫项目的过程中，应鼓励社会各界的积极参与，特别是贫困地区居民的参与。这有助于项目更贴近实际需求，增加项目的可持续性。

6. 倡导公平分配

为了解决社会不平等问题，需要在扶贫与可持续发展目标的推进中倡导公平分配。通过改革税收政策、推动教育平等、减少社会歧视等方式，促使社会资源更公平地分配，确保所有人都能够分享发展的果实。

扶贫与可持续发展目标的协同推进是实现全球繁荣与可持续发展的关键环节。通过在扶贫项目中嵌入可持续发展的理念，综合考虑社会、经济、环境等多个方面的因素，各国可以更有效地推动贫困问题的解决，实现全面的可持续发展目标。然而，要克服其中的挑战，仍需要国际社会的共同努力，加强合作，形成更为强大的力量，共同迈向一个更加公正、平等、可持续的未来。

第三节　教育与培训对贫困人口的社会福利影响

一、教育与培训作为贫困人口社会融入的桥梁

教育与培训在社会融入和贫困人口脱贫过程中发挥着至关重要的桥梁作用。本节将从教育与培训对于贫困人口社会融入的意义、现状与挑战以及未来发展方向等方面展开论述，全面深入地探讨这一关键议题。

（一）教育与培训对于贫困人口社会融入的意义

1. 提高就业竞争力

教育和培训是提高贫困人口就业竞争力的有效途径。通过获得相关技能和知识，他们可以更好地适应市场需求，增加就业机会，从而脱离贫困状态。

2. 促进社会平等

教育是实现社会平等的基石。通过提供平等的教育机会，贫困人口有机会弥补知识和技能上的差距，进而更好地融入社会。

3. 塑造积极的社会身份

接受良好的教育和培训有助于形成积极的社会身份认同，提高自尊心和自信心，从而更有动力地参与社会活动，建立积极的社会关系。

（二）教育与培训在贫困人口社会融入中的现状与挑战

1. 教育资源不均衡

贫困地区的教育资源相对匮乏，导致贫困人口面临接受高质量教育的困难。解决这一问题需要加强对贫困地区的投入，提高基础教育水平。

2. 就业市场需求不匹配

有时培训项目与实际就业市场需求脱节，导致贫困人口接受的培训难以转化为实际就业机会。建立与市场需求紧密相连的培训计划显得尤为重要。

3. 社会观念和歧视问题

一些社会观念和歧视现象可能成为贫困人口融入的障碍，影响其受教育和培训的机会。社会舆论的引导和相关法规的制定都是解决这一问题的途径。

（三）未来发展方向与政策建议

1. 加强基础教育建设

通过增加教育资源投入，改善贫困地区的基础教育条件，确保每个孩子都能够获得平等的教育机会。

2. 制定灵活的培训计划

根据就业市场的实际需求，制定更加灵活和适应性强的培训计划，确保培训项目与实际岗位需求相匹配。

3. 推动社会观念转变

通过宣传教育，引导社会观念的积极转变，减少对于贫困人口的歧视，为他们提供更加包容的社会环境。

4. 加强跨部门合作

政府、企业、社会组织等各方应加强合作，形成政策的整合力量，共同推动教育与培训事业的发展，为贫困人口提供更多的机会。

教育与培训作为贫困人口社会融入的桥梁，其重要性不可忽视。通过加强教育投入、制定灵活的培训计划、推动社会观念转变等措施，可以更好地促进贫困人口的社会融入，帮助他们摆脱贫困，实现全面的人类发展。这需要社会各方的共同努力，形成合力，共同推动教育与培训事业的发展，为贫困人口提供更多的机会，创造更加公正、包容的社会环境。

二、教育与培训对贫困人口经济自主性的提升

（一）概述

贫困人口的经济自主性提升是实现可持续脱贫的核心。在这个过程中，教育与培训被认为是关键的手段，可以帮助他们获取技能、知识和信心，从

而更好地融入经济体系，实现自主、可持续的发展。

（二）教育与培训对贫困人口经济自主性的积极影响

1. 提升技能水平

教育与培训为贫困人口提供了提升技能水平的机会。通过学习专业知识和技术技能，他们能够适应市场需求，提高在职场上的竞争力，从而增加经济自主性。

2. 打破信息壁垒

教育为贫困人口打破信息壁垒，提供了更广泛的视野。培训则通过实际操作和实践经验，帮助他们更好地理解和应用所学知识。这有助于他们更好地参与市场经济，找到更多机会。

3. 培养创业精神

教育与培训也有助于培养贫困人口的创业精神。了解商业知识、管理技能和市场机制，使他们更有可能成为自主创业者，从而摆脱贫困。

（三）现实挑战与问题

1. 教育资源不均

在一些贫困地区，教育资源分布不均，导致一部分人面临受教育机会的不足。需要采取措施确保基础教育的普及，包括提高教育资源的配置和优化教育体制。

2. 培训项目缺乏实用性

一些培训项目过于理论化，与实际用工市场的需求脱节。这使得贫困人口接受培训后难以找到与所学技能匹配的工作，影响经济自主性的提升。

3. 社会观念障碍

一些社会观念和刻板印象可能影响雇主对贫困人口的认可，造成他们在就业市场上面临歧视。需要加强宣传教育，改变这些观念，为贫困人口创造更多机会。

（四）未来发展方向与政策建议

1. 提升基础教育水平

通过加大对基础教育的投入，确保每个人都能接受良好的教育，建立起均衡的教育资源分配体系，为贫困人口提供更多的学习机会。

2. 针对市场需求开展培训

政府和企业可以合作，共同开发培训项目，确保培训内容与市场需求相符。这有助于提高培训的实用性，使贫困人口更容易找到与所学技能相关的就业机会。

3. 加强社会融入教育

通过开展社会融入教育，帮助贫困人口更好地融入现代社会。这包括培养社交技能、提高自我管理能力等方面的培训，增强他们在职场和社会中的竞争力。

4. 创造包容性的社会环境

加强法规制定，减少社会观念中的歧视，为贫困人口创造一个包容、公正的社会环境。这将有助于改变雇主对贫困人口的认知，提高他们的经济自主性。

教育与培训对贫困人口经济自主性的提升起到了至关重要的作用。通过提高技能水平、打破信息壁垒、培养创业精神等方面的积极作用，可以为贫困人口创造更多的经济机会。同时，需要解决教育资源不均、培训项目不实用、社会观念歧视等问题，以确保这一过程的顺利进行。政府、企业和社会各界应共同努力，制定更为全面、可行的政策，为贫困人口提供更多的机会，促进其经济自主性的全面提升。

三、社会福利体系对接教育与培训的支持机制

（一）概述

社会福利体系与教育、培训之间的紧密关系对于一个社会的全面发展至关重要。社会福利的支持可以为个体提供安全网，而教育与培训则是培养人力资源、提升整体素质的有效手段。本节将深入探讨社会福利体系与教育、培训的对接机制，探讨它们之间的相互关系以及如何更好地支持彼此的发展。

（二）社会福利体系的支持

1. 医疗保障

健康是学习和工作的基础。社会福利体系通过提供全面的医疗保障，包括基本医疗服务和医疗救助，保障了个体在受教育和培训过程中能够拥有良

好的身体状态。

2. 社会保险

社会保险制度为个体提供了在面对各种风险时的经济保障，包括失业保险、工伤保险等。这降低了个体在接受教育和培训期间因不可控因素而陷入困境的风险，增强了其学习和培训的信心。

3. 住房保障

良好的住房条件是学习和工作的基础。社会福利体系通过提供住房保障，使个体在接受教育和培训期间能够更好地专注于学业和技能的提升，减轻了他们的经济负担。

4. 生活补贴与津贴

社会福利体系还可以提供生活补贴、津贴等经济支持，帮助个体渡过接受教育和培训期间的经济困难，确保他们能够专注于学业，提高学习效果。

（三）教育与培训的支持

1. 提供全面教育资源

社会福利体系可以通过提供全面的教育资源，包括教材、图书馆、实验室等，为接受教育的个体创造良好的学习环境，提升其学习水平。

2. 提供贴近市场需求的培训项目

社会福利机构可以与企业、行业协会等紧密合作，制定贴近市场需求的培训项目，确保个体接受的培训更具实用性，提高他们在就业市场的竞争力。

3. 职业规划与咨询服务

教育与培训机构可以提供职业规划和咨询服务，帮助个体更好地了解自己的职业兴趣和能力，为其未来的学习和培训方向提供明确的指导。

4. 建立实习和实践机会

与社会福利体系的合作可以帮助教育和培训机构建立更多的实习和实践机会，使个体能够在真实工作环境中应用所学知识，提高其实际工作能力。

（四）社会福利体系与教育、培训的对接机制

1. 信息共享与整合

社会福利体系和教育、培训机构应加强信息的共享与整合，确保相关信息能够传递到每个需要帮助的个体，使其能够更全面地了解可获得的支持。

2. 制定综合计划

社会福利机构和教育、培训机构可以共同制定综合计划，结合个体的需求，为其提供全面的支持，包括医疗、社会保险、教育和培训等方面。

3. 建立协作机制

建立跨部门、跨机构的协作机制，通过联合努力推动社会福利、教育和培训的有机结合。这可以通过政府牵头，建立相应的政策和合作框架来实现。

4. 评估和反馈机制

建立对支持机制的评估和反馈机制，确保社会福利、教育和培训的支持能够取得实际效果。这有助于及时调整和优化支持措施，使其更贴近个体的实际需求。

（五）未来展望与挑战

1. 强化数字化技术应用

利用数字化技术，建立更高效、精准的信息管理系统，实现社会福利体系与教育、培训的信息共享和智能化支持。

2. 解决资源不均衡问题

社会福利资源和教育、培训资源的分布不均是一个长期存在的问题。为了更好地对接社会福利体系与教育、培训，需要解决资源不均衡问题，特别是在贫困地区和基层社区加大资源投入，确保每个个体都能够平等享有支持。

3. 增强社会的包容性

加强社会的包容性是推动社会福利与教育、培训对接的重要因素。需要深化对于多元文化、多样性的认识，减少歧视，确保每个人都能够受益于这一综合性支持体系。

4. 面对快速变化的职业市场

随着科技和经济的不断发展，职业市场在不断变化，新的工作岗位和技能需求不断涌现。社会福利体系与教育、培训需要更加灵活，及时调整和更新支持措施，以适应快速变化的职业市场。

社会福利体系与教育、培训的对接是实现全面人类发展的关键环节。通过社会福利的全方位支持，个体在接受教育和培训的过程中能够更好地应对生活中的各种风险，提高学习和培训的效果。同时，教育与培训机构的支持也可以使社会福利的受益者更好地融入职业市场，实现经济独立。

然而，要实现社会福利体系与教育、培训的良性对接，需要各方的共同努力。建立信息共享与整合机制、制定全面的支持计划、加强协作机制等都是关键的步骤。未来，随着社会的不断发展和变化，我们需要不断优化和调整这一对接机制，确保它能够更好地服务于个体的全面发展，为社会的繁荣做出更大的贡献。

第四节　医疗卫生服务对贫困人口的社会福利影响

一、公共卫生服务与贫困地区社会福利改善

公共卫生服务是保障人民身体健康的基础，对于贫困地区而言，其重要性更为突出。公共卫生服务不仅直接关系到居民的健康水平，更是贫困地区社会福利改善的关键因素之一。本节将深入探讨公共卫生服务如何影响贫困地区的社会福利，从卫生服务的普及、健康教育、疾病防控、医疗资源等多个方面展开论述。

（一）公共卫生服务对贫困地区社会福利的普及作用

1. 健康服务的平等享有

公共卫生服务的普及可以确保贫困地区居民能够平等地享有基本的健康服务。通过建立健康服务站点、推行基础医疗保健，贫困人口能够更容易获得医疗服务，从而提高社会福利水平。

2. 健康服务的全面覆盖

公共卫生服务的普及还能够实现对各个年龄段、不同健康状况的人群的全面覆盖。例如，儿童疫苗接种、孕产妇保健等服务项目，使得贫困地区的居民在各个生命周期都能够受益于公共卫生服务，全方位提升社会福利。

（二）健康教育对社会福利的提升

1. 疾病预防意识的提高

健康教育通过向贫困地区的居民普及卫生知识，提高疾病预防的意识，降低疾病的发生率。这对于社会福利的改善意味着降低医疗支出，减轻居民

的经济负担,提高整体生活质量。

2.健康生活方式的培养

健康教育不仅关注疾病的预防,还强调健康生活方式的培养,包括良好的饮食习惯、锻炼习惯等。通过引导居民养成良好的生活习惯,可以降低慢性病的发生率,提高整体生活水平,为社会福利的提升奠定基础。

（三）疾病防控对社会福利的影响

1.疾病流行的控制

公共卫生服务通过加强疾病防控,尤其是传染病的防控,能够在贫困地区有效控制疾病的传播。这不仅有助于维护居民的身体健康,也有助于社会的稳定和发展,提高整体社会福利水平。

2.疾病治疗的及时性

公共卫生服务的普及可以提高贫困地区居民对疾病的识别和寻求医疗服务的意识。及时的疾病治疗有助于减少疾病造成的损害,降低居民的患病率,提高生活质量,为社会福利的改善贡献力量。

（四）医疗资源的优化对社会福利的促进

1.医疗设施的建设

公共卫生服务的普及需要贫困地区建设更多的医疗设施,包括基层医疗机构、卫生站点等。这不仅提高了医疗服务的可及性,也创造了更多的就业机会,有助于提高贫困地区的整体社会福利水平。

2.人才培养与分配

公共卫生服务的提升需要医疗人才的支持。通过在贫困地区培养和引进医疗人才,优化医疗资源的分配,能够更好地满足居民的医疗需求,推动社会福利的全面提升。

（五）面临的挑战与应对策略

1.资源匮乏

挑战:贫困地区通常资源匮乏,公共卫生服务的建设和维护面临一定的资金压力。

应对策略:增加财政投入,通过政府资助、国际援助等方式提供足够的经费支持。此外,可以引入社会资本,鼓励民间投资兴办医疗设施,形成多元化的投资体系。

2. 健康教育传播难度大

挑战：在贫困地区，由于教育水平的不足，传播健康教育信息可能面临难度。

应对策略：采用多种途径，包括利用媒体、社区宣传、移动健康应用等手段，以简单易懂的方式传递健康知识，提高居民对健康的认知水平。

3. 疾病防控面临多因素干扰

挑战：贫困地区疾病防控可能受到环境、卫生设施不足、卫生习惯等多方面因素的干扰。

应对策略：综合考虑多因素，采取系统性的疾病防控策略，包括改善环境卫生、加强社区卫生服务、提升个体卫生素养等，形成多层次的、综合性的疾病防控体系。

4. 医疗资源分配不均

挑战：贫困地区医疗资源有限，分配不均可能导致医疗服务质量不高。

应对策略：加强对医疗资源的规划和管理，优化医疗资源配置，通过建设多层次医疗服务体系、推动医疗人才的合理分布等措施，提高医疗服务的均衡性。

（六）未来展望与建议

1. 强化公共卫生体系建设

未来应当加强贫困地区的公共卫生体系建设，提高基层医疗服务能力，完善健康服务网络。通过建设更多的卫生站点、培训更多的基层医疗人才，实现公共卫生服务的全覆盖。

2. 加强健康教育工作

未来需要加强对贫困地区居民的健康教育工作，提高他们的健康素养。借助信息化手段，开展定期的健康教育宣传活动，提高居民对健康知识的了解和运用。

3. 推动跨部门合作

公共卫生服务不仅仅是卫生部门的责任，还需要其他相关部门的参与。未来应当推动跨部门合作，协同推进医疗资源、环境卫生、教育等方面的综合治理，实现全面提升社会福利的目标。

4. 引入新技术手段

未来可以引入新技术手段，如远程医疗、人工智能医疗辅助等，提高医疗服务的效率和质量。这对于解决贫困地区医疗资源短缺的问题具有积极意义。

公共卫生服务是贫困地区社会福利改善的关键因素之一。通过公共卫生服务的普及，健康教育的加强，疾病防控的推动以及医疗资源的优化，可以有效提高居民的健康水平，降低疾病的发生率，从而促进整体社会福利的提升。在未来，应当继续加强公共卫生体系建设，强化健康教育工作，推动跨部门合作，引入新技术手段，共同努力构建更加健康、公平、可持续的社会福利体系。只有通过全社会的努力，才能实现贫困地区社会福利的全面提升。

二、贫困人口的医疗保障与社会福利体系的整合

贫困人口的医疗保障问题一直是社会关注的焦点之一。建立健全的医疗保障体系对于提高贫困人口的生活水平、保障其基本权益至关重要。本节将深入探讨贫困人口医疗保障与社会福利体系整合的意义、挑战、策略等方面，以期为构建更加公平、可持续的社会福利制度提供参考。

（一）贫困人口医疗保障的现状

1. 医疗服务不平等问题

贫困人口由于经济条件的限制，常常难以获得高质量的医疗服务。存在城乡差距、地区差异等问题，导致医疗资源分布不均，使得一些贫困地区的居民面临着医疗服务不足的困境。

2. 高医疗费用压力

贫困人口在面对疾病时，由于缺乏足够的医疗保险覆盖，往往需要承担高昂的医疗费用。这对于已经生活拮据的贫困人口而言，可能是一个沉重的负担。

3. 缺乏基本医疗保障

一些贫困人口缺乏基本的医疗保障，不仅影响了他们的身体健康，也加剧了社会的不平等。在面对重大疾病时，医疗费用成为他们无法承受的负担，使得医疗资源浪费且分配不公。

（二）医疗保障与社会福利体系整合的意义

1.实现医疗公平

医疗保障与社会福利体系的整合有助于实现医疗资源的公平分配。通过建立全面、覆盖面广的医疗保障制度，贫困人口能够更平等地享受到医疗服务，有助于弥补医疗服务的差距。

2.降低医疗费用负担

整合医疗保障与社会福利体系可以通过建立完善的医疗保险制度，降低贫困人口的医疗费用负担。这不仅能够减轻患者和其家庭的经济压力，还有助于防止因病致贫的现象。

3.提高医疗服务水平

通过整合医疗保障与社会福利体系，可以促进医疗资源的合理配置，提高基层医疗服务水平。这有助于贫困地区建立更为完善的医疗服务体系，提升医疗服务的质量。

（三）整合医疗保障与社会福利体系的挑战

1.资金压力

整合医疗保障与社会福利体系需要大量的财政支持。通常贫困地区的财政状况较为薄弱，资金压力成为整合过程中的一个主要挑战。

2.制度差异

不同地区、不同社会福利体系之间存在着制度差异，整合的难度较大。在整合过程中，需要克服各方面的利益分歧，建立统一的医疗保障与社会福利整合框架。

3.医疗资源不足

在贫困地区，医疗资源普遍不足，包括医疗人才、设备、药品等。整合医疗保障与社会福利体系需要解决这一问题，确保贫困人口能够获得足够的医疗服务。

4.社会观念和文化差异

贫困地区往往存在较为保守的社会观念和文化传统，这可能影响到整合医疗保障与社会福利体系的推进。需要通过宣传教育等手段，改变居民的观念，提高对整合的接受度。

（四）整合医疗保障与社会福利体系的策略

1. 加大财政支持

政府需要增加对贫困地区医疗保障的财政支持。这包括增加医疗保险的覆盖范围、提高报销比例、设立医疗救助基金等措施，以确保医疗服务的经济可及性。

2. 推动多部门协同合作

整合医疗保障与社会福利体系需要多部门的协同合作。卫生部门、财政部门、社会保障部门等需要加强沟通与合作，形成整体推进的力量，克服制度差异，共同促进医疗保障与社会福利的整合。

3. 加强基层医疗服务建设

通过加强基层医疗服务建设，提升基层医疗机构的服务水平，能够更好地满足贫困人口的基本医疗需求。这需要加大对基层医疗设施、人才的投入，提高基层医疗服务的能力。

4. 提高医疗保障覆盖面

扩大医疗保障的覆盖面，包括将更多的贫困人口纳入医疗保险体系，完善医疗救助制度，提高低收入人群的医疗保障水平。这可以通过政府的政策支持和改革来实现。

5. 加强社会宣传教育

通过加强社会宣传教育，提高居民对整合医疗保障与社会福利体系的认知水平，增强他们的参与意识。这可以通过媒体、社区活动、健康教育课程等多种途径来实施。

（五）未来展望与建议

1. 建立健全的医疗信息系统

未来应当加强医疗信息系统的建设，建立统一的、便捷的医疗信息平台，实现医疗数据的共享与流通。这有助于提高医疗服务的效率，减少信息不对称，更好地整合医疗保障与社会福利体系。

2. 引入社会资本参与

政府可以通过引入社会资本，鼓励社会力量参与医疗保障与社会福利整合。通过公私合作、社会捐赠等方式，引入更多资源，增加整合的可持续性。

3.加大国际合作

在整合医疗保障与社会福利体系的过程中，可以加强国际合作，吸引国际组织、非政府组织等的支持。通过借鉴国际先进经验、融入国际资源，提升整体水平。

4.注重长期规划

整合医疗保障与社会福利体系需要长期而系统的规划。政府应制定长远的政策目标，明确各个阶段的任务和措施，逐步推动整合的深入发展。

整合医疗保障与社会福利体系是解决贫困人口医疗保障问题、提高社会公平的重要途径。面对各种挑战，需要政府、社会各界共同努力，通过加大财政支持、推动协同合作、加强基层医疗服务、提高医疗保障覆盖面等多方面的努力，逐步构建起更为健全、高效的医疗保障与社会福利整合体系。只有通过全社会的共同努力，才能够实现贫困人口的医疗保障与社会福利的全面提升。

三、医疗援助与社会福利公平的协同发展

医疗援助是国际社会对于卫生领域的支持与帮助，旨在提高贫困国家的医疗水平、减缓疾病传播、改善健康状况。本节将深入探讨医疗援助与社会福利公平的协同发展，分析医疗援助的意义、面临的挑战以及协同发展的策略，以期为构建更加公平、可持续的社会福利体系提供参考。

（一）医疗援助的意义

1.解决医疗资源不平衡问题

贫困国家通常面临医疗资源不足的问题，医疗援助的意义在于通过引入外部资源，缓解医疗服务的供需矛盾，提高医疗服务的覆盖范围。

2.减轻疾病传播压力

医疗援助有助于加强贫困国家的疾病监测与防控体系，提升其对于传染病等公共卫生事件的应对能力，从而减轻疾病传播的压力，促进全球卫生安全。

3.促进社会福利公平

通过医疗援助，可以改善贫困地区居民的医疗水平，促使社会福利更加

公平地分配。这有助于减缓因健康问题导致的贫困现象，提高居民的生活质量。

（二）医疗援助面临的挑战

1. 资源不足与分配不均

全球医疗援助资源有限，而且分布不均，一些贫困地区往往难以获得足够的援助。这导致了援助资源的不平衡分配，使得有些地区仍然难以满足基本的医疗需求。

2. 援助可持续性问题

有些医疗援助项目过于依赖短期援助，缺乏可持续性发展的计划。一旦援助项目结束，受援国家可能面临医疗体系崩溃的风险。

3. 文化差异与适应性问题

医疗援助需要考虑受援国家的文化、传统、制度等因素，以确保援助项目的适应性。不同文化背景可能导致援助项目的实施效果不尽如人意。

（三）医疗援助与社会福利公平的协同发展策略

1. 制定科学规划与政策

为了解决医疗援助面临的挑战，需要制定科学的援助规划与政策。这包括明确援助的重点领域、设立长期援助计划、建立科学的评估体系等，以确保援助的有效性和可持续性。

2. 推动国际协作

国际协作是解决医疗援助资源不足和分配不均问题的关键。国际社会应推动更多的国家、国际组织、非政府组织等加入医疗援助的行列，共同为解决全球医疗资源分配问题努力。

3. 强化基础设施建设

医疗援助应当注重基础设施建设，包括医疗机构、卫生服务站点、卫生设备等。通过提升基础设施水平，能够更好地满足受援国家的医疗需求，推动医疗援助的长期发展。

4. 加强人才培养与交流

医疗援助不仅需要物质支持，还需要人才的支持。国际社会应加强医疗人才的培养与交流，帮助受援国家提升医疗人才水平，提高其医疗服务质量。

通过建立国际医疗人才培训计划、促进医疗专业人才的交流，有助于加强医疗援助的可持续性。

5.强化文化适应性

在医疗援助项目中，需要更加关注受援国家的文化特点，尊重其传统医疗方式，确保援助项目更具文化适应性。这包括与当地医疗从业者充分沟通、融入当地文化元素、避免文化冲突等。

6.提倡综合性援助

医疗援助不仅仅应关注疾病治疗，还应关注健康促进、卫生教育、基层医疗服务等方面。通过综合性援助，可以更全面地提升受援国家的整体卫生水平，实现社会福利的全面发展。

医疗援助与社会福利公平的协同发展是全球社会关注的重要议题。通过科学规划、国际协作、强化基础设施、人才培训与交流等策略，可以更好地实现医疗援助与社会福利的协同发展，为全球卫生事业的可持续发展提供有力支持。只有通过国际社会的共同努力，才能够实现全球医疗资源的公平分配，促进社会福利的公正发展。

第五节　社会保障与贫困问题的关系

一、社会保障体系对贫困人口的支持

社会保障体系是国家为解决社会成员在面对风险和不确定性时可能遭受的经济损失而建立的一种制度。其中，对于贫困人口的支持是社会保障体系的一个重要方面。本节将深入探讨社会保障体系对贫困人口的支持，分析支持的方式、意义以及未来发展方向，以期为构建更加全面、有效的社会保障体系提供参考。

（一）社会保障体系的概念与组成

1.社会保障体系的定义

社会保障体系是指通过一系列的制度和措施，为社会成员提供在面对特定风险或困境时的经济支持和保障的一种社会制度。其目标是减轻个体因意外事件、疾病、失业等原因而导致的生活负担，提高整体社会的稳定性。

2.社会保障体系的组成

社会保障体系通常由多个部分组成，包括社会养老保险、社会医疗保险、社会失业保险、社会工伤保险、生育保险等。这些组成部分相互关联，构成了一个全面的社会保障网络，旨在全方位地覆盖社会成员的各类风险。

（二）社会保障体系对贫困人口的支持方式

1.养老保险

养老保险是社会保障体系中最基本、最常见的一种形式。通过养老保险，贫困人口在老年时可以获得一定的退休金，从而保障其基本的生活需求。这有助于减缓因年老而导致的贫困问题。

2.医疗保险

医疗保险是为了解决因疾病导致的医疗费用问题而设立的一种社会保障形式。对于贫困人口来说，医疗保险能够降低其医疗支出压力，使其更容易获得必要的医疗服务，从而维护健康。

3.失业保险

失业保险为贫困人口提供了在失业期间的经济支持，帮助其度过失业期间的生活难关。失业保险的设置有助于减轻因失业而引发的贫困风险，提高贫困人口的经济安全感。

4.工伤保险

工伤保险主要面向在工作中因意外事故受伤的人群。对于贫困人口而言，工伤保险可以提供一定的医疗费用和伤残补偿，有助于减轻因工伤而导致的经济负担。

5.生育保险

生育保险是为了支持贫困家庭中的生育问题而设立的一种社会保障形式。通过生育保险，贫困人口可以获得一定的生育津贴，降低生育的经济负担，保障新生儿的基本权益。

（三）社会保障体系对贫困人口的支持意义

1.降低贫困率

社会保障体系通过提供养老金、医疗保险、失业保险等支持，有助于降低贫困人口的经济压力,减缓因各种原因导致的贫困率。

2. 保障基本生活需求

社会保障体系的支持能够保障贫困人口的基本生活需求,如食品、医疗、住房等。这有助于提高其生活水平,改善生活质量。

3. 提高社会公平性

社会保障体系的建立有助于提高社会的公平性。通过为所有社会成员提供基本的社会保障,可以减少因个体差异而导致的社会不公平现象,促进社会的平等发展。

4. 减少社会动荡风险

社会保障体系的健全能够减少社会动荡的风险。贫困人口如果得不到适当的支持,容易形成社会不满和不稳定因素。通过社会保障的支持,可以减轻他们的生活负担,降低社会动荡的风险,有助于社会的稳定发展。

5. 促进劳动力市场的灵活性

社会保障体系的存在,特别是失业保险的支持,有助于提高劳动力市场的灵活性。贫困人口在得到一定的失业保障后更愿意参与培训和找寻更适合的工作,从而促进了劳动力市场的有效运作。

6. 促进社会经济可持续发展

社会保障体系对贫困人口的支持有助于提升他们的生产能力和创造力。通过充分的社会保障,他们更有可能融入社会、参与经济活动,从而促进社会的经济可持续发展。

二、贫困人口参与社会保障的障碍与解决策略

社会保障是一个国家构建公平社会、保障人民基本生活的重要手段,然而,在贫困人口参与社会保障方面存在着诸多障碍。本节将从多个维度出发,分析贫困人口参与社会保障的现状、存在的问题,探讨解决策略,以期为促进贫困人口融入社会保障体系提供参考。

(一)贫困人口参与社会保障的现状

1. 缺乏信息渠道

贫困人口普遍缺乏获取社会保障信息的途径,对各种社会保障政策了解

不深，导致他们难以知晓自己享有的权益，也影响了他们积极参与的意愿。

2. 经济壁垒

贫困人口通常面临经济上的困境，缺少足够的经济能力来缴纳社会保障费用，这使得他们无法参与社会保障体系，形成了一种贫困人口与社会保障之间的经济壁垒。

3. 法律障碍

一些法律法规可能对贫困人口参与社会保障存在限制，例如，要求提供一定数额的财产证明，这对于贫困人口而言可能难以达到，从而影响了他们的社会保障权益。

（二）贫困人口参与社会保障的障碍原因分析

1. 教育水平低

贫困人口普遍受教育水平低，缺乏相关知识和技能，难以理解和运用社会保障政策，这成为其参与的一大障碍。

2. 社会歧视

贫困人口常常遭受社会歧视，这种歧视会影响他们对社会保障体系的信任感，降低了他们积极参与的动力。

3. 基础设施不足

一些贫困地区的基础设施滞后，信息传递和交流不畅，使得社会保障政策难以在这些地区有效推行，导致贫困人口无法获得及时的政策支持。

（三）解决策略

1. 加强信息宣传

加强社会保障政策的宣传力度，通过多种途径向贫困人口传递相关信息，包括但不限于广播、电视、互联网等，提高他们对社会保障的认识。

2. 建立贫困人口专属保障机构

设立专门的机构，负责协助贫困人口了解并参与社会保障体系。该机构可以提供咨询服务、解答疑惑，并帮助贫困人口克服经济壁垒，确保其能够顺利参与社会保障。

3. 优化法律法规

修订相关法律法规，降低贫困人口参与社会保障的法律门槛，减轻其身上的法律障碍，确保他们能够合法享有相应的社会保障权益。

4. 加强培训与教育

实施培训计划，提高贫困人口的技能和知识水平，增强他们对社会保障政策的理解和运用能力，为其更好地参与社会保障体系创造条件。

5. 消除社会歧视

进行社会教育，倡导尊重和理解，消除对贫困人口的歧视，提高社会对贫困人口参与社会保障的支持度，形成全社会共同关注的氛围。

6. 加大基础设施建设力度

加强基础设施建设，特别是在贫困地区，提高信息传递和交流的效率，确保社会保障政策在全国范围内平稳推行，让贫困人口能够及时了解和参与。

贫困人口参与社会保障的问题不仅仅是一个经济层面的问题，还涉及教育、法律、社会文化等多个方面。解决这一问题需要全社会的共同努力，政府、社会组织、企业以及个人都应当发挥各自的作用。通过加强信息宣传、建立专属机构、优化法律法规、加强培训与教育、消除社会歧视、加大基础设施建设等多方面的努力，可以逐步解决贫困人口参与社会保障的障碍，实现社会保障的全覆盖，推动社会的公平和可持续发展。

三、社会保障体系对贫困问题的根本性影响

贫困问题一直是全球面临的严重挑战之一，而建立健全的社会保障体系被认为是缓解和解决贫困问题的关键之一。社会保障体系作为一种制度性的安排，不仅直接影响着贫困人口的基本生活水平，还在更广泛的层面上影响着整个社会的稳定和可持续发展。本节将从多个角度探讨社会保障体系对贫困问题的根本性影响，并分析其中的机制和路径。

（一）社会保障体系与贫困问题的基本联系

1. 提供基本生活保障

社会保障体系最基本的作用之一是为贫困人口提供基本的生活保障，包括但不限于医疗、教育、住房、食品等方面的保障。通过提供这些基本服务，社会保障体系可以有效地改善贫困人口的生存状况，提高他们的基本生活水平。

2. 缓解社会不平等

社会保障体系通过向底层提供相对更多的资源，有助于缓解社会的贫富差距，减少贫困现象。通过向弱势群体提供社会保障，社会可以实现资源的再分配，促使整个社会更加平等和公正。

3. 增加社会稳定性

一个健全的社会保障体系有助于增加社会的稳定性。当人们感知到自己在生老病死等方面有一定的保障时，就更容易在社会中找到归属感，减少社会动荡的可能性。这对于社会的长期和谐发展至关重要。

（二）社会保障体系的根本性机制

1. 社会风险的共担机制

社会保障体系建立在社会风险的共担机制之上。社会风险包括疾病、失业、灾害等，而社会保障体系通过将这些风险分担给整个社会，降低了个体面对风险时的经济压力。这种共担机制有助于防范个体因突发事件而陷入贫困的风险。

2. 社会流动性的提高

健全的社会保障体系提高了社会的流动性，使得个体更容易从一个社会层面向另一个层面流动。通过提供教育、培训和医疗服务，社会保障体系为个体提供了提升自身技能和素质的机会，有助于打破贫困的循环。

3. 社会资本的积累

社会保障体系有助于积累社会资本，包括人力资本和社会资产。通过投资于教育、健康等方面，社会培养出更多受过良好教育、身体健康的人才，为社会的发展提供了有力支持。

（三）社会保障体系的实现路径

1. 全面覆盖的社会保障体系

社会保障体系的实现需要建立全面覆盖的体系，确保每个人都能够享受到相应的社会保障待遇，而不会因为个体差异而被边缘化。这需要政府制定全面、包容性的社会保障政策，确保各个群体都能够得到保障。

2. 多层次、多渠道的社会保障机制

建立多层次、多渠道的社会保障机制，不仅可以满足不同层次、不同需求的人群，还可以提高社会对风险的适应能力。这需要社会保障体系包括政府、企业、社会组织等多方面的参与，形成合力。

3. 可持续发展的财政支持

社会保障体系的实现需要可持续发展的财政支持。政府应当通过合理税收、财政调控等手段，确保社会保障体系有足够的财政支持，以保证长期稳定地为贫困人口提供保障。

（四）社会保障体系的挑战与对策

1. 财政压力

社会保障体系面临着财政压力，尤其是在人口老龄化、医疗费用上升等因素的影响下。为了应对这一挑战，政府可以通过改革税收制度、增加非财政资金来源等手段，提高社会保障体系的财政可持续性。

2. 信息不对称

信息不对称使得一些贫困人口难以获取社会保障的相关信息，因此需要通过加强信息披露和宣传，建立更加透明、易于理解的信息传递机制，以确保贫困人口能够充分了解和享受社会保障政策。

3. 制度不完善

社会保障体系的不完善可能导致部分人群无法得到应有的保障。为了解决这一问题，政府可以进行制度改革，完善相关法规和政策，确保社会保障体系更加全面、灵活，覆盖面更广，以更好地满足不同人群的需求。

4. 社会支持不足

社会对贫困人口的支持不足也是一个挑战。社会保障体系的建设需要得到全社会的支持，包括企业、社会组织、公民等的积极参与。政府可以通过激励政策、奖励机制等手段，促使更多的社会力量参与到社会保障体系的建设中。

（五）未来发展方向与建议

1. 强化可持续发展

针对社会保障体系的财政压力，政府可以通过建立健全的税收制度，提高税收效益，确保社会保障体系的可持续发展。此外，可以探索引入社会保险基金、社会企业等多元化的资金来源。

2. 推进信息技术应用

利用信息技术手段，建立更加智能化、高效的社会保障管理系统。通过大数据分析、人工智能等技术，提高社会保障的精准性，确保社会保障资源更加精准地覆盖到贫困人口。

3. 加强法制建设

进一步加强社会保障法制建设，通过修订和完善法规，明确各方责任和权利，确保社会保障政策的公平性和透明度。加强法制建设还包括对社会保障违法行为的严格处罚，以维护制度的权威性。

4. 促进多方合作

加强政府、企业、社会组织等各方的协同合作。通过建立多方合作的机制，形成社会保障的共治格局，共同参与社会保障的建设和管理，提高社会保障的覆盖面和效益。

5. 强化教育与培训

通过加强对社会保障制度的宣传教育，提高贫困人口的社会保障意识。同时，加强对贫困人口的培训，提升其就业技能，帮助他们更好地融入社会保障体系。

社会保障体系对贫困问题的根本性影响不仅在于提供基本生活保障，更在于其共担机制、流动性提高、社会资本积累等方面的深刻影响。然而，社会保障体系在发展过程中也面临一系列挑战，包括财政压力、信息不对称、制度不完善等问题。为了更好地发挥社会保障体系在解决贫困问题中的作用，需要政府、社会各界共同努力，不断完善制度、加强合作，推动社会保障体系朝着更加公平、可持续的方向发展。只有在全社会的共同努力下，社会保障体系才能更好地履行其根本性的社会责任，为贫困问题的解决提供有力支持。

第六章　社会福利与老龄化挑战

第一节　老龄化社会对社会福利的压力

一、老龄化社会的定义与特征

老龄化社会是指随着时间推移，国家或地区的老年人口比例逐渐增加，成为整体人口结构中的显著特征。这一现象通常与社会、经济、文化等多方面的变化密切相关，对社会产生深远的影响。本节将对老龄化社会进行定义，并详细探讨其主要特征，以全面了解这一重要社会现象。

（一）老龄化社会的定义

老龄化社会是指 65 岁及以上的老年人口占总人口比例逐渐增加，成为国家或地区整体人口结构的显著特征。国际上通常将老龄化社会分为三个阶段：初级老龄化、中级老龄化和高级老龄化。初级老龄化是指 65 岁及以上老年人口比例超过 7%，中级老龄化是指老年人口比例超过 14%，高级老龄化是指老年人口比例超过 21%。

老龄化社会的形成主要与以下几个因素相关：

生育率下降：生育率的下降导致了新生儿数量减少，从而使得整体人口年龄结构向上推移。

医疗水平提高：随着医疗技术的进步，人们的健康水平提高，平均寿命延长，导致老年人口比例上升。

社会经济发展：经济的发展通常伴随着教育水平的提高、卫生条件的改善等，这些因素也促使老年人口比例的增加。

（二）老龄化社会的主要特征

人口结构老龄化：最直观的特征就是 65 岁及以上的老年人口占比逐渐增加。这导致了整体人口结构的不平衡，基础金字塔逐渐变为漏斗形状，即底层年轻人口相对较少，而老年人口相对较多。

平均寿命增加：在老龄化社会中，由于医疗水平的提高和生活条件的改善，人们的平均寿命明显增加。这使得社会中存在更多的长寿老人，也增加了老年人口的数量。

老年人口的多样性：在老龄化社会中，老年人口的健康状况、经济水平、文化素养等存在较大的差异。有的老年人仍然保持较好的健康和活力，有的则可能面临生活困境、健康问题等挑战。

社会经济压力增大：随着老年人口比例的上升，社会需要提供更多的养老服务、医疗服务等，这对社会经济体系造成一定的压力。养老金、医疗保障等制度需要不断调整以适应老龄化的趋势。

家庭结构变化：在老龄化社会中，家庭结构也发生了变化。由于家庭成员老龄化，子女可能需要更多的时间和精力来照顾父母，这影响了家庭的日常运作和社会的整体结构。

劳动力市场压力：随着老年人口的增加，劳动力市场可能面临一定的压力，因为老年人通常在退休后不再参与劳动。这对于社会的经济增长和劳动力资源的有效利用带来挑战。

需求结构的调整：随着老年人口的增加，社会消费结构也发生变化。老年人对医疗、养老、文化娱乐等方面的需求增加，这对相关产业提出了更高的要求。

（三）老龄化社会的影响

社会保障体系的压力增大：随着老年人口的增加，社会保障体系面临更大的压力。养老金、医疗保障等制度需要进行调整和改革，以应对老龄化带来的挑战。

医疗资源需求增加：随着老年人口的增加，对医疗资源的需求也会显著增加。老年人群的健康需求更为复杂，需要更多的医疗服务和长期护理。

劳动力市场的变革：在老龄化社会中，劳动力市场可能出现供需失衡，特别是在某些专业领域。同时，老年人群的就业问题也是一个需要关注的社会议题。

家庭结构的调整：家庭将面临承担更多的照顾老年家庭成员的责任。这可能导致家庭结构的调整，如家庭成员更加注重养老服务，或者选择更加适应老年人需求的住房和生活方式。

社会文化观念的变迁：随着老年人口比例的增加，社会对于老年人的观念和态度也会发生变化。需要加强对老年人的尊重、关爱，建立积极的老龄文化，推动社会形成更加包容和尊重老年人的价值观念。

社会创新与科技发展：面对老龄化社会的挑战，社会需要通过创新和科技发展来提供更为智能化、便捷化的养老服务，推动医疗技术的进步，以满足老年人群多样化的需求。

（四）应对老龄化社会的策略与建议

健全社会保障制度：通过完善养老金、医疗保障、长期护理等社会保障体系，确保老年人能够享有基本的生活保障和医疗服务。

推动科技创新应用：积极推动科技在医疗、养老等领域的应用，开发智能化、便捷化的老年服务产品和解决方案，提高老年人的生活质量。

加强教育宣传：开展老龄化社会的教育宣传，增强公众对于老年人权益和需求的认识，建立积极的、尊重老年人的价值观念。

促进灵活的就业政策：制定灵活的就业政策，鼓励老年人在退休后参与社会活动，推动跨代合作和经验传承。

加强医疗和养老服务体系建设：建设更为完善的医疗服务和养老服务体系，提高老年人的医疗保健水平，推动社区养老服务的发展。

鼓励社会参与和志愿服务：通过鼓励社会各界参与老年人的关爱和服务，培养社会关爱老年人的文化氛围，促使更多人关心和支持老年人的生活。

发展老年人适宜的住房和社区环境：建设适合老年人居住的住房和社区环境，提供方便、舒适、安全的生活条件，以适应老年人多样化的居住需求。

老龄化社会是一个全球性的社会现象，给社会、经济、文化等方面都带来深刻的影响。理解老龄化社会的定义和特征，以及采取有效的应对策略，是确保社会能够积极应对老龄化带来的挑战、实现老龄化社会可持续发展的关键。通过全社会的共同努力，可以为老年人提供更好的生活条件，同时推动社会更加全面、可持续的发展。

二、老龄化对社会福利服务需求的增加

老龄化是当今社会面临的一项重大挑战，随着人均寿命的延长和生育率的下降，全球范围内老年人口比例逐渐上升。老龄化不仅对社会结构、经济体系产生深刻影响，同时也对社会福利服务的需求提出了新的挑战。本节将深入探讨老龄化对社会福利服务需求的增加，并分析应对挑战的策略和措施。

（一）老龄化对社会福利服务需求的影响

医疗保健服务需求增加：随着年龄的增长，老年人更容易出现慢性疾病、多发病的健康问题。因此，老龄化社会对医疗保健服务的需求呈现出明显上升趋势。除了日常医疗需求外，老年人对长期护理、康复服务等的需求也在增加。

养老服务需求扩大：随着老年人口的增加，对于各种养老服务的需求不断扩大。包括养老院、社区日间照料服务、居家养老护理等服务形式，都需要适应老年人群体的多样化需求。

社交服务需求上升：老年人在社交方面的需求也变得更为重要。由于家庭结构的变化，老年人更需要社交活动、互助支持等社会福利服务，以保持精神健康和提高社会融入感。

心理健康服务需求增强：老年人普遍面临生活角色变化、失去亲友、生命意义重新审视等问题，因此对心理健康服务的需求逐渐增强。心理咨询、康复服务等方面的需求愈发凸显。

金融保障和社会保险需求提高：老年人在经济上面临退休金、医疗费用等方面的压力，对金融保障和社会保险的需求逐渐提高。这包括养老金、医保、社会救助等方面的服务。

便利性和无障碍服务需求增大：老年人在移动、交通、购物等方面面临一系列的难题。因此，对于提供便利性、无障碍服务的需求也在老龄化社会中迅速增大。

（二）应对老龄化社会的社会福利服务策略

完善医疗保健服务体系：政府和社会组织应当加大对医疗保健服务的投

入，建设更为完善的老年医疗服务网络。这包括提高基层医疗机构的能力，发展长期护理服务，推动医养结合，提高老年人的健康水平。

发展多样化的养老服务：针对老年人多样化的需求，需要发展各类养老服务，包括不同类型的养老院、社区日间照料服务以及灵活的居家养老护理服务。通过提供多元化选择，满足老年人不同程度和形式的养老需求。

加强社交服务和社会支持：社会应当加强对老年人的社交服务和社会支持，鼓励老年人参与社区活动、志愿服务、互助组织等。通过建设老年人友好型社区，提高老年人的社会融入感，减少孤独感。

加强心理健康服务：增加心理健康服务的供给，提供心理咨询、康复服务等。通过建立老年人心理健康服务体系，关注老年人的心理需求，预防和减少老年人的心理健康问题。

优化金融和社会保险制度：完善老年人的金融保障体系，包括养老金制度的优化、医保政策的调整，以及社会救助体系的健全。确保老年人在经济方面能够获得相应的保障。

建设无障碍社会环境：通过城市规划、交通建设等手段，创建无障碍环境，方便老年人的日常生活。同时，鼓励和支持社会创新，推动智能科技在无障碍服务中的应用。

培育专业人才：为适应老龄化社会的需求，需要大力培育相关专业人才，包括医护人员、社工、心理咨询师等，提高社会福利服务的专业水平。

（三）社会福利服务的可持续发展

为实现社会福利服务的可持续发展，需要采取综合性的策略和措施。以下是一些建议：

政策支持：制定和完善老年人福利政策，明确政府的责任，提供资金支持和政策激励，鼓励社会组织和私营机构参与老年人服务领域。

社会参与：强调社会的整体责任，通过激发社会各方的积极性，推动社会福利服务的创新和发展。鼓励企业、非营利组织、志愿者等各方面的参与，形成多元化、共同推动的社会福利服务网络。

信息化建设：利用信息技术，建设老年人信息系统，实现信息共享、服务协同。通过智能化、信息化手段提高社会福利服务的效率和质量，使老年人更容易获取所需服务。

培养专业人才：鼓励培训和引进专业人才，提高社会福利服务从业人员的专业水平。建立相关专业课程和培训体系，确保服务人员具备足够的专业知识和关爱老年人的情感素养。

国际合作：加强与国际社会的合作，学习和借鉴其他国家在老年人服务方面的经验和做法。通过国际合作，共同应对老龄化社会带来的全球性挑战，推动社会福利服务的全球发展。

创新模式：鼓励创新社会福利服务的模式，包括社区养老、互助服务、共享经济等。引入新的技术手段，如人工智能、大数据等，提高服务的智能化和个性化水平。

宣传教育：加强对老龄化社会的宣传教育，提高社会对老年人需求的认知水平。倡导尊老敬老的社会氛围，鼓励亲子关系、家庭责任、邻里友好，形成全社会共同关心老年人的文化氛围。

法律法规：完善相关法律法规，明确老年人的权利和福利保障机制。建立监督体系，确保社会福利服务的合法、公正、透明运行。

老龄化对社会福利服务需求的增加是一个全球性的社会挑战，但同时也是一个推动社会发展创新的机遇。通过制定科学的政策，发挥政府、社会组织、企业和个人的积极性，可以建设更为健全、全面、可持续的社会福利服务体系。在全社会的努力下，我们有望创建一个更为关爱、尊重、包容的老龄化社会，为老年人提供更好的生活质量，实现全社会的共同繁荣。

第二节　养老金体系与社会福利保障

一、养老金体系的结构与运作机制

随着社会老龄化的不断加剧，养老金体系成为社会保障体系中至关重要的组成部分。养老金体系的设计和运作机制直接关系到老年人的生活质量和社会的可持续发展。本节将深入探讨养老金体系的结构与运作机制，包括其基本构成、运作原理、投资管理以及面临的挑战与改革方向。

（一）养老金体系的基本构成

养老金体系是一个复杂而庞大的社会保障网络，其基本构成涉及多个层面。

社会基本养老保险：社会基本养老保险是政府主导的、覆盖面广泛的养老金体系的核心。通过职工、雇主和政府的共同缴费，为参保人提供基本的养老金保障。

企业年金：企业年金是一种由企事业单位自主设立的、用于提供员工养老保障的计划。企业年金可以作为社会基本养老保险的补充，提供更为个性化的养老金服务。

个人商业性养老保险：个人商业性养老保险是由保险公司提供的商业化养老金产品。个人可以自愿购买，以获取更加灵活的养老金计划，但其收益和风险由个体投保者自负。

职业年金：职业年金是特定行业或职业群体设立的养老金计划，旨在满足该群体的养老需求。通常由该行业或职业的组织或协会管理。

个人储蓄养老：个人储蓄养老是一种由个人自主储蓄形成的养老金来源，包括存款、投资、房产等。这部分养老金的多少取决于个体的储蓄水平和理财能力。

（二）养老金体系的运作机制

养老金体系的运作机制包括养老金的筹资、投资管理、风险控制和离退休人员的养老金发放等多个环节。

养老金的筹资：养老金的筹资主要通过社会保险费用、个人储蓄、企业年金基金等多个渠道。社会保险费用由职工、雇主和政府共同缴纳，构成了社会基本养老保险的主要资金来源。

投资管理：养老金基金的投资管理是养老金体系中至关重要的一环。基金的合理配置和高效管理直接关系到养老金的稳健增值。通常，养老金基金会通过股票、债券、房地产等多元化投资来分散风险，追求更好的收益。

风险控制：由于养老金基金的特殊性质，其面临的风险主要包括市场风险、利率风险、通货膨胀风险等。为了控制这些风险，养老金体系通常会采取风险管理、资产配置、投资组合多样性等手段。

离退休人员的养老金发放：养老金体系的最终目标是为离退休人员提供稳定的养老金福利。养老金的发放通常是按照参保人的缴费历史、工资水平以及离退休时的制度规定进行计算，并按照一定的发放周期进行发放。

（三）养老金体系面临的挑战

人口老龄化压力：随着人口老龄化的深入发展，养老金体系面临着越来越多的养老人口，这对养老金的筹资和发放构成了压力。

长寿风险：随着医疗水平的提高，人口寿命不断延长，长寿风险也成为一个严峻的挑战。养老金需要更长时间地提供养老服务，这对养老金的可持续性构成了挑战。

经济周期的不确定性：养老金投资于金融市场，而金融市场受经济周期的影响较大。在经济不确定性增加的情况下，养老金基金可能受到市场波动的冲击。

投资管理的挑战：养老金基金的投资管理需要高度专业的知识和经验。面对复杂的金融市场，如何进行科学合理的投资决策成为一个亟待解决的问题。

制度设计和改革：一些地区的养老金制度存在不足，需要进行制度设计和改革。改革的方向包括制定更为灵活、可持续的养老金制度，加强基金的透明度和管理效率，以及增强养老金体系的可负担性。

（四）养老金体系的改革方向与策略

提高养老金的可持续性：针对人口老龄化压力，需要通过逐步延迟退休年龄、调整缴费比例、增加税收支持等手段，提高养老金的可持续性，确保基金能够长期平衡发展。

拓宽养老金筹资渠道：在筹资方面，可以考虑引入更多的资金来源，如逐步开放养老保险市场，吸引私人资本进入养老金市场，提高养老金的筹资能力。

优化投资组合：在投资管理方面，需要更加科学、多元、风险可控地进行投资。通过更加灵活的资产配置、引入先进的投资策略，提高养老金基金的稳健性和收益水平。

建立多层次的养老保障体系：发展多层次的养老保障体系，包括社会基本养老保险、企业年金、个人商业性养老保险等多个层面，以满足不同群体的养老需求。

加强监管和提高透明度：增强养老金体系的监管力度，建立健全的监管机制，保障养老金基金的安全运作。同时，提高基金的透明度，向公众公开相关信息，增加社会信任度。

推动社会参与：鼓励社会多元参与，引入社会力量提供更多养老服务，包括养老院、社区养老服务等。促进社会资本和社会组织在养老服务领域的创新和发展。

建立普惠金融工具：推动普惠金融工具的发展，为老年人提供更为灵活、安全的金融服务，以满足其多样化的养老需求。

养老金体系是一个复杂的社会保障网络系统，涉及国家、企业、个人等多个层面。在面对人口老龄化、长寿风险等多重挑战时，养老金体系需要不断创新、调整和改革。通过合理构建养老金体系的结构，优化其运作机制，加强监管与提高透明度，可以更好地保障老年人的福利，为社会的可持续发展提供坚实的保障。同时，借鉴国际经验，吸取各国成功的经验和教训，也将有助于我国养老金体系的不断完善和发展。

二、养老金体系对老年人生活品质的影响

养老金体系是一个国家社会保障体系的核心组成部分，直接关系到老年人在退休后的经济生活。老年人的养老金水平直接影响其生活质量，包括居住条件、医疗保障、社交活动等多个方面。本节将深入探讨养老金体系对老年人生活品质的影响，分析其在经济、社会和健康等方面的作用。

（一）经济维度的影响

基本经济保障：养老金体系为老年人提供了一定的基本经济保障，尤其是社会基本养老保险。老年人在退休后能够获得一定比例的工作时的工资，这对于维持基本的生活水平具有重要作用。

减轻家庭经济负担：良好的养老金体系可以减轻老年人子女的经济负担。如果老年人有稳定的养老金来源，不仅可以自主支付一部分生活开支，还可以在一定程度上减轻子女在经济上对父母的赡养压力。

促进消费：养老金的提供也为老年人提供了额外的购买力，促进了老年人对商品和服务的消费。这有助于刺激市场需求，推动社会经济的发展。

提高医疗水平：良好的养老金体系有助于老年人更好地享受医疗服务。养老金可以用于支付医疗费用，使老年人能够及时获得高质量的医疗保障，提高生活品质。

（二）社会维度的影响

促进社交参与：良好的养老金体系有助于老年人更积极地参与社交活动。老年人在经济上有基本保障后，更容易参与社区活动、文艺娱乐、志愿服务等，提高了社交活动的频率和深度。

维护社会地位：养老金的提供有助于老年人维护其在社会中的地位。老年人在退休后仍然能够享受一定的经济待遇，不至于因为经济上的贫困而失去社会地位和尊严。

降低社会治安风险：良好的养老金体系有助于减少社会治安风险。老年人在退休后有相对稳定的经济来源，减少了因为贫困而可能引发的社会问题，如犯罪、流浪等。

（三）健康维度的影响

提升医疗保障水平：良好的养老金体系有助于提升老年人的医疗保障水平。老年人在经济上能够负担得起高质量的医疗服务，有助于及时治疗和预防疾病，维护身体健康。

改善生活方式：良好的养老金体系使老年人能够选择更为健康、积极的生活方式。他们可以更多地参与体育锻炼、社交活动，有助于保持身心健康。

减缓老龄化进程：养老金的提供使老年人更容易获得高质量的医疗保障和生活服务，从而延缓了老龄化进程。老年人能够更好地保持健康状态，延长健康寿命。

（四）老年人生活品质提升的条件

养老金水平足够：养老金水平足够是提高老年人生活品质的基础。只有拥有足够的养老金，老年人才能满足日常生活的基本需求，享受相对舒适的生活。

养老金体系的公平性：养老金体系的公平性直接关系到老年人的生活品

质。如果养老金体系存在明显的不公平现象，导致一部分老年人无法获得合理的养老金，将影响他们的生活品质。

社会环境的友好性：社会环境的友好性包括对老年人的尊重、社会文化的关怀等方面。一个友好的社会环境可以让老年人更好地融入社会，感受到社会的温暖，从而提高其生活品质。

医疗服务的可及性：养老金体系的良好运作需要与健康系统相互配合。老年人需要能够轻松获得医疗服务，医疗资源的可及性将直接影响老年人的健康状况，进而影响其生活品质。

社交支持系统：除了经济和健康方面的支持，社交支持也是提升老年人生活品质的关键因素。良好的社交支持系统来自家庭、朋友、社区和社会组织等方面，可以帮助老年人保持积极的情绪状态。

文化和娱乐活动：多样化的文化和娱乐活动是提高老年人生活品质的有效途径。艺术、体育、社交和娱乐活动都可以充实老年人的生活，提高他们的生活乐趣。

安全和舒适的居住环境：老年人的居住环境直接关系到其生活品质。一个安全、舒适、便利的居住环境对于老年人的身体健康和心理健康都至关重要。

（五）养老金体系的优化和改革

提高养老金水平：政府和相关机构应当关注提高养老金水平，确保老年人的基本生活需求得到满足。通过调整缴费标准、提高缴费比例、优化投资运营等方式，提高养老金水平。

建立多层次养老保障体系：引入企业年金、个人商业性养老保险等多层次的养老保障体系，满足老年人多样化的养老需求，提供更灵活、个性化的养老金服务。

优化投资管理：提高养老金基金的投资效益，通过科学的投资组合、风险管理等手段，确保养老金基金的稳健运作。充分发挥市场化运作的优势，提高资产配置的灵活性。

社会保险体系的整合：对社会保险体系进行整合和协调，形成更加完善的社会保险体系，弥补各层次养老保障的不足。确保不同层次的养老金可以有机衔接，形成更为全面的保障。

强化养老金的可持续性：加强对养老金体系的监管，防范潜在风险。通过合理的财政调配、基金管理、投资回报等手段，增强养老金体系的可持续性，确保养老金的长期健康运行。

推动社会参与：鼓励社会各界积极参与养老服务，提供多元化的服务形式。促进社会资本的参与，推动社会创新，为老年人提供更为丰富的养老服务。

强调老年人权益：建立健全的法律法规，保障老年人的合法权益。通过法治手段，保障老年人在养老金体系中的权益，防范不当行为和违法操作。

养老金体系对老年人生活品质的影响是深刻而广泛的。在保障老年人基本经济需求的同时，良好的养老金体系还能够推动社会发展，提高老年人的社会参与度和生活满足度。不断优化和改革养老金体系，可以更好地满足老年人多层次、多方面的需求，实现老年人生活品质的全面提升。

三、养老金可持续性与社会福利的长期平衡

随着人口老龄化的不断加剧，养老金体系的可持续性成为一个备受关注的议题。养老金作为社会福利的关键组成部分，其长期平衡与可持续性直接关系到社会的稳定和老年人的生活品质。本节将深入探讨养老金可持续性与社会福利的长期平衡，分析其中的挑战、解决策略以及对社会福利的深远影响。

（一）养老金可持续性的挑战

人口老龄化：人口老龄化是养老金可持续性的主要挑战之一。随着寿命的延长和生育率的下降，老年人口的增加导致了养老金支出的增加，而缴费人口的减少使得养老金的筹资面临压力。

劳动力市场的变化：随着科技的发展和经济结构的变化，劳动力市场也在不断演变。一方面，一些传统产业的减少导致了部分人失业或就业不稳定，影响他们的缴费能力；另一方面，新兴产业和职业的出现可能要求更灵活的就业形态，使得传统的养老金制度面临适应性不足的问题。

经济周期的波动：养老金投资于金融市场，而金融市场受经济周期的影响较大。在经济衰退时，养老金的投资可能受到较大冲击，影响基金的增值，从而影响可持续性。

长寿风险：随着医疗水平的提高，人们的寿命不断延长，导致养老金需要覆盖的年限增加。这使得养老金面临更大的支出压力，特别是在长寿风险高的地区。

（二）养老金可持续性的解决策略

提高退休年龄：适度提高退休年龄是一种常见的策略，可以增加缴费期限，减轻养老金负担。但在实施时需要考虑到不同职业和不同人群的差异，以及是否有足够的就业机会供老年人选择。

调整缴费水平：调整养老金的缴费水平，可以通过增加缴费比例、调整缴费基数等方式，提高养老金的筹资水平。然而，这需要谨慎操作，以免对劳动力市场和企业经营造成过大压力。

多元化养老金投资：养老金基金的多元化投资可以降低风险，提高长期收益。通过投资于股票、债券、房地产等多个领域，可以更好地适应金融市场的波动。

引入个人账户制度：引入个人账户制度可以增加个体的养老储蓄，提高个体的养老保障水平。这种制度通常结合社会基本养老保险，既有中央统一的养老金，又有个人账户，实现了个性化与共性化的有机结合。

鼓励企业年金和个人商业性养老保险：鼓励企业设立年金计划，提供额外的养老金保障。同时，鼓励个人购买商业性养老保险，多元化保障来源，减轻社会基本养老保险的负担。

建立长期护理保险制度：随着老龄化的加剧，长期护理需求也在增加。建立长期护理保险制度，可以分担一部分老年人的医疗和护理费用，减轻养老金的负担。

（三）社会福利的长期平衡

全面推进社会福利体系：社会福利不仅仅包括养老金，还包括医疗、失业、住房等多个方面。在推动养老金可持续性的同时，应全面推进社会福利体系的建设，形成多层次、全方位的社会保障体系。

加强教育与培训：加强教育与培训，提高劳动力的素质和适应能力，有助于增加就业机会，提高养老金的筹资能力。适应经济结构的变化，培养更多的高技能劳动力，是实现长期平衡的关键。

促进就业机会：通过经济政策和就业政策，促进更多的就业机会的出现，提高就业率。充实就业市场的活力，有助于增加社会保险基金的缴费人口，从而提升养老金的可持续性。

积极应对科技发展：科技的不断进步对劳动力市场和经济结构都产生深远的影响。政府和企业需要积极应对科技发展，推动产业升级和转型，以适应新的经济形态，维持就业机会的相对稳定。

建立健全的财政体系：养老金的可持续性和社会福利的长期平衡离不开健全的财政体系。政府需要制定合理的财政政策，确保社会福利体系的充分资金支持。同时，要关注财政投入的效益，提高社会福利资源的利用效率。

提高劳动力市场参与率：通过一系列政策手段，鼓励更多的人参与劳动力市场，延迟退休，增加缴费人口。这包括提供更灵活的工作安排、支持创业和就业培训等方面的措施。

发展长期护理服务：随着老龄化的加剧，长期护理服务需求也在增加。建立完善的长期护理服务体系，降低老年人因健康问题而升高的生活成本，有助于社会福利体系的长期平衡。

（四）社会福利的长期影响

提高社会稳定性：养老金可持续性与社会福利的长期平衡直接关系到社会的稳定。通过保障老年人的基本福利，可以减少社会矛盾，提高社会的整体稳定性。

增进社会公平：长期平衡的社会福利体系有助于增进社会公平。老年人在退休后能够享有相对稳定的福利，不仅减轻了个体经济压力，也缩小了社会贫富差距。

提高国家软实力：具备可持续的社会福利体系是一个国家软实力的表现。在国际上，一个健康、完善的社会福利系统将提高国家的国际形象，吸引更多的人才和投资。

促进经济可持续发展：长期平衡的社会福利体系有助于提高人民的生活质量，增强民众的安全感和消费信心，从而促进内需，推动经济的可持续发展。

构建和谐社会：社会福利的长期平衡有助于构建和谐社会。老年人能够在晚年得到充分的照顾和关爱，社会各阶层之间形成更加融洽的关系，为社会的和谐发展提供基础。

养老金可持续性与社会福利的长期平衡是一个复杂而重要的议题，需要政府、企业和社会各界的共同努力。通过制定合理的政策、推动经济结构的升级、提高人才素质、引入多元化保障手段等措施，可以更好地应对人口老龄化和劳动力市场的变化，实现养老金体系的可持续性。保障社会福利的长期平衡，不仅有助于老年人的生活质量提升，也是构建和谐社会、促进国家长期繁荣的重要保障。

第三节　医疗服务与老年人社会福利

一、老年人医疗服务需求的特点与趋势

随着全球老龄化的加速，老年人口的增长成为一个全球性的社会现象。老年人的医疗服务需求因其特殊的生理、心理和社会需求而呈现出特殊性。本节将深入探讨老年人医疗服务需求的特点与趋势，分析老年人群体的特殊性对医疗服务的挑战和机遇。

（一）老年人医疗服务需求的特点

多种慢性病共患：随着年龄的增加，老年人更容易患上多种慢性病，如高血压、糖尿病、心脏病等。这使得老年人的医疗需求更为复杂多样，需要长期、综合的医疗服务。

心理健康问题：随着社会的变化和亲友关系的减少，老年人更容易产生孤独、抑郁、焦虑等心理健康问题。因此，老年人的医疗服务需求不仅仅局限在生理健康，也需要关注其心理健康。

多发病危重症状：老年人常常伴随着多发、危重的症状，如疼痛、呼吸困难、失能等。这要求医疗服务更应注重老年人的症状控制和生活质量的提升。

多样化的医疗服务需求：由于老年人的生理、慢性病情况等不同，他们对医疗服务的需求非常多样化。一方面需要基础的医疗服务，另一方面需要长期的康复、护理服务等。

家庭医疗服务需求增加：许多老年人更愿意在家中接受医疗服务，而不是频繁到医疗机构就诊。因此，家庭医疗服务需求逐渐增加，包括上门医疗、

居家护理等服务。

（二）老年人医疗服务需求的趋势

远程医疗的兴起：随着信息技术的快速发展，远程医疗服务逐渐成为老年人医疗服务的新趋势。通过互联网和智能医疗设备，老年人可以在家中接受在线问诊、远程监测等服务，提高医疗的便捷性。

老龄化社会对医疗资源的压力：随着老龄化社会的加剧，医疗资源将面临更大的压力。老年人的医疗需求增加，需要更多的医疗人才和医疗设施，这对医疗服务体系提出了更高的要求。

综合医疗服务的需求增加：由于老年人患有多种疾病，综合医疗服务的需求逐渐增加。医疗服务需要更多跨学科的合作，提供全方位的医疗服务，包括医疗、康复、心理健康等多个方面。

强调健康管理与预防：随着医学理念的变化，强调健康管理与预防的医疗服务逐渐得到重视。老年人医疗服务将更加注重疾病的早期筛查、健康管理和生活方式的干预，以提升老年人的整体健康水平。

社区医疗服务的重要性：社区医疗服务将在老年人医疗服务中扮演更为重要的角色。社区医疗服务更接近老年人的居住地，更能提供个性化、温馨的医疗服务，满足老年人的多样化需求。

（三）老年人医疗服务需求的挑战

医疗资源分配不均：部分地区的医疗资源分配不均，导致老年人在一些地方难以获得足够的医疗服务。这加剧了城乡差距，以及不同经济水平地区的医疗服务不平等问题。

医疗服务人才短缺：随着老年人口的增加，医疗服务人才的需求也急剧上升。医生、护士等专业人才的短缺，尤其是专业的老年医学人才的不足，使得老年人的医疗服务受到限制。

医疗服务费用上升：随着医疗服务技术的不断更新和医疗成本的上升，老年人医疗服务的费用也在逐渐增加。高昂的医疗费用对经济状况较差的老年人群体造成了负担，影响了他们获得医疗服务的能力。

医疗信息化不足：在老年人医疗服务中，医疗信息的共享和传递相对滞后。由于老年人患有多种慢性病，往往需要多科室的医疗服务，而信息不畅通可能导致医疗服务的断层，影响老年人的医疗体验。

医疗服务体系不够贴心：一些地方的医疗服务体系仍然相对僵化，不够贴心。老年人在医疗过程中可能面临交通不便、排队时间长、服务态度差等问题，这些因素降低了老年人对医疗服务的满意度。

养老机构医疗服务薄弱：随着老年人口的增加，养老机构中需要提供医疗服务的需求也在增加。但是目前养老机构的医疗服务水平参差不齐，有的地方医疗资源不足，医护人员水平不高，难以满足老年人的医疗需求。

（四）老年人医疗服务的应对策略

建设老年友好型医疗服务体系：针对老年人的特殊需求，医疗服务体系应当更加贴心、友好。包括设置老年专科，提供更具体、专业的医疗服务，同时建设老年友好型医疗设施，提高医疗环境的舒适性。

推动医疗信息化建设：加强医疗信息化建设，推动医疗信息的互联互通。建立老年人的电子健康档案，实现不同医疗机构之间的信息共享，提高医疗服务的连贯性和效率。

加大对老年医学人才培养的投入：增加对老年医学专业人才的培养力度，提高老年医学服务水平。通过鼓励医学院校设置老年医学专业，制定激励政策，吸引更多医学人才从事老年医疗服务。

优化医疗资源分配：优化医疗资源的分配，加大对老年人医疗服务的支持。合理配置医疗资源，确保老年人在城市和农村、不同地区之间能够平等获得高质量的医疗服务。

建设社区医疗服务中心：强化社区医疗服务的功能，建设多功能的社区医疗服务中心。这些中心可以提供基础医疗、健康管理、康复护理等多层次、全方位的医疗服务，方便老年人就近就医。

推动远程医疗服务发展：加大对远程医疗服务的投入，推动其发展。建立远程医疗服务网络，为老年人提供在线问诊、远程监测等服务，提高医疗服务的便捷性。

加强老年人健康管理与疾病预防：加强对老年人的健康管理与疾病预防工作，通过健康教育、定期体检、生活方式指导等手段，降低老年人患病风险，减轻医疗服务的压力。

老年人医疗服务需求的特点与趋势在全球范围内引起了广泛关注。针对老年人的多种慢性病共患、心理健康问题、多发病危重症状等特点，制定科学的医疗服务策略势在必行。在未来，应当通过全社会的共同努力，优化医疗服务体系，提高医疗服务水平，确保老年人能够享有更加贴心、全面的医疗服务，过上健康、幸福的晚年生活。

二、社会福利体系应对老年人医疗需求的策略

随着人口老龄化的不断加剧，老年人口的医疗需求日益增加，社会福利体系在应对老年人医疗需求方面承担着重要的责任。本节将深入探讨社会福利体系如何有效应对老年人的医疗需求，并从政策、服务体系、财政支持等方面提出策略，以确保老年人能够获得贴心、全面的医疗服务。

（一）制定健全的老年医疗保障政策

建立全面的老年医疗保障制度：社会福利体系应制定完善的老年医疗保障政策，包括基本医疗保险、大病保险、医疗救助等，以确保老年人在医疗服务方面享有基本权益。

加强对慢性病的特殊保障：由于老年人更容易患上慢性病，社会福利体系应对慢性病提供特殊的保障政策，包括疾病管理、康复服务等，以确保老年人能够得到全面的医疗关怀。

推动医疗服务跨部门合作：促进医疗服务与社会福利、居家养老等相关部门的合作，形成跨部门协同的老年医疗服务体系，确保老年人的医疗需求得到全方位的关注。

（二）建设健全的老年医疗服务体系

发展社区医疗服务中心：加强社区医疗服务中心的建设，提供基础医疗、健康管理、健康教育等服务。社区医疗服务中心可以更好地满足老年人就近就医的需求，提高医疗服务的便捷性。

推动远程医疗服务发展：利用先进的信息技术，推动远程医疗服务的发展，为老年人提供在线问诊、远程监测等服务。这有助于解决老年人交通不便的问题，提高医疗服务的覆盖面。

加强养老机构的医疗服务能力：针对养老机构，加强医疗服务能力的培养和提升。建立与医院的紧密合作机制，使养老机构更好地承担老年人的基

本医疗服务职责。

推动医养结合发展：促进医疗服务与养老服务的深度融合，实现医养结合。通过在养老机构设立医疗服务点、引入专业医疗团队等方式，为老年人提供更全面的医疗服务。

（三）加强老年医疗服务人才培养与队伍建设

推动老年医学专业的培训：针对老年医疗服务的特殊需求，加强老年医学专业的培训，培养更多的老年医学专业人才。这包括医生、护士、康复医师等多层次的医疗服务人才。

建设老年医疗服务团队：建立老年医疗服务团队，整合不同专业的医护人员，形成专业、协同的医疗服务团队。这有助于提高老年医疗服务的综合水平。

推动医护人员跨学科培训：通过跨学科培训，提高医护人员对老年人综合健康需求的认知水平，增强他们在老年医疗服务中的综合能力。

（四）提升医疗服务质量与便捷性

建立老年人友好型医疗服务标准：制定并推动实施老年人友好型医疗服务标准，要求医疗机构在服务老年人时具备特殊的关怀、服务流程和环境，以提升老年人就医的舒适感。

强化医疗服务的质量管理：建立老年人医疗服务的质量评估机制，强化医疗服务的质量管理，鼓励医疗机构通过认证、评选等方式提升服务质量。

推动医疗服务信息透明化：加强医疗服务信息的透明化，通过公开医疗服务的质量、费用、满意度等信息，提高老年人对医疗服务的选择能力。

提高医疗服务的便捷性：简化老年人就医流程，提高医疗服务的便捷性。包括在线挂号、预约就诊、药品配送等服务，降低老年人就医的门槛，使医疗服务更贴近老年人的实际需求。

加强医患沟通与信息交流：提倡医患共同决策，鼓励医生与老年患者进行更为深入的沟通。通过加强医患之间的信息交流，医生能更好地了解老年人的实际需求，制定更为个性化的医疗服务方案。

（五）完善医疗服务财政支持体系

增加老年医疗服务经费投入：政府应加大对老年医疗服务的经费投入，

确保医疗服务体系的可持续运作。这包括增加医疗服务设施的建设经费、提高医疗服务人才的薪酬水平等方面。

建立老年医疗服务保障基金：设立老年医疗服务保障基金，用于支持老年人医疗服务的发展。这可以通过社会保险、税收等渠道筹集，用于弥补老年医疗服务的财政缺口。

鼓励社会力量参与：政府应鼓励社会力量参与老年医疗服务，包括民间企业、非营利组织等。通过公私合作、PPP模式，引入社会资本，促进老年医疗服务的多元化发展。

建立综合性医疗服务评价体系：建立老年医疗服务的综合性评价体系，通过医疗服务的效益评估、经济性评价等方式，更科学地确定医疗服务的财政支持水平。

（六）推动老年人健康管理与疾病预防工作

开展老年人健康管理服务：推动老年人健康管理服务的开展，通过定期体检、健康档案建设、健康咨询等方式，及时发现和管理老年人的健康问题。

加强老年人疾病预防：通过宣传教育、疫苗接种、疾病筛查等手段，加强老年人慢性病和传染病的预防工作，减轻医疗服务的压力。

倡导健康生活方式：鼓励老年人保持良好的生活方式，包括科学饮食、适量运动、戒烟限酒等。通过健康生活方式的倡导，降低老年人患病风险，减轻医疗服务的负担。

（七）建设老年人友好型社会环境

提高医护人员对老年人的关怀意识：强调医护人员对老年人的关怀与尊重，通过培训和教育，提高医护人员对老年人特殊需求的认知水平，改善医患关系。

建设老年人友好型医疗设施：优化医疗设施的设计，使之更符合老年人的需求。例如，提供无障碍通道、舒适的候诊区域、便捷的交通设施等，提高老年人就医的便利性。

开展老年人健康教育活动：通过社区、医疗机构等渠道，定期开展老年人健康教育活动。这有助于提高老年人对医疗服务的认知水平，使其更主动地参与医疗服务。

推动社会关爱活动：鼓励社会各界组织关爱老年人，开展志愿服务、慰问活动等，提升社会对老年人的关爱度，构建更加温馨的社会环境。

第四节　老年人长期照护与社会福利

一、长期照护对社会福利体系的挑战

随着人口老龄化的不断加剧，长期照护成为一个日益严峻的社会问题。长期照护是指对患有慢性疾病、残疾或老年人进行的长期性生活照料和医疗服务，旨在提供帮助、支持和关怀，以维持患者在社会中的生活功能。然而，这一领域面临着巨大的挑战，对社会福利体系提出了更高的要求。本节将深入探讨长期照护对社会福利体系的挑战，并从经济、人力资源、服务质量等方面进行分析，并提出应对策略。

（一）经济压力与财政支出

人口老龄化导致长期照护需求激增：随着人口老龄化程度的提高，慢性疾病和认知障碍等慢性病患者数量急剧增加，导致对长期照护的需求激增。这使得社会福利体系需要投入更多的资源来应对长期照护服务的需求。

长期照护费用高昂：长期照护服务往往需要提供长时间的、全天候的照顾，而这种服务的提供成本相对较高。从医疗、康复到生活辅助，覆盖的服务领域广泛，使得长期照护的费用成为社会福利体系面临的重要财政压力。

财政支出增加使社会福利负担加重：长期照护的增加使得社会福利体系面临更大的财政负担。政府需要提供更多的资金来支持长期照护服务，这对于已经面临其他社会福利问题的财政体系来说是一项极大的挑战。

（二）人力资源短缺与培训需求

专业护理人才不足：长期照护服务需要具备一定医学、康复和护理知识的专业人才，而目前专业护理人才的供给相对不足。这导致长期照护服务的专业性和质量受到影响，同时也给社会福利体系的可持续发展带来挑战。

培训成本较高：提高专业护理人才的供给需要大量的培训投入，而这涉及培训成本、时间成本等问题。社会福利体系需要面对如何提高专业护理人才的培训效率、降低培训成本的难题。

护理工作的劳动强度大：长期照护服务往往需要较长时间的陪护，而这对护理人员的身体和心理健康提出了更高的要求。长期照护服务的劳动强度大、薪酬水平相对较低，使得吸引和留住专业护理人才成为一个亟待解决的问题。

（三）服务体系不完善与服务质量保障

服务机构不足：长期照护服务机构相对不足，尤其是在一些农村地区和欠发达地区。这使得老年人和慢性病患者难以获得规范、专业的长期照护服务，使得社会福利体系难以满足多样化的需求。

缺乏规范化的服务标准：长期照护服务的标准化和规范化程度较低，服务水平参差不齐。缺乏明确的服务标准，使得长期照护服务的质量难以得到有效保障。

家庭照护压力增加：社会福利体系中的长期照护服务主要包括机构照护和家庭照护两个方面。由于机构照护服务不足，家庭照护压力不断增加，长期照护服务的覆盖面和深度受到限制。

（四）长期照护服务的不均衡分布

城乡差距：长期照护服务在城乡地区存在明显差距。大城市相对更容易获得优质的长期照护服务，而农村地区的服务供给相对匮乏，导致城乡居民在长期照护需求方面的不平等。

地区差异：不同地区之间长期照护服务的供给水平也存在较大差异。一些经济欠发达地区和边远地区的长期照护服务水平相对较低，使得地区之间长期照护服务的均衡性不足，老年人和慢性病患者面临不公平的待遇。

社会经济地位影响：长期照护服务的不均衡分布也与个体的社会经济地位密切相关。较为贫困的老年人或患者可能难以负担高昂的长期照护费用，导致他们在服务获取上面临更大的困境，加剧社会福利体系的不平等。

（五）长期照护服务的社会认知与文化障碍

社会对长期照护的认知不足：长期照护服务相对于急救和短期医疗服务来说，社会对其认知度普遍较低。很多人仍然倾向于将长期照护视为家庭的私事，而不是社会福利的一部分，这使得长期照护服务难以得到足够的关注和支持。

文化观念的影响：在一些文化传统中，家庭被认为是应承担对老年人进行照护的首要责任，而将老年人送入养老机构被视为不孝。这种文化观念可能使得长期照护服务的规范化和社会化程度受到一定程度的制约，增加了服务体系的难度。

（六）应对策略与未来展望

建立健全的长期照护政策体系：制定和完善长期照护的政策法规，明确服务标准，保障服务的质量和可及性。政府需要在财政投入和监管上给予足够支持，确保长期照护服务能够覆盖到更多的老年人和疾病患者。

推动社会参与与多元化服务供给：鼓励社会各界参与长期照护服务，包括民间机构、社区组织等。通过多元化的服务供给，满足不同老年人和疾病患者的特殊需求，降低社会福利体系的负担。

加强专业人才培养与管理：提高专业护理人才的培养水平，通过加强培训、提高薪酬水平等方式，留住并吸引更多的专业护理人才。建立健全的人才管理机制，调动专业护理人员的工作积极性。

推动长期照护服务的信息化建设：利用先进的信息技术手段，推动长期照护服务的信息化建设。通过建立电子健康档案、智能化辅助设备等，提高服务的效率和质量，降低服务成本。

加强社会宣传与教育：通过社会宣传和教育活动，提高社会对长期照护服务的认知水平。宣传长期照护服务的重要性，推动社会观念的转变，将其纳入社会福利的整体体系。

促进国际经验交流与合作：学习借鉴其他国家成功的长期照护服务模式，推动国际经验的交流与合作。通过跨国学习，学习有效的管理经验和服务模式，为社会福利体系提供更多的启示。

在应对长期照护对社会福利体系的挑战时，需采取综合性的、系统性的政策举措。只有通过全社会的努力，加强协同合作，方能有效解决长期照护服务面临的各类问题，确保老年人和慢性病患者能够获得更为优质、全面的照护服务。

二、社会福利体系对长期照护服务的支持

随着人口老龄化的不断加剧，长期照护服务成为社会福利体系中的一个关键领域。长期照护服务旨在满足患有慢性疾病、残疾或老年人的长期生活和医疗需求，为其提供全面的护理和支持。社会福利体系在这一领域的支持至关重要，本节将深入探讨社会福利体系如何支持长期照护服务，并从政策、经济、人力资源等多个层面进行全面分析。

（一）政策层面的支持

建立健全的长期照护政策体系：社会福利体系需要建立健全的长期照护政策，确保长期照护服务得到充分的政策支持。政府可以通过制定相应法律法规，明确长期照护服务的服务标准、质量要求和经费保障，为长期照护服务提供制度性支持。

推动社会参与与多元化服务供给：社会福利体系应鼓励社会各界参与长期照护服务，包括非营利机构、志愿者组织、企业等。多元化的服务供给可以更好地满足不同群体的需求，减轻社会福利体系的压力。

加强长期照护服务的信息化建设：通过推动信息化建设，实现长期照护服务的智能化管理和监测。建立电子健康档案、智能化辅助设备等，提高服务的效率和质量，有助于社会福利体系更好地协调和管理长期照护服务。

（二）经济层面的支持

增加财政投入：社会福利体系需要增加对长期照护服务的财政投入，确保服务的可及性和质量。政府可以通过预算拨款、社会保险、公共基金等方式，为长期照护服务提供足够的财政支持。

建立多层次的经济支持体系：社会福利体系可以建立多层次的经济支持体系，包括对服务机构的财政补贴、老年人和患者的医疗保险覆盖、社会福利基金等。这有助于形成全方位、多渠道的经济支持机制。

鼓励社会力量参与：社会福利体系可以通过激励政策，鼓励企业、社会组织等社会力量参与长期照护服务。引入社会资本，促进社会福利体系的多元化发展，减轻财政负担。

（三）人力资源层面的支持

提高专业护理人才的培养水平：社会福利体系应支持提高专业护理人才的培养水平。通过设立专业护理人才培训机构、提供奖学金、优化培训体系等方式，吸引更多有志从事长期照护服务的人才。

改善护理人员的工作条件：社会福利体系需要关注护理人员的工作条件，提高薪酬水平、优化工作环境。改善护理人员的待遇可以提高其工作积极性，确保长期照护服务的稳定供给。

建立人才培养与管理机制：社会福利体系应建立健全的人才培养与管理机制。通过评价体系、晋升机制等，调动护理人员的工作热情，提高其专业素养和服务水平。

（四）服务体系层面的支持

建立多层次的长期照护服务体系：社会福利体系需要建立多层次的长期照护服务体系，包括居家照护、社区照护、机构照护等多种形式。这有助于满足不同人群的需求，提高服务的覆盖面和灵活性。

推动家庭照护服务发展：社会福利体系应当支持家庭照护服务的发展，通过提供技能培训、信息支持等方式，推动家庭照护的可持续发展。同时，要关注家庭照护者的心理健康和社会支持。

制定规范化的服务标准：社会福利体系应制定规范化的长期照护服务标准，确保服务的质量和一致性。通过明确服务内容、服务流程、服务人员标准等，提高服务的规范性。

（五）社会认知与文化层面的支持

开展长期照护服务的宣传教育活动：社会福利体系需要通过广泛的宣传教育活动，提高社会对长期照护服务的认知水平。这包括宣传长期照护服务的重要性、服务内容、服务对象等信息，促使社会更加关注和理解这一领域。

推动文化观念的转变：社会福利体系可以通过文化活动、社会媒体等渠道，推动人们对长期照护的观念转变。加强对家庭照护的理解和支持，减少对养老机构的刻板印象，有助于形成更加积极的长期照护文化氛围。

设立激励政策鼓励社会参与：社会福利体系可以通过设立激励政策，鼓励企业、社区等社会组织参与长期照护服务。例如，对于提供长期照护服务的机构和志愿者给予税收优惠或奖励，促进社会各界的积极参与。

三、老年人参与长期照护与社会福利的互动机制

随着人口老龄化的加剧，老年人口的增加，长期照护成为社会福利领域的重要问题。老年人参与长期照护不仅是提高服务质量的一种途径，也是促进社会福利的可持续发展的关键。本节将探讨老年人参与长期照护与社会福利之间的互动机制，旨在深入分析双方的关系，提出促进老年人参与长期照护的策略，实现社会福利的全面提升。

（一）老年人参与长期照护的意义

提高服务质量：老年人参与长期照护可以根据自身需求提供个性化的服务需求，促使服务更加贴近实际情况，提高服务的质量和针对性。

维护老年人自主权利：参与决策和管理长期照护过程，有助于维护老年人的自主权利，尊重其个体差异，更好地满足其生活需求。

减轻社会福利负担：老年人参与长期照护可以通过家庭和社区的支持网络，减轻社会福利体系的财政负担，实现资源优化配置。

（二）老年人参与长期照护的方式

家庭照护：老年人可以通过家庭照护的方式，由亲属或专业护理人员提供服务。老年人通过参与照护计划的制定、服务内容的选择等，实现对自身生活的主动管理。

社区照护：社区照护是一种基于社区资源的长期照护方式，老年人可以参与社区组织的相关活动，获取社区服务，同时也可以通过志愿者活动，为社区提供服务，形成互助机制。

机构照护：对于一些较为需要专业照护的老年人，参与机构照护也是一种方式。老年人可以在机构中参与康复、文娱等活动，积极融入机构生活，同时也可以参与机构决策，影响服务模式。

（三）社会福利对老年人参与长期照护的支持机制

政策支持：政府需要通过相关政策，鼓励和支持老年人参与长期照护。这包括为老年人提供相关信息、培训机会，同时制定相关法规，明确老年人

在长期照护中的权利和责任。

经济支持：社会福利体系可以通过提供经济支持，如提供护理津贴、服务费用的补贴等方式，鼓励老年人参与长期照护服务。这有助于降低老年人参与长期照护的经济门槛，增加其参与的积极性。

信息与培训：社会福利体系需要提供相关信息和培训，使老年人更好地了解长期照护的知识和技能，提高他们参与长期照护的信心和能力。

（四）促进老年人参与长期照护的策略

建立信息平台：社会福利体系可以建立长期照护信息平台，为老年人提供相关服务信息、政策法规和实用技能。通过信息的透明和便捷，提高老年人的参与度。

设立培训机构：社会福利体系可以设立专门的培训机构，为老年人提供照护技能、心理辅导等方面的培训。培养老年人参与长期照护的专业素养，提高其服务水平。

设立社区参与中心：在社区建立老年人参与长期照护的活动中心，提供社交、文娱、健康等方面的服务。通过社区活动，打造老年人的社交圈，激发其对社区照护的兴趣。

引入激励机制：社会福利体系可以引入激励机制，对参与长期照护的老年人给予一定的奖励或荣誉，以调动其参与的积极性和主动性。

（五）互动机制的评估与优化

建立评估指标：社会福利体系可以建立一套科学的评估指标，包括老年人参与度、服务质量、经济效益等方面的指标，以全面评估老年人参与长期照护的效果。

定期评估和调整：社会福利体系应当定期对老年人参与长期照护的互动机制进行评估，并根据评估结果进行及时的调整。这有助于发现问题、解决问题，不断优化互动机制。

开展用户满意度调查：通过开展用户满意度调查，了解老年人对长期照护服务的满意度和需求变化。根据调查结果，及时调整服务模式和互动机制，更好地满足老年人的实际需求。

（六）面临的挑战与应对策略

信息不对称：一些老年人由于信息不对称，可能对长期照护的服务和参与方式了解不足。解决办法是加强信息的宣传普及，提高老年人的信息获取渠道，让他们更全面地了解长期照护的相关信息。

服务质量不一：由于长期照护服务的提供者各异，服务质量参差不齐。应加强对服务提供者的管理和监督，建立服务评估体系，确保老年人参与的服务质量得到保障。

经济支持不足：一些老年人可能因为经济原因无法参与长期照护服务。社会福利体系可以考虑增加经济支持政策，提供补贴或折扣，降低老年人的经济负担。

文化观念的影响：一些地区的文化观念可能仍然将照护服务视为家庭私事，老年人对于参与社会福利中心的抵触情绪较大。需要通过文化教育和宣传，改变相关观念，提高老年人对社会福利参与的接受度。

加强社会教育：未来社会福利体系应该加强社会教育，提高社会对老年人参与长期照护的认知。通过举办讲座、培训等形式，普及长期照护知识，推动社会对长期照护的积极参与。

创新服务模式：面对不同老年人的需求差异，社会福利体系需要不断创新服务模式。通过引入科技手段、建立多层次的服务网络，提供更加灵活、个性化的长期照护服务。

强化社区支持：未来社会福利体系应强化社区支持，建立健全的社区服务网络。通过加强社区照护服务中心的建设，提供全面、贴心的服务，激发老年人参与的热情。

加强国际合作：面对全球老龄化趋势，社会福利体系应加强国际合作，学习借鉴其他国家成功的经验。通过开展国际交流、合作项目等方式，不断提升长期照护服务水平。

建立健全的法律法规：未来社会福利体系需要建立健全的法律法规，明确老年人参与长期照护的权利和义务。通过法规的制定，为老年人参与长期照护提供更为有力的法律支持。

老年人参与长期照护是社会福利体系的重要组成部分，实现老年人与社会福利的良性互动对于提高服务质量、减轻福利负担具有重要意义。未来社会福利体系应当通过政策、经济、信息支持等多方面的手段，创造更为良好的环境，使更多老年人能够积极参与长期照护服务，实现社会福利的全面提升。

第五节　社会参与与老年人的社会福利

一、老年人社会参与的重要性与影响

随着社会的发展和人口老龄化的不断加剧，老年人社会参与逐渐成为社会关注的焦点。老年人社会参与是指老年人通过各种形式参与社会活动、服务、文化体验等过程，积极参与社会生活，为社会做出贡献。本节将深入探讨老年人社会参与的重要性，以及其对个体、社会和国家的影响。

（一）老年人社会参与的重要性

促进身心健康：老年人通过社会参与可以拓宽社交圈，增加社交活动，促使身心健康得到更好的维护。积极参与社会活动有助于预防和缓解老年人的心理问题，如抑郁、孤独等，提升生活质量。

延缓认知衰退：参与社会活动和认知刺激对老年人的认知功能有积极的影响。通过参与学习、文化活动、志愿者服务等，老年人的大脑得到锻炼，有助于延缓认知衰退的发生，维持较高的认知水平。

提高自尊和自信：老年人在社会参与中可以获得他人的认可和尊重，通过分享经验、传授知识，提高自身的自尊心和自信心。这种积极的社会反馈对老年人的心理健康产生积极影响。

传承文化与经验：老年人是社会的重要文化传承者和经验传递者。通过参与文艺、体育、社区活动等，老年人能够传承和分享自己的文化和经验，为社会注入更多的智慧和情感。

减轻社会负担：积极的老年人社会参与可以减轻社会福利负担。老年人通过自己的劳动和服务，为社会创造价值，减少对社会资源的依赖，实现社会养老的可持续发展。

（二）老年人社会参与的形式

志愿者服务：老年人可以通过参与志愿者服务，为社区、学校、医院等提供力所能及的帮助。志愿服务既能够促进社会福利，同时也为老年人提供了一个实现自我价值的平台。

文体活动：老年人可以参与各种文艺、体育、手工艺等活动。例如，参与合唱团、舞蹈队、书法班等，不仅锻炼身体，还促使老年人保持积极向上的心态。

社区参与：老年人可以参与社区建设、环保活动等社区事务。通过参与社区活动，老年人能够更好地融入社会，感受社区的温暖和关爱。

继续学习：老年人可以通过继续学习，参加各类培训课程，不断提升自己的知识水平。这有助于老年人更好地适应社会变革，增强自我管理和提高生活质量。

参与政治和社会事务：老年人可以参与政治投票、社会公益事务等。通过参与决策过程，老年人能够更好地维护自身权益，对社会的发展产生积极影响。

（三）老年人社会参与的影响

1. 对个体的影响

心理健康提升：积极的社会参与对老年人的心理健康具有积极影响，能够减少抑郁、孤独等心理问题的发生。

认知功能维护：通过社会参与，老年人的认知功能得到锻炼，有助于维持较高的认知水平，延缓认知衰退速度。

自我身份维持：社会参与有助于老年人保持积极的自我身份感，提高自尊心和自信心。

2. 对社会的影响

社会和谐：老年人的积极社会参与有助于形成社会和谐的氛围，增强社会凝聚力，促进社会的稳定发展。

文化传承：通过老年人参与文艺、手工艺等活动，有助于传承和弘扬社会文化，维护文化的多样性。

减轻社会负担：积极的社会参与减轻了社会福利负担，老年人通过自身努力为社会创造价值，实现社会养老的可持续发展。

3.对国家的影响

社会福利的可持续发展：通过老年人的社会参与，可以促进社会福利的可持续发展。老年人通过自己的劳动和服务，为社会创造价值，降低社会对福利资源的需求。

人口资源的充分利用：充分发挥老年人的社会参与作用，有助于实现人口资源的充分利用。老年人拥有丰富的人生经验和专业技能，可以为社会提供更多有益的资源。

国家形象的提升：通过老年人的社会参与，国家形象得到提升。在国际舞台上，积极参与社会活动的老年人形象将会为国家赢得更多的尊重和认可。

（四）推动老年人社会参与的策略

创造友好环境：社会应创造更为友好的环境，为老年人提供更多参与社会的机会。包括改善社区设施、提供交通便利、设计老年人友好型的公共场所等。

建立社会支持网络：建立完善的社会支持网络，包括社区服务机构、社会组织、志愿者团队等。通过这些网络，老年人可以得到更多的帮助和支持，更好地融入社会。

开展宣传教育：通过广泛的宣传教育活动，提高对老年人社会参与的认知水平。向社会传递正面信息，树立老年人积极参与社会活动的形象，消除负面观念。

制定优惠政策：制定相关的优惠政策，为老年人社会参与提供便利。包括提供社会活动的费用补贴、享受交通、文化娱乐等方面的优惠。

促进多代人群体互动：通过组织多代人群体的互动活动，促使老年人与其他年龄层的人群建立更紧密的联系。这有助于打破年龄层次间的隔阂，促进社会的整体融合。

建立数字化社交平台：利用科技手段建立老年人社交平台，通过互联网等渠道，老年人可以参与在线学习、文化体验、社交活动，实现线上线下的全方位社会参与。

二、社会福利体系对老年人社会参与的促进

老年人社会参与是社会福利体系的重要目标之一。随着人口老龄化的加剧，老年人群体的规模不断增长，如何促进老年人积极参与社会活动，成为社会福利体系关注的核心问题。本节将深入探讨社会福利体系对老年人社会参与的促进作用，分析其中的机制、影响因素以及未来的发展趋势。

（一）社会福利体系的定义与组成

社会福利体系是国家为了满足公民的基本生活需求、提高社会公平和保障社会稳定而出台的一系列制度和政策的总和。其核心目标包括提供基本生活保障、医疗保健、教育、就业、住房、社会服务等方面的支持。社会福利体系通常包括社会保障体系、医疗保健体系、教育体系和社会服务体系等多个组成部分。

（二）老年人社会参与的重要性

促进心理健康：老年人通过社会参与可以保持社交联系，减少孤独感，有助于预防和缓解抑郁、焦虑等心理问题，提升心理健康水平。

维持认知能力：参与社会活动可以提供认知刺激，促进老年人的大脑活动，有助于维持较高的认知能力，延缓认知衰退的速度。

提高生活质量：老年人通过社会参与能够获得更多的社会支持和关爱，丰富自己的生活，提高生活质量，感受社会的温暖。

传承文化价值：参与社会活动有助于老年人传承和分享自己的文化价值观念、经验和智慧，为社会注入更多正能量。

减轻社会负担：积极的社会参与可以减轻社会福利体系的负担，老年人通过自己的劳动和服务，为社会创造价值，降低对社会资源的依赖。

（三）社会福利体系对老年人社会参与的促进机制

提供基本福利支持：社会福利体系通过提供基本的福利支持，如养老金、医疗保障等，使老年人能够更好地满足基本生活需求，从而有更多的精力参与社会活动。

建立社区服务体系：社会福利体系通过建立社区服务体系，提供更多便捷、多样的社区服务，包括文体活动、健康咨询、志愿者服务等，鼓励老年

人更积极地参与社区活动。

推动长期照护发展：社会福利体系通过推动长期照护服务的发展，提供更为专业的护理服务，为有需要的老年人提供支持，同时也创造更多参与长期照护服务的机会。

设立老年人专项项目：社会福利体系可以设立老年人专项项目，包括文化体验、技能培训、社交活动等，为老年人提供更有针对性的支持，鼓励其更广泛地参与社会。

提供优惠政策：社会福利体系可以通过提供优惠政策，如公共交通优惠、文化娱乐费用减免等，降低老年人参与社会活动的经济门槛，调动其积极性。

（四）影响老年人社会参与的因素

经济状况：经济状况是影响老年人社会参与的重要因素。经济条件好的老年人更有可能参与一些需要花费资金的社会活动，而经济拮据的老年人可能受到限制。

健康状况：健康状况直接关系到老年人是否能够参与社会活动。身体健康的老年人更容易参与体育、文艺等活动，而健康状况差的老年人可能面临身体上的困难。

社会环境：社会环境包括社区的文化氛围、社交网络、社会关系等。良好的社会环境可以为老年人提供更多的社会参与机会，调动其积极性。

文化教育水平：文化教育水平直接影响老年人的社会参与水平。受过较高文化教育的老年人更容易理解和接受新的社会观念，也更有可能参与到各种文化、教育等方面的社会活动中。

家庭支持：家庭作为老年人生活的基本单元，家庭支持对老年人的社会参与有着至关重要的影响。家庭关系融洽、得到家庭支持的老年人更愿意参与社会活动。

社会政策：社会福利政策的制定和实施直接影响老年人社会参与的程度。政府通过出台有利于老年人的政策，如养老金制度、社会活动补贴等，可以创造更好的社会参与环境。

（五）社会福利体系对老年人社会参与的现状分析

养老金制度：许多国家建立了养老金制度，为老年人提供经济支持，降低了老年人经济负担，使他们更有能力参与社会活动。

社区服务中心：许多社区建立了老年人服务中心，提供各种社会服务，包括文化娱乐、健康咨询、技能培训等，为老年人创造了更多参与社区活动的机会。

医疗保障体系：完善的医疗保障体系可以保障老年人的健康，降低医疗费用负担，提高老年人的社会参与能力。

长期照护服务：部分地区建立了完善的长期照护服务体系，为有需要的老年人提供专业的护理服务，鼓励其参与社会活动。

社会活动项目：一些社会福利机构和非营利组织推出了专门为老年人设计的社会活动项目，如文体赛事、艺术培训等，丰富了老年人的社会参与选择。

社会福利体系对老年人社会参与的促进作用是社会关爱和发展的重要体现。随着老龄化问题的不断加剧，更加完善的社会福利体系将为老年人提供更全面、更有力的支持，促使老年人更积极地融入社会，参与各类社会活动，共同构建健康、和谐、共融的社会。

三、老年人社会参与与社会创新的协同发展

老年人社会参与和社会创新是当代社会中两个备受关注的议题。随着人口老龄化的不断加剧，老年人群体逐渐成为社会中不可或缺的一部分。同时，社会创新作为推动社会发展的重要力量，对于应对各种社会挑战具有重要意义。本节将深入探讨老年人社会参与与社会创新的关系，分析两者之间的协同发展机制、存在的问题以及未来的发展趋势。

（一）老年人社会参与的内涵与意义

社会参与的内涵：老年人社会参与是指老年人通过各种形式积极参与社会生活，包括但不限于社区服务、文艺活动、志愿者工作、政治参与等。这种参与旨在让老年人更好地融入社会，发挥其在社会中的积极作用。

意义与价值：老年人社会参与对个体、社会和国家都具有深远的意义。对于个体而言，社会参与有助于保持身心健康，提升生活质量，传承文化和经验。对于社会而言，老年人社会参与能够构建更加和谐、包容的社会环境。对于国家而言，老年人社会参与是发挥老年人智慧和经验的一种途径，有助

于社会稳定和可持续发展。

（二）社会创新的概念与作用

社会创新的定义：社会创新是指在社会领域中出现的新观念、新制度、新产品、新服务等，通过创新来解决社会面临的各种问题，推动社会进步。社会创新强调的是解决社会问题、提升社会效益的创新行为。

作用与意义：社会创新是社会可持续发展的动力之一。通过社会创新，可以更有效地解决社会问题，提升社会生产力，促进社会公平和可持续发展。社会创新涉及各个领域，包括政治、经济、教育、环保等，对社会的影响十分深远。

（三）老年人社会参与与社会创新的协同机制

知识与经验的传承：老年人作为社会的长者，拥有丰富的人生经验和专业知识。他们通过社会参与，将这些知识和经验传递给年轻一代，为社会创新提供宝贵的资源。

需求驱动的创新：老年人作为一个特殊群体，其需求和问题会促使社会寻找更创新的解决方案。例如，老年人对于医疗、健康管理、智能科技的需求，催生了一系列以老年人为目标群体的创新产品和服务。

多元化团队的建设：在社会创新中，多元化的团队结构对于创新的成功至关重要。老年人的参与可以为团队带来不同的视角和经验，促使创新更加全面和多样化。

社会参与平台的搭建：创建老年人参与社会创新的平台，使老年人能够更便捷地参与到创新活动中。这包括社会组织、社区服务中心、在线社交平台等多种形式。

政策支持和激励：政府应制定相关政策，鼓励老年人积极参与社会创新，为其提供相关的支持和激励措施，包括奖励制度、创业支持等。

（四）老年人社会参与与社会创新的现状分析

老年人社会参与现状：目前，一些地区的社会福利体系已经加强了对老年人的关注，通过各种社会参与项目，包括文艺活动、志愿者服务、社区建设等，鼓励老年人更好地融入社会。

社会创新现状：社会创新在全球范围内不断涌现，涉及领域广泛。在医疗领域，出现了许多为老年人提供更便捷医疗服务的创新项目；在科技领域，智能科技的发展也为老年人提供了更多便利，如智能健康监测设备、智能家居等；在社会服务领域，各种志愿者组织和社区服务中心也积极开展创新项目，以满足老年人多样化的需求。

（五）存在的问题与挑战

信息不对称：一些老年人可能面临信息获取的难题，导致他们对社会创新的了解不足，难以参与创新活动。

技术障碍：部分老年人可能由于技术障碍，难以适应现代科技的发展，影响其参与与创新相关的科技项目。

社会观念不合：社会上对老年人的创新能力存在先入为主的观念，认为老年人不适合参与社会创新，限制了他们的发挥空间。

资源分配不均：在一些地区，社会创新资源分配不均，老年人社会参与的机会可能受到限制，影响其创新活动的广度和深度。

（六）未来发展趋势与建议

推动数字化普及：加强对老年人的数字化培训，提高其对现代科技的适应能力，拓展数字化社交平台，为老年人提供更多参与社会创新的渠道。

强化社会创新教育：通过开展社会创新教育活动，提高老年人对社会创新的认知水平，培养其创新思维，推动老年人更积极地参与创新活动。

构建多层次的社会创新平台：制定政策鼓励和支持社会组织、企业、科研机构等构建老年人社会创新平台，为老年人提供多元、全面的参与渠道。

鼓励跨代协同创新：建立跨代协同创新的机制，鼓励老年人与年轻一代共同参与社会创新项目，形成更加多元化、包容性的创新团队。

开展社会观念转变宣传：通过媒体、社区活动等途径，宣传老年人积极参与社会创新的成功案例，促使社会观念转变，认识到老年人在社会创新中的重要作用。

建立评估体系：建立老年人社会创新参与的评估体系，通过评估老年人的创新能力和成果，为其提供更多机会，推动老年人社会创新的发展。

老年人社会参与与社会创新的协同发展是构建和谐社会的重要组成部分。老年人作为社会的积极参与者和经验传承者，在社会创新中具有独特的价值。未来社会应更加注重老年人的社会参与，为其提供更多的创新平台，激发其潜在的创造力，推动社会创新不断取得新的成就，促进社会的全面进步。同时，社会也需加强对老年人的关爱和尊重，构建更加包容、关爱的社会环境，共同实现老年人、社会和国家的共同进步。

第六节　老龄化社会的社会创新与社会福利

一、老龄化社会中的社会创新概念与实践

随着全球老龄化趋势的加剧，老龄化社会已成为全球各国共同面临的挑战。在这一背景下，社会创新作为推动社会发展的引擎，对于解决老龄化社会带来的问题至关重要。本节将深入探讨老龄化社会中的社会创新概念与实践，分析其内涵、挑战以及未来发展趋势。

（一）老龄化社会的定义与特征

老龄化社会的定义：老龄化社会是指 65 岁及以上人口占总人口比重较高的社会。随着医疗水平的提高和生活水平的提升，全球范围内老年人口的比例逐渐增加，推动了社会结构的变革。

老龄化社会的特征：

人口结构老龄化，65 岁及以上的老年人口比例逐渐上升。

社会负担增加，养老、医疗、社会服务等方面的需求大幅增长。

家庭结构变迁，多代同堂、核心家庭结构减少。

（二）社会创新的概念与特点

社会创新的定义：社会创新是指在社会领域中出现的新观念、新制度、新组织形式、新技术等，通过创新方式解决社会问题，推动社会变革和进步。

社会创新的特点：

问题导向：社会创新通常源于对社会问题的深刻认识，以解决问题、改造社会为出发点。

多元参与：社会创新需要各界的广泛参与，包括政府、企业、非营利组

织、学术界和民众。

可持续性：社会创新关注解决问题的长期效果，追求可持续的社会变革。

灵活性和适应性：社会创新需要灵活的机制和适应性，能够随社会需求和变化而调整。

（三）老龄化社会中的社会创新内涵

健康服务创新：针对老年人的医疗服务、康复服务、远程医疗等创新，以提升老年人的健康水平。

智能科技应用：利用人工智能、物联网等技术，开发智能化产品和服务，满足老年人的日常需求，提高其生活质量。

社区养老模式：探索基于社区的养老服务模式，包括社区护理、居家养老服务等，更好地满足老年人的生活和护理需求。

老年人职业发展：鼓励和支持老年人在退休后参与社会工作、志愿服务等，充分发挥其经验和技能优势。

社会关爱体系：建立更为完善的社会关爱网络，包括心理健康支持、社会陪伴等，关注老年人的精神层面需求。

（四）老龄化社会中的社会创新实践

健康管理平台：利用信息技术，建立老年人健康管理平台，通过智能设备、健康监测等手段，实现对老年人的个性化健康管理。

老年人技能培训项目：设立老年人技能培训项目，通过培训使老年人掌握新技能，增加其就业机会，促进社会创新。

社区共建共享：引入共建共享理念，通过社区合作，共同打造老年人友好型社区，共享资源和服务。

老年人创业支持：提供老年人创业支持政策，鼓励他们参与创业活动，发挥其经验和资源优势。

文化体验活动：开展适合老年人的文化体验活动，如艺术展览、文学沙龙等，促进老年人参与文化生活。

（五）老龄化社会中的社会创新挑战

数字鸿沟问题：部分老年人由于技术障碍，难以适应数字化社会，导致信息不对称和社会创新受限。

社会观念难以改变：传统的社会观念中存在对老年人的创新能力的质疑，需要改变这种观念，更好发挥老年人的潜力。

资源分配不均：在一些地区，老年人社会创新资源分配不均，一些地区和群体可能面临创新机会的不足，制约了社会创新的广度和深度。

文化差异和社会融合：不同地区和文化对老年人的看法和需求存在差异，如何在多元文化的背景下实现老年人的社会融合，是一个需要解决的挑战。

养老服务体系压力：随着老龄化程度的加剧，养老服务体系可能面临巨大的压力，如何构建可持续的服务体系，提供足够和高质量的服务，是一个亟待解决的问题。

（六）未来发展趋势与建议

数字化老年人生活：推动数字技术在老年人生活中的广泛应用，包括智能医疗、智能家居、在线社交等，提高老年人的数字素养，促进数字化老年人生活。

建立老年人创业生态系统：建立有利于老年人创业的生态系统，包括创业培训、创投支持、政策倾斜等，激发老年人的创新创业热情。

社会观念的变革：加强社会对老年人的正面宣传，改变传统观念，树立老年人积极参与社会创新的典范，推动社会观念的变革。

构建跨代协同创新平台：鼓励跨代团队的合作，促进老年人与年轻一代的协同创新，形成更加多元化、创新性强的团队。

完善养老服务体系：加大对养老服务体系的投入，提升服务质量，引入社会创新元素，构建更为智能、人性化的养老服务体系。

推动国际合作：面对全球老龄化的趋势，推动国际合作，分享各国的社会创新经验，共同应对老龄化社会带来的挑战。

老龄化社会中的社会创新是一个全球性的重大议题。通过将社会创新引入老龄化社会，可以更好地满足老年人多样化的需求，促使他们更好地融入社会，实现更长寿、更健康、更有尊严的老年生活目标。在社会创新的道路上，政府、企业、社会组织和个体都需共同努力，共建一个关爱、包容、创新的老龄社会。通过持续的实践与创新，我们有望创造一个更为美好、可持续的老龄化社会，让老年人在晚年依然充满生活的活力，为社会的繁荣做出更多贡献。

二、社会福利体系的创新应对老龄化带来的挑战

随着全球老龄化趋势的不断加剧，社会福利体系面临着严峻的挑战。老年人口的增加意味着对养老、医疗、社会服务等方面的需求将大幅度上升。在这一背景下，社会福利体系需要进行创新，以更好地满足老年人的需求，保障其基本权益，促进社会的可持续发展。本节将探讨社会福利体系在应对老龄化挑战中的创新方向、策略以及未来的发展趋势。

（一）老龄化带来的社会福利挑战

养老服务压力：随着老年人口的增加，传统的养老服务体系面临巨大的压力，养老机构床位不足、服务质量不高等问题凸显。

医疗需求增加：老年人的健康需求更为复杂，医疗服务的需求增加，但医疗资源有限，导致医疗服务不均衡。

社会服务不足：社会服务体系相对薄弱，涉及老年人的心理健康、文化娱乐等方面的服务较为匮乏。

经济保障问题：部分老年人可能面临经济困境，退休金水平不高，需要更好的社会保障来维持生活水平。

（二）社会福利体系创新方向

智能化养老服务：利用先进的信息技术，推动智能化养老服务，包括智能健康监测、智能家居、远程医疗等，提高养老服务的效率和质量。

社区化养老模式：强调社区资源的整合和发挥，构建以社区为基础的养老服务体系，提供更贴近老年人需求的服务。

健康管理与疾病预防：强化健康管理和疾病预防，通过早期干预和健康促进，降低老年人的医疗需求，减轻医疗系统压力。

多层次养老服务网络：建立多层次的养老服务网络，包括家庭护理、社区养老、机构养老等，满足不同层次老年人的需求。

社会服务的综合化：在社会服务方面实现综合化，加强心理健康、文化娱乐等服务，提高老年人全面幸福感。

灵活的经济保障体系：构建灵活、可持续的经济保障体系，包括更为完善的养老金制度、社会救助机制等。

（三）社会福利体系创新策略

整合资源，提升服务质量：整合社会各方资源，包括政府、企业、社会组织等，建立高效运行的养老服务网络，提升服务的质量和覆盖面。

鼓励社会参与，推动共建共享：鼓励社会力量参与养老服务，推动共建共享理念，通过社会参与的方式创造更多有创新性的服务。

引入市场机制，激发创新活力：引入市场竞争机制，鼓励企业参与养老服务领域，提高服务的多样性和创新性。

政策倾斜，支持创新项目：制定相关政策，倾斜资金和资源支持创新项目，包括科技创新、社区服务创新等。

提升从业人员素质，构建专业团队：加强养老服务从业人员的培训，构建专业、高效的养老服务团队，提供更专业化、人性化的服务。

加强国际合作，学习先进经验：加强国际合作，学习和引入其他国家的先进经验，更好地应对老龄化带来的挑战。

（四）社会福利体系创新的发展趋势

数字化智能化：随着科技的发展，社会福利体系将更多地依赖数字化和智能化技术，提供更为智能、便捷的服务。

全方位覆盖：社会福利体系将全方位地覆盖老年人的需求，不仅关注医疗服务，还将增加对心理、文化、社交等方面的服务。

强调社会参与：强调老年人的社会参与，倡导老年人更多地参与社区建设、志愿服务等活动，提高老年人的主动性和社会融合感。

多元化经济保障：在经济保障方面，社会福利体系将更加注重多元化，包括养老金、社会救助、长寿保险等多层次的经济保障体系。

跨界融合：跨界融合是未来社会福利体系的发展趋势之一，通过不同领域的融合，实现更全面、多样的福利服务。

强化国际合作：考虑到老龄化是全球性问题，未来社会福利体系的创新将更加强调国际合作，学习其他国家的经验，共同应对全球老龄化挑战。

社会福利体系的创新是应对老龄化挑战的关键一环。通过整合资源、提升服务质量、引入市场机制以及强调社会参与，社会福利体系可以更好地满足老年人的需求，确保他们晚年生活的质量。在未来，社会福利体系的创新将面临一系列的挑战，但也将迎来更多的机遇。通过政府、企业、社会组织等多方合作，共同推动社会福利体系的创新，为构建一个更为包容、关爱的老龄社会而努力。

第七章　社会福利与社会公正

第一节　社会公正理论与社会福利

一、社会公正理论的主要流派与观点

社会公正理论是哲学和政治学领域中的一个重要分支，致力于研究社会中资源、权利、机会的分配是否合理，以及如何实现公正和平等。在社会公正理论的研究中，存在多种流派和观点，这些观点涉及对权利、自由、财富等核心概念的不同解读，反映了不同的哲学思想传统和政治立场。本节将介绍社会公正理论的主要流派，包括功利主义、自由主义、社会主义和公正主义等，并对它们的核心观点进行深入探讨。

（一）功利主义

功利主义是社会公正理论中的一大流派，其核心思想是追求最大幸福原则。功利主义强调社会政策和制度应当追求最大程度的幸福总和，即大多数人的幸福。主要代表人物有杰里米·边沁（Jeremy Bentham）和约翰·斯图尔特·密尔（John Stuart Mill）。

最大幸福原则：杰里米·边沁提出的最大幸福原则认为，一个行动或制度的价值应当根据它对整个社会幸福的贡献来评判。如果一个决策导致的幸福总和更大，那么这个决策就是道德的。约翰·斯图尔特·密尔进一步发展了功利主义，提出了定量和定性两个层次的幸福，强调智识和艺术等高级幸福的价值。

个人自由与权利：尽管功利主义强调最大幸福，但约翰·斯图尔特·密尔对个人自由的强调使他的观点更为复杂。他认为，个体的自由和权利是为

了实现最大幸福，因此支持个人自由，但在一些情况下也可以对自由进行一定的限制，以确保整体社会的最大幸福。

对权利的考量：尽管功利主义强调幸福，但在其演变中，越来越多的关注被投向了对个体权利和正义的考量。这种权利的考量在一定程度上修正了功利主义对于个体权利的忽略。

（二）自由主义

自由主义是另一主要的社会公正理论流派，其核心思想是追求个体自由和平等。自由主义的代表人物包括约翰·洛克（John Locke）、约翰·罗尔斯（John Rawls）和罗伯特·诺齐克（Robert Nozick）等。

洛克的自由观：洛克认为个体天生享有自由和财产权，主张政府的正当性来自对这些天赋权利的保护。他提出的社会契约理论强调个体在社会中的平等地位，并认为政府应当通过社会契约来保障个体的自由和财产权。

罗尔斯的正义理论：约翰·罗尔斯的正义理论是自由主义中的一个重要观点。他在《正义论》中提出了"最大化最不利地位的原则"，即通过制度的安排，使社会中最弱势群体的状况得到最大化改善。罗尔斯认为，在不知道自己将来身处社会中哪个位置的情况下，人们会选择一种对最差境况有利的社会制度。

诺齐克的无权干预原则：罗伯特·诺齐克是自由主义中的另一位代表人物，他强调财产权和自由的重要性。他的无权干预原则主张，除非是为了防止诸如欺诈、强迫等侵犯权利的行为，否则政府无权干预个体的财产和自由。

（三）社会主义

社会主义是社会公正理论中另一主要流派，其核心思想是追求经济和社会的平等。社会主义的代表人物包括卡尔·马克思（Karl Marx）、弗朗西斯·福山（Francis Fukuyama）等。

马克思主义的阶级观点：马克思主义认为，社会的不平等主要来自阶级分化，阶级斗争是推动社会变革的动力。他提倡通过废除私有制和建立社会主义制度来消除社会不平等。

福山的社会主义观：福山在《历史的终结与最后的人》中提出了"历史终结"的观点，认为西方自由主义民主制度是历史的终点，但在后来的著作中，他也指出了自由市场制度存在的问题，并主张在市场经济中加入社会主义的元素，通过改革和调整实现更为公正的社会。

社会主义市场经济：社会主义市场经济是在社会主义框架内引入市场机制的经济体制，旨在通过市场手段促进经济发展，同时保持对关键领域的公有制。这一理论尝试在继续发挥市场优势的同时，保障社会公正和公平。

（四）公正主义

公正主义是社会公正理论中的一个独立流派，其核心思想是追求社会中的公正和平等。代表人物包括约翰·罗尔斯、阿黛尔·诺兹等。

罗尔斯的差异原则：约翰·罗尔斯提出的差异原则主张，在确保基本平等的前提下，社会可以接受一定程度的不平等。他的正义理论中包括了"最大化最不利地位的原则"，即社会制度应当使社会中最弱势群体的状况得到最大化改善。

能力与机会的平等：阿黛尔·诺兹强调人们在追求自己目标时应有平等的能力和机会。她不仅关注结果的平等，还关注社会中每个人都应当有平等的能力去选择自己的生活路径。

多元主义：公正主义注重对多元文化、多样性的尊重。这一观点认为，社会的公正不仅表现在资源的分配上，还包括对不同文化、信仰、价值观的尊重与平等对待。

（五）批判理论

批判理论是一种立足于对权力结构和社会不平等进行批判性分析的社会公正理论。该理论源于法兰克福学派，代表人物包括马克思、霍克海默、阿多诺等。

社会结构的批判：批判理论关注社会结构和权力关系对社会公正的影响，认为社会的不平等主要源于社会结构和权力的分配不均。

文化工业和意识形态：批判理论强调文化工业对个体意识形态的塑造，认为媒体、文化产业等的影响是导致社会不公的一个重要因素。

解放与变革：批判理论主张通过对社会结构和权力的批判来实现解放与变革，使个体不再受到社会结构和意识形态的束缚。

结构主义是一种强调社会结构和体制性问题的社会公正理论，关注社会中的制度和规则对不同群体的影响。代表人物包括皮埃尔·布尔迪厄、米歇尔·福柯等。

结构与制度的重要性：结构主义认为社会中的结构和制度对于资源分配和社会公正有着深远的影响。社会不平等往往是由于制度性的问题导致的。

权力的运作与再生产：结构主义强调权力的运作和再生产，关注社会结构如何通过各种机制使不平等得以再生产，而不仅仅关注社会不平等的表面现象。

制度变革与社会公正：结构主义主张通过改革社会制度和结构，才能真正实现社会的公正和平等。

二、社会福利与不同社会公正理论的对话和融合

社会福利和社会公正理论是探讨社会组织与资源分配的两个重要领域。社会福利旨在为社会中的弱势群体提供帮助和保障，而社会公正理论则关注社会结构和权力关系对于资源分配与社会公正的影响。本节将探讨社会福利与不同社会公正理论之间的对话和融合，分析在实践中如何将不同理论观点融入社会福利体系，以更好地推动社会的公正和福利。

（一）功利主义与社会福利的对话和融合

1. 最大化幸福原则与社会福利

功利主义强调通过最大化幸福总和来评判社会制度和政策的合理性。在社会福利领域，最大化幸福原则可以解释为确保福利资源的分配能够使社会中的整体幸福感最大化。这可能涉及对贫困人口的资助、医疗保障的提供以及教育资源的合理分配。通过强调幸福感的最大化，社会福利政策可以更直接地关注个体的实际需求，以提高整个社会的生活质量。

2. 个体权利与社会福利的平衡

然而，功利主义在追求最大幸福时，有时可能忽略了对个体权利的充分保护。在社会福利领域，需要权衡个体权利和整体社会福利之间的关系。例如，在社会救助中，确保贫困人口得到帮助是必要的，但同时也需要保障其尊严和个体权利，避免对其进行过度干预。

3.公平分配与社会福利的实现

功利主义的公平观点可以为社会福利政策的公正分配提供指导。通过确保资源和服务的公平分配，社会福利可以更有效地满足社会中不同群体的需求，缩小贫富差距，提高整个社会的公正性。例如，通过税收和社会救助制度，可以实现对富裕群体和弱势群体更加平等的负担与支持。

（二）自由主义与社会福利的对话和融合

1.个体自由与社会福利的平衡

自由主义注重个体自由和权利，主张最小化政府干预，强调市场机制。在社会福利实践中，可以通过提供个体选择权、强调自由意志、参与社会福利计划等方式来实现自由主义的理念。例如，个体可以选择参与特定的社会福利计划，而不是被强制参与。

2.社会契约与社会福利的合理性

社会契约理论是自由主义中的一个关键概念，强调社会组织和制度的合理性应基于个体之间的自愿契约。在社会福利领域，社会契约可以被视为为福利资源分配和社会服务提供的一种合理性基础。这意味着个体参与社会福利计划时，是基于共同的自愿和契约精神。

3.公平机会与社会福利的平等机会

自由主义强调公平机会的观念，即每个人应该有公平的机会去追求自己的目标。在社会福利的实践中，可以通过提供平等的教育、职业培训机会，以及打破社会中的障碍，确保每个人都有平等的机会参与社会福利计划，从而促进整体社会的公正和发展。

（三）社会主义与社会福利的对话和融合

1.阶级斗争与社会福利的阶级关怀

社会主义理论强调阶级斗争是推动社会变革的主要力量。在社会福利领域，这可以被解释为对贫困和社会不平等问题的关注。社会主义的观点可以引导社会福利政策更关注底层群体，通过提供更多的社会救助、公共服务，以满足贫困人口的基本需求，缩小社会中的阶级差距。

2.公有制与社会福利的资源分配

社会主义主张公有制，即社会资源应该属于整个社会。在社会福利领域，这可以体现为对资源的公平分配和共享。例如，公共医疗和教育服务的建设与提供可以视为社会主义观点在社会福利中的体现，通过公有制来确保基本服务的平等普及。

3. 劳动价值与社会福利的奖励机制

社会主义关注劳动者的权益和劳动价值，强调对劳动的奖励。在社会福利实践中，可以通过建立合理的社会福利奖励机制，鼓励劳动，保障劳动者的权益，以促进全体社会成员的共同福利。

（四）公正主义与社会福利的对话和融合

1. 差异原则与社会福利的差异性关怀

公正主义强调的差异原则即最大化最不利地位的原则，在社会福利领域可以被解读为对弱势群体的差异性关怀。社会福利政策需要根据不同群体的差异性需求，制订更为差异化和个性化的服务计划，以确保社会中最弱势群体的状况得到最大化改善。

2. 公平分配与社会福利的平等机会

公正主义关注公平的分配，社会福利可以通过确保资源和服务的公平分配来实现公正主义的目标。在社会福利实践中，可以采取措施来减少社会中的不平等现象，确保每个人都有平等的机会参与社会福利计划。

3. 多元主义与社会福利的文化关怀

公正主义强调对多元文化、多样性的尊重。在社会福利的制定和执行中，需要充分考虑到社会的多元文化背景，确保社会福利服务能够满足不同文化和群体的需求，以促进社会的整体公正和包容。

三、社会公正在社会福利政策中的具体体现

社会公正是一个社会中不同群体在资源分配、机会获取、权利享有等方面受到平等和公平对待的原则。社会福利政策是政府为促进社会公正而采取的一系列措施和政策。本节将深入探讨社会公正在社会福利政策中的具体体现，包括在教育、医疗、就业、社会保障等方面的政策实践，以期为构建更加公正和包容的社会福利体系提供思路和借鉴。

（一）教育领域中的社会公正

1. 免费义务教育

为了保障每个公民都有平等接受教育的机会，许多国家实施了免费义务教育政策。这一政策确保了每个孩子都能够获得基本的教育，无论其家庭经济状况如何。这有助于减少贫困家庭代际传递的教育现象，促进社会公正。

2. 贫困生资助政策

为了缩小贫困家庭子女教育上的经济差距，许多国家制定了贫困生资助政策。这包括助学金、免费午餐、教科书津贴等形式，确保贫困生在接受教育过程中能够得到经济上的支持，避免贫困生因经济困难而失学。

3. 教育资源平等分配

为了保障教育资源的公平分配，政府采取了一系列措施，如优化学校布局、提升农村学校教学条件、加大对贫困地区教育的支持力度等。通过这些政策，力求缩小城乡和贫富地区之间的教育差距，实现教育资源的平等共享。

（二）医疗领域中的社会公正

1. 普惠医疗制度

建立普惠医疗制度是实现医疗领域社会公正的重要手段。政府投入资金建设基层医疗服务机构，提供基本医疗服务。此外，制定医疗价格政策，保障基本医疗服务的负担得以降低，使更多人能够享受到医疗资源。

2. 医疗援助与健康扶贫

为了解决贫困地区居民由于医疗资源匮乏而导致的健康问题，政府推出医疗援助和健康扶贫政策。这包括派遣医疗队到贫困地区提供医疗服务、免费为贫困人口进行常见病、慢性病的防治等。

3. 医疗保障政策

建立全面的医疗保障制度，包括社会医疗保险、大病保险等，以保障每个公民在面对疾病时能够获得必要的医疗服务而不至于因经济困难而放弃治疗。这有助于降低因医疗费用导致的贫困率。

（三）就业领域中的社会公正

1. 平等就业机会

社会公正要求提供平等的就业机会，禁止因性别、种族、年龄、残疾等因素而进行歧视。政府通过立法和执法机构的监管，确保每个人都有平等进入职场的权利。

2. 职业培训与技能提升

为了确保每个人都有机会获得与职业相关的培训和技能提升，政府制订并实施了各种培训计划，尤其是针对弱势群体。这有助于提高个体的竞争力，实现更好的职业发展。

3. 劳动力市场监管

社会公正要求对劳动力市场进行有效监管，防止不正当的竞争和职场歧视。政府通过设立监管机构、加强劳动法律法规制定，确保劳动力市场的公正和透明。

（四）社会保障领域中的社会公正

1. 社会保险制度

建立健全的社会保险制度，包括养老保险、医疗保险、失业保险等，以确保每个公民在面临风险时都能够得到相应的社会保障。这有助于降低由于意外事件而导致的贫困风险，保障每个人的基本生活水平，实现社会公正。

2. 精准扶贫政策

为了解决特定群体的贫困问题，政府采取了精准扶贫政策。通过调查研究、建立贫困人口数据库，政府能够更加有针对性地提供扶贫措施，确保资源的合理分配，减少社会不公。

3. 公共福利项目

社会公正要求政府为弱势群体提供一系列的公共福利项目，这包括社会救助、低保制度、食品券等。这些项目能够在短期内提供紧急的帮助，减轻一部分贫困人口的生活负担。

（五）社会公正在社会福利政策中的挑战与改进

1. 区域差异

社会公正在不同地区的体现存在差异。城乡之间、发达地区与欠发达地区之间存在明显的差距。政府需要更加关注贫困地区，加大资源投入力度，确保社会福利政策的平等性和包容性。

2. 人群差异

不同人群面临的困难也存在差异。例如，残疾人群、儿童、老年人等需要特殊关注。政府需要根据不同人群的需求制定差异化的社会福利政策，确保每个人都能够得到公正的对待。

3. 制度不完善

社会福利政策的制度存在不完善之处。一些制度可能存在漏洞，导致一些人群无法充分受益。政府需要定期评估和改进社会福利政策，弥补制度的不足，确保政策的有效性。

4. 资源分配不均衡

社会福利资源的分配存在不均衡问题。一些社会福利项目可能得到更多的资金支持，而其他项目却因为资源匮乏而无法充分发挥作用。政府需要更加公平地分配资源，确保社会福利政策的全面实施。

（六）社会公正与可持续发展

社会公正是社会可持续发展的基础。通过实现社会公正，政府能够建立起一个更加稳定、和谐的社会环境，推动社会的可持续发展。同时，社会公正也能够促进人的全面发展，提高整体社会的创造力和竞争力。

社会公正在社会福利政策中的具体体现是构建一个平等、包容、公平的社会福利体系。通过在教育、医疗、就业、社会保障等方面制定和实施相关政策，社会公正得以在各领域得到具体体现。然而，要想实现真正的社会公正，仍然面临一系列的挑战，需要政府不断努力改进制度、优化政策，确保社会福利的真正普惠于全体社会成员。只有通过不断完善社会福利制度，解决社会中存在的不公正现象，才能够构建一个更加和谐、稳定的社会，实现可持续发展的目标。

第二节 社会福利政策与社会公正

一、社会福利政策的设计与社会公正的关系

社会福利政策是国家为保障公民基本权益、促进社会公平而采取的一系列措施和制度安排。社会公正是社会福利政策的核心目标之一。本节将深入探讨社会福利政策的设计与社会公正之间的关系，包括政策设计的原则、社会公正的评估指标以及不同领域的政策实践，以期为建设更加公正、包容的社会福利体系提供参考。

（一）社会福利政策设计的原则

1. 包容性原则

社会福利政策的设计应当以包容性原则为基础，确保每个社会成员都能够受益。这意味着政策应覆盖不同年龄、性别、经济状况、健康状况等多样性群体，以最大限度地减少社会中的不平等现象。

2. 精准性原则

为了更有效地解决社会中存在的不平等问题，社会福利政策的设计应当注重精准性，即通过数据分析、社会调查等手段明确优先帮助的群体。这有助于确保资源的针对性使用，真正解决社会中最为迫切的问题。

3. 可持续性原则

社会福利政策设计还应考虑到长期可持续性。政策不仅要解决眼前的问题，还要着眼于未来，避免因为追求短期政绩而牺牲了长期的社会公正目标。可持续性原则也意味着要平衡不同社会群体的利益，防止出现资源过度集中的问题。

（二）社会公正的评估指标

1. 收入分配公正

收入分配公正是社会公正的一个重要方面。通过评估不同社会群体之间的收入差距，可以了解社会中是否存在贫富分化的问题。评估指标包括基尼

系数、最低工资水平、社会福利待遇等。

2. 教育公平

教育公平是社会公正的基础，也是社会福利政策的一个重要目标。评估指标包括教育资源分配是否均衡、不同群体间的受教育程度是否存在差异、教育机会是否平等。

3. 健康公平

健康公平关注社会中不同群体在健康领域的平等权利。评估指标包括不同群体的健康水平、医疗资源分配是否公平、医疗服务可及性等。

4. 就业机会公平

就业机会公平关注不同群体在劳动力市场中是否有平等的机会。评估指标包括就业率、薪酬水平、职业晋升机会等。

（三）教育领域的社会福利政策设计与社会公正的关系

1. 免费义务教育

实施免费义务教育是促进教育公平的一项关键政策。通过确保每个学生都有平等的接受基础教育的机会，可以降低出于经济原因而导致的教育差异，促进社会公正。

2. 贫困生资助政策

贫困生资助政策是教育领域中的一项常见措施。通过向贫困家庭提供助学金、免费午餐、教科书津贴等支持，可以帮助贫困学生克服经济困难，确保其能够平等接受教育。

3. 优化学校资源配置

社会福利政策在教育领域的设计需要考虑到学校资源的公平分配。政府可以通过调整学校布局、改善农村学校的教学条件等方式，确保不同地区的学校能够享有平等的教育资源。

（四）医疗领域的社会福利政策设计与社会公正的关系

1. 普惠医疗制度

建立普惠医疗制度是实现医疗领域社会公正的关键。通过将基本医疗服务纳入普惠医疗范围，政府可以确保每个人都能够享受到基本的医疗保健服务，降低出于经济原因而导致的健康差异。

2. 医疗援助与健康扶贫

医疗援助和健康扶贫政策有助于解决贫困地区居民由于医疗资源匮乏而导致的健康差异。政府可以派遣医疗队到贫困地区提供医疗服务，免费为贫困人口进行常见病、慢性病的防治，从而实现在健康领域的社会公正。

3. 医疗保障政策

建立全面的医疗保障制度是确保医疗领域社会公正的关键。社会医疗保险、大病保险等政策可以降低因疾病而导致的贫困风险，确保每个公民在面临疾病时都能够得到必要的医疗服务而不至于出于经济原因而放弃治疗。

4. 公共卫生服务

社会福利政策设计还应关注公共卫生服务的平等性。通过加强公共卫生基础设施建设，确保每个地区都有足够的公共卫生资源，可以更好地应对突发公共卫生事件，维护公民的健康权益，从而推动医疗领域的社会公正。

（五）就业领域的社会福利政策设计与社会公正的关系

1. 平等就业机会

社会福利政策在就业领域的设计应当关注平等就业机会的提供。通过立法和政策制度的建设，政府可以确保每个人在劳动力市场中都有平等的机会，不受性别、年龄、残疾等因素的歧视，从而促进社会公正。

2. 职业培训与技能提升

为了降低不同人群在劳动力市场中的就业差异，社会福利政策可以注重职业培训和技能提升。政府可以通过提供免费或补贴的职业培训项目，帮助劳动者提升技能，提高就业竞争力，进而促进就业领域的社会公正。

3. 劳动力市场监管

社会公正需要劳动力市场的有效监管。政府可以通过设立专门的劳动力市场监管机构，加强对招聘、雇佣过程的监督，防止出现职场歧视现象，保障劳动者的合法权益，从而实现在就业领域的社会公正。

（六）社会保障领域的社会福利政策设计与社会公正的关系

1. 社会保险制度

社会保险制度的设计应当注重公平性，确保每个社会成员在面对风险时都能够得到相应的社会保障。通过建立养老保险、医疗保险、失业保险等制度，政府可以降低社会风险带来的不平等，实现社会保障领域的社会公正。

2. 精准扶贫政策

为了解决特定群体的贫困问题，社会福利政策设计需要注重精准性。政府可以通过建立贫困人口数据库，明确贫困人群的特征和需求，有针对性地提供扶贫措施，实现在社会保障领域的社会公正。

3. 公共福利项目

公共福利项目是社会保障领域的一种重要实践。通过社会救助、低保制度、食品券等项目，政府可以在短期内提供紧急的帮助，减轻一部分贫困人口的生活负担，从而实现社会公正。

（七）社会福利政策设计中的挑战与改进

1. 资源不均衡

社会福利政策设计中面临的主要挑战之一是资源不均衡。一些社会福利项目可能得到更多的资金支持，而其他项目因资源匮乏而无法发挥应有作用。政府需要更加公平地分配资源，确保社会福利政策全面而有效地实施。

2. 制度不完善

社会福利政策制度存在不完善之处，有些制度可能存在漏洞，导致一些人群无法充分受益。政府需要定期评估和改进社会福利政策制度，弥补制度的不足，确保政策的有效性。

3. 应对人口老龄化

人口老龄化是社会福利政策设计面临的新挑战。政府需要调整养老保险制度，制定更为可持续的养老政策，以应对不断增长的老年人口需求。这可能包括提高退休年龄、增加社会养老金的筹资渠道、推动发展老年人长期护理服务等。

4. 应对新兴挑战

社会福利政策设计也需要适应社会经济的变革和新兴挑战。例如，科技发展可能导致部分职业的消失，需要采取培训和再就业的措施。此外，全球性问题如气候变化、疫情暴发等也可能对社会福利产生影响，需要及时调整政策。

5. 社会参与与治理

社会福利政策的设计需要充分考虑社会参与和治理的问题。政府应当通过广泛的社会咨询、公开透明的政策制定过程，确保各方利益得到充分的关注，避免政策制定过程中的不公正现象。

社会福利政策的设计直接关系到社会公正的实现。通过在教育、医疗、就业、社会保障等领域制定和实施相关政策，社会福利政策可以有效地促进社会的公正和平等。然而，社会福利政策的设计面临着诸多挑战，需要政府在资源分配、制度建设、新兴问题应对等方面进行不断改进。

为了实现更加公正的社会福利政策，政府应当遵循包容性、精准性和可持续性的原则，确保每个社会成员都能够平等享有社会福利的权益。同时，社会的参与和治理也是关键的因素，需要建立更为开放、透明的政策制定过程，凝聚社会共识，促进社会的共同发展。

总体而言，社会福利政策设计与社会公正的关系密不可分，是构建一个和谐、稳定社会的关键一环。只有在不断探索和改进的过程中，社会福利政策才能更好地满足社会的需求，为每个人提供平等的机会和基本保障，推动社会朝着更加公正和可持续的方向发展。

二、社会福利政策的调整与社会公正的实现

社会福利政策的调整是一个复杂而关键的过程，直接关系到社会的公正性和可持续性。在社会变革、经济发展和人口结构变化的背景下，政府需要不断审视和调整社会福利政策，以更好地适应社会需求，实现更高水平的社会公正。本节将深入探讨社会福利政策的调整对社会公正的实现所产生的影响，并提出一些建议。

（一）社会福利政策调整的背景

1. 社会变革与新挑战

随着科技进步、经济全球化、人口老龄化等社会变革的加速发展，社会福利政策面临着新的挑战。传统的福利体系可能面临适应性不足、资源分配不均等问题，需要通过调整来更好地满足社会的需求。

2. 经济不平等的加剧

近年来，经济不平等问题愈发引起关注。社会福利政策的调整需要关注经济不平等的根本原因，确保福利资源的合理分配，减缓贫富差距的扩大。

3. 新冠疫情的冲击

全球范围内暴发的新冠疫情对社会福利产生了深刻的影响。这一突发事件暴露了现有福利体系的薄弱之处，需要通过调整来提高对公共卫生的投入，弥补疫情对弱势群体的冲击。

（二）社会福利政策调整的影响因素

1. 社会需求的变化

随着社会结构、家庭结构和职业结构的变化，人们对社会福利的需求也在发生变化。政府在调整福利政策时需要根据实际需求进行有针对性的改革，确保福利资源能够满足不同群体的需求。

2. 财政状况和资源分配

社会福利政策的调整必然涉及财政状况和资源分配的问题。政府需要在确保财政可持续性的前提下，通过更科学合理的资源配置，提高福利资源的使用效益。

3. 制度设计与执行机制

调整社会福利政策需要考虑到制度设计和执行机制的问题。良好的制度设计可以确保福利政策的顺利实施，而有效的执行机制则是调整政策的重要保障。

（三）社会福利政策调整的影响

1. 促进社会公正

社会福利政策的调整应当是促进社会公正的重要手段。通过确保弱势群体能够享有基本的教育、医疗、就业和社会保障等权利，社会福利政策调整有助于减少社会不平等现象，促进社会的公正和包容性发展。

2. 缓解社会矛盾

不合理的社会福利政策可能导致社会矛盾的激化。通过调整政策，确保资源的公平分配，缩小富贵差距，有助于减少社会矛盾，维护社会的稳定。

3. 提升社会生产力

社会福利政策的调整应当有助于提升整体社会生产力。通过保障人民的基本生活水平，提高教育水平，改善医疗保健，社会成员更有可能充分发挥自己的潜力，为社会创造更大的价值。

4. 增进社会稳定性

社会福利政策的调整也能够增进社会的稳定性。在经济不景气或突发事件冲击时，社会福利政策的灵活性和适应性能够为弱势群体提供更多支持，减缓社会动荡的可能性。

5. 增强公民的社会责任感

通过社会福利政策的调整，政府可以传递出对全体公民的责任关怀。这有助于激发公民的社会责任感，促使更多人投身于社会公益事业，共同推动社会的发展和进步。

（四）社会福利政策调整的策略与方法

1. 重视教育和培训

在社会福利政策的调整中，重视教育和培训是关键策略之一。通过提供更多的教育资源和职业培训机会，政府可以增加人们获得更好工作的机会，减少贫困率，促进社会公正。

2. 加强社会保障体系

社会保障体系是社会福利政策的重要组成部分。加强社会保障，包括养老、医疗、失业、住房等方面的保障，能够更好地照顾弱势群体的需求，提高社会公正水平。

3. 引入科技和创新

科技和创新的引入能够提高社会福利政策的效率和透明度。通过数字化管理、大数据分析等手段，政府能够更准确地了解社会需求，更有针对性地制定和调整政策，提高资源利用效率。

4. 推动社会参与

社会福利政策的制定和调整需要充分考虑社会的多元参与。政府可以通过设立社会咨询机构、开展公民参与活动等方式，让更多人参与政策的制定和调整，确保政策更具公正性和普适性。

5. 加强国际合作

面对全球性问题，加强国际合作是推动社会福利政策调整的重要手段。国际经验和资源的分享，能够帮助各国更好地解决共同面临的社会福利问题，推动全球社会公正的实现。

（五）调整中可能面临的挑战

1. 利益冲突和舆论压力

社会福利政策调整可能导致不同群体利益的冲突，引发社会舆论的关注和压力。政府在面对这些挑战时需要保持冷静，通过科学的分析和妥善的沟通，协调各方利益，化解潜在的社会矛盾。

2. 资源有限与需求巨大

社会福利政策调整时，常常面临资源有限而需求巨大的困境。政府需要谨慎制定政策，确保资源的合理分配，重点关注关键领域，以取得最大的社会效益。

3. 制度惯性和官僚体制

一些社会福利制度可能存在惯性和官僚化问题，阻碍了政策的灵活性和适应性。调整政策需要同时关注制度和官僚体制的改革，以提高政策执行的效率。

4. 社会认知度与接受度

社会福利政策调整可能会受到社会认知度和接受度的影响。政府需要通过教育和信息宣传，提高公众对政策调整的理解和认同，减轻社会的担忧和不安。

社会福利政策的调整是一个复杂而必要的过程。在社会变革和面临新挑战的背景下，政府需要不断审视并适应社会需求，通过科学合理的调整，促进社会的公正和稳定。为此，政府应采取多层次、多领域的策略，关注教育、医疗、就业、社会保障等多个方面，推动社会福利政策更好地服务全体公民，实现社会公正的最终目标。

第三节　社会福利与性别平等

一、性别平等在社会福利中的重要性

性别平等是一项深刻的社会价值观，不仅是一种道义要求，还是实现社会福利的重要前提。在当今社会，性别平等已经成为国际社会关注的焦点之一。性别平等不仅是对男女在法律、政治权利上的平等，还是对社会各个领域中男女性别差异的关注和纠正。在社会福利领域，性别平等的实现对于提高整体社会福利、促进经济繁荣以及构建和谐社会都具有极其重要的意义。本节将探讨性别平等在社会福利中的重要性，从经济、社会、心理等多个角度进行分析。

（一）经济层面

1.提高劳动力参与度

性别平等能够最大限度地发挥社会的劳动力潜力。当社会充分利用男女两性的劳动力资源时，劳动市场将更加高效，产业链条也将更加完善。通过提高女性劳动参与度，可以增加国家的整体生产力，推动经济的发展。性别平等政策有助于打破传统的职业性别刻板印象，让女性更多地参与高附加值、高薪水的产业，促进产业结构的升级。

2.降低贫困率

女性在社会福利中的平等参与不仅是一种道义上的要求，还是降低贫困率的有效手段。很多时候，女性在社会中的地位相对较低，受教育机会有限，容易陷入贫困。通过增加女性的教育和培训机会，提高她们的社会地位和专业技能，可以有效地降低女性的贫困率。这不仅有助于提高家庭整体的经济水平，也有助于降低社会整体的贫困率，实现经济的可持续发展。

3.激发创新潜力

性别平等能够激发创新潜力，推动科技和社会的发展。研究表明，团队中性别多样性有助于激发创造力。当女性在科技、工程、数学等领域得到平等的机会时，她们能够为团队带来不同的思维方式和创新观点，推动科技的不断进步。性别平等不仅是对女性的公平对待，还是对整个社会创新潜力的最大释放。

（二）社会层面

1.增加社会和谐度

性别平等有助于增加社会的和谐度。当社会中男女双方都能够在各个方面得到公平对待时，社会矛盾将减少，人与人之间的关系将更加融洽。这有助于建立一个更加和谐、稳定的社会环境，有利于国家的长期稳定和发展。

2. 提高家庭幸福感

性别平等对于家庭的幸福感也有着深远的影响。当男女在家庭中能够平等地分担家务、照顾子女时，家庭成员的幸福感会显著提高。此外，性别平等也有助于打破传统的家庭角色刻板印象，让每个家庭成员都能够根据个人兴趣和能力选择自己的生活方式，从而提高家庭的幸福感和稳定性。

3. 减少性别歧视

性别平等是消除性别歧视的重要途径。通过制定和执行性别平等的法律法规，社会将更加公正，性别歧视将得到有效的遏制。这不仅对于受到歧视的个体公平，也有助于社会的稳定和发展。一个没有性别歧视的社会将更加公正、公平，能够吸引更多的人才和资源，推动社会向更加先进的方向发展。

（三）心理层面

1. 提高自尊和自信

性别平等有助于提高个体的自尊和自信。当男女在社会中能够平等地发挥自己的才华和能力时，个体会感到被尊重和认可，从而提高了自尊心和自信心。这对于个体的心理健康和幸福感有着积极的影响，也有助于社会的整体稳定。

2. 打破性别刻板印象

性别平等有助于打破性别刻板印象，让每个人都能够追求自己的兴趣和梦想。性别平等不再局限于传统的男性强、女性弱的刻板印象，为个体提供了更多选择的空间。男性能够选择关心家庭、参与家务，女性也能够选择追求事业、参与社会。这有助于建立一个更加包容和多元化的社会，让每个人都能够在不受性别束缚的情况下充分发展和展示自己的特长。

3. 促进心理健康

性别平等对心理健康的促进作用不可忽视。在一个充满歧视和不平等的社会中，个体可能面临沮丧、焦虑、自卑等心理问题。通过创造一个性别平等的社会环境，个体能够更好地建立自己的自尊心和认同感，减少心理压力，促进整体的心理健康。

性别平等在社会福利中的重要性体现在多个方面，包括经济、社会和心理层面。在经济层面，性别平等能够激发劳动力潜力，降低贫困率，推动创新发展。在社会层面，性别平等有助于增加社会和谐度，提高家庭幸福感，减少性别歧视。在心理层面，性别平等有助于提高个体的自尊和自信，打破性别刻板印象，促进心理健康。

要实现性别平等，需要全社会的共同努力，包括政府、企业、教育机构等多方面的参与。制定和执行相关的法律法规，提供平等的教育和职业机会，改变社会文化中的性别观念，都是实现性别平等的重要手段。只有通过全社会的共同努力，才能够建立一个更加公正、平等、和谐的社会，实现社会福利的最大化。

二、社会福利政策对性别平等的贡献

性别平等一直以来都是社会发展的核心价值之一，而社会福利政策作为国家管理体系的一部分，在促进性别平等方面发挥着至关重要的作用。社会福利政策的制定和实施直接影响到女性与男性在社会、经济、文化等方面的平等机会及权益。本节将深入探讨社会福利政策对性别平等的贡献，从家庭、劳动市场、教育、健康等多个方面进行全面分析。

（一）家庭领域

1. 产假和育儿假政策

社会福利政策中的产假和育儿假政策对性别平等的贡献不可忽视。通过提供合理的产假和育儿假制度，政府为女性创造了更好的生育条件，同时也降低了女性在事业上的机会成本。这有助于打破传统观念中女性只能在家庭中负责照顾子女的固有偏见，促使男性在家庭事务中承担更多责任，实现家庭责任的均衡分担。

2. 家庭福利政策

一些国家的社会福利政策包括家庭津贴、子女教育资助等，这些政策有助于缓解家庭的经济压力。通过提供经济支持，政府可以帮助女性更好地平衡事业和家庭责任，促进她们更积极地参与职场。这同时也有助于解决女性在事业发展上可能面临的性别歧视和职业停滞问题。

（二）劳动市场

1. 平等薪酬政策

社会福利政策通过推动平等薪酬政策，促进男女在同一职业领域的平等报酬，有力地支持了性别平等。这种政策的实施缩小了薪酬差距，使得女性能够获得与男性相当的报酬，为她们提供了更好的经济支持，也增加了她们在职场中的参与度。

2. 职业平等机会政策

社会福利政策还可以通过推动职业平等机会政策，消除职场上的性别歧视，为女性提供更多的职业选择。这包括对职业培训、职业晋升机会的平等安排，确保女性在职场中有更多的发展机会，不受性别因素的制约。

（三）教育领域

1. 教育平等政策

社会福利政策在教育领域的贡献主要表现为推动教育平等。通过制定教育政策，鼓励女性接受高等教育，政府可以为女性提供更多职业选择和发展机会。这不仅使女性更有竞争力，也为整个社会培养了更多的人才。

2. 提供托育服务

提供高质量的托育服务是一项重要的社会福利政策，尤其是对于有小孩的家庭。这不仅有助于女性更好地平衡事业和家庭关系，也为她们提供了更多的自主选择权。同时，这也有助于打破传统社会中女性只能负责照顾子女的观念，促使男性更多地参与家庭生活。

（四）健康领域

1. 妇女健康服务

社会福利政策可以通过提供全面的妇女健康服务，保障女性在生育、孕期、产后等各个阶段的健康权益。这有助于提高女性的整体健康水平，使她们更能够积极参与社会生产和发展。

2. 性别平等的医疗资源分配

社会福利政策应该致力于性别平等的医疗资源分配，确保女性能够获得与男性同等水平的医疗服务。这包括妇科健康、生育健康、心理健康等方面的全面关照，有助于提升女性的整体生活质量。

（五）社会文化

1. 打破性别刻板印象

社会福利政策的另一个重要贡献是打破性别刻板印象。通过制定一系列平等的政策，政府能够传递出鼓励男女平等发展的价值观念，从而逐渐改变传统中存在的性别歧视观念。这种变革不仅体现在法律层面，还渗透到社会的日常生活和文化传承中。通过打破性别刻板印象，社会福利政策为男女提供了更广阔的发展空间，鼓励个体根据个人兴趣和能力去选择自己的生活方式，而不受到传统性别角色的限制。

2. 教育公平

社会福利政策在推动性别平等方面的另一项贡献是倡导教育公平。通过提供平等的教育机会，政府可以改变传统社会中对女性较低教育程度的观念，鼓励女性参与更高层次的学习和职业培训。这有助于减少社会中对女性智力和职业能力低估的现象，实现教育的公平和平等。

然而，虽然社会福利政策在推动性别平等方面做出了许多贡献，但仍然面临一些挑战。其中之一是政策的不平衡执行，有些政策可能在制定阶段表现出色，但在实施过程中遇到了阻力，导致效果不佳。此外，一些地区的文化观念仍然相对保守，社会福利政策的推动需要更深层次的文化变革。

展望未来，社会福利政策应继续不断创新，更加全面地关注性别平等的方方面面。特别是要关注妇女在经济领域的平等机会，继续推动平等薪酬和职业晋升的政策。此外，注重儿童和老年人的照顾服务，有助于减轻女性在家庭责任上的压力，使其更自由地参与职场。

在教育方面，应推动更广泛的性别平等教育，旨在打破性别刻板印象，促进男女在各个学科领域的平等参与。社会福利政策还应在家庭领域加强支持，通过提供更多的家庭服务，如托育服务、家政服务等，帮助家庭更好地平衡工作和家庭关系。

总体而言，社会福利政策对性别平等的贡献不仅体现在法律和制度层面，还体现在对社会文化的引导和改变。通过不断完善政策体系，加大执行力度，可以期待未来社会福利政策在促进性别平等方面发挥更大的作用，建设一个更加平等和公正的社会。

三、性别平等与社会福利的共同发展路径

性别平等与社会福利是社会发展中相互交织、相辅相成的两个重要方面。性别平等追求男女在社会、经济和政治领域的平等权利和机会，而社会福利

旨在通过政策和服务提供保障，提高整个社会的生活质量。本节将深入探讨性别平等与社会福利的共同发展路径，从法律、教育、就业、健康等多个层面分析二者关系，并探讨未来的发展趋势。

（一）法律框架与性别平等

1. 性别平等法律体系

建立健全的性别平等法律框架是推动性别平等与社会福利共同发展的基础。各国都在不同程度上通过法律手段来禁止性别歧视，保障男女在法律权利、劳动力市场、教育和其他社会领域的平等。例如，制定平等薪酬法、性别歧视禁止法、性侵犯和家庭暴力法等，为性别平等提供了法律保障。

2. 法律支持下的社会福利政策

性别平等法律体系为社会福利政策的制定提供了法律支持。社会福利政策的目标之一就是通过法定的措施来促进性别平等。例如，国家通过法规规定产假和育儿假，以支持女性在职场与家庭关系之间取得平衡。这种法律框架下的社会福利政策为女性提供了更多的选择权，同时减少了她们在职场和家庭之间的矛盾。

（二）教育领域的共同发展

1. 推动性别平等的教育

教育是塑造社会观念和价值观的关键领域。通过推动性别平等的教育，可以改变社会对男女角色的传统认知，打破性别刻板印象。建立性别平等的教育环境有助于培养男女平等的社会价值观念，使学生从小树立平等的意识。

2. 社会福利政策与教育机会

社会福利政策对教育机会的提供直接关系到性别平等。例如，提供全面的奖学金和助学金政策，鼓励女性参与高等教育。同时，通过建立完善的托育服务体系，政府可以帮助女性更好地平衡工作和家庭关系，提高她们追求高等教育的可能性。

（三）就业领域的共同发展

1. 平等机会与社会福利

在就业领域，性别平等追求男女在工作机会、晋升机会和薪酬方面的平等。通过建立平等的雇佣法律制度，确保在招聘和聘用中不存在性别歧视，为男女提供平等的就业机会。社会福利政策在这方面的作用体现为提供平等的产假和育儿假政策，鼓励男女在家庭和工作之间平等分担责任。

2. 培训与职业发展

社会福利政策还可以通过提供职业培训、技能提升的机会，帮助女性融入更多职业领域，提高她们的职业发展机会。这有助于打破一些传统认知中对女性职业发展的固有观念，使女性更多地涌入各种职业，提高整体社会的生产力。

（四）健康领域的共同发展

1. 性别平等与健康服务

性别平等也体现在对健康服务的平等分配上。社会福利政策通过建立全面的健康保障体系，为男女提供平等的医疗服务。特别是在妇女健康方面，政府应该提供全面的妇女健康服务，保障女性在生育、孕期、产后等各个阶段的健康权益。

2. 健康教育与社会福利

社会福利政策还可以通过开展健康教育活动，提高社会对性别平等健康需求的认识。这有助于消除一些对女性健康问题的社会偏见，促使社会更加注重女性的健康需求，从而推动性别平等在健康领域的共同发展。

（五）精神健康领域的共同发展

精神健康是一个综合的领域，也与性别平等密切相关。社会福利政策在精神健康领域的共同发展主要包括：

（1）精神健康服务的平等分配

社会福利政策应该致力于确保精神健康服务的平等分配，不论性别。这包括提供对女性和男性都有益的心理健康服务，关注特定于性别的心理健康问题，如产后抑郁症等。通过提供平等的心理健康服务，社会可以减轻男女在面对精神健康问题时的不平等负担，改善整体社会心理健康水平。

（2）打破性别刻板印象与心理健康

社会福利政策的一个目标是通过心理健康教育打破对于男性和女性在精神健康方面的刻板印象。通过鼓励开展心理健康教育，解释男性和女性可能面临的心理健康压力，并提供应对策略，有助于减少对于性别在心理健康问题上的歧视。

（六）社会文化领域的共同发展

1. 反性别歧视的文化建设

社会文化对于性别平等和社会福利的共同发展至关重要。社会福利政策应该致力于反性别歧视的文化建设。这包括通过宣传、文化活动、媒体等手段，促进男女在社会中的地位平等。打破对于性别的刻板印象，消除性别歧视，有助于创造一个更加包容和平等的社会文化环境。

2. 平等参与社会活动

社会福利政策也可以通过支持和鼓励女性平等参与社会活动，推动性别平等的文化变革。例如，通过设立平等的奖学金、奖助学金，鼓励女性参与科研、艺术和社会公益活动，使她们在各个领域都能够有机会发挥自己的才能。

第四节　社会福利与地区发展不平衡

一、地区发展不平衡对社会福利的影响

地区发展不平衡是指在一个国家或地区内，不同地域之间在经济、社会、文化等方面发展水平存在差异。这种不平衡的发展常常导致一些地区相对贫困，而另一些地区相对富裕，进而对社会福利产生深远的影响。本节将深入探讨地区发展不平衡对社会福利的影响，分析其在经济、教育、就业、健康等方面的表现，并讨论如何解决这些问题以促进社会福利的均衡发展。

（一）经济领域的影响

1. 收入差距与社会福利

地区发展不平衡往往导致收入差距的加大。在相对发达的地区，人们通常享有更多的就业机会、更高的工资水平，从而更容易获得更好的社会福利。而在相对贫困的地区，由于经济资源有限，社会福利往往无法提供足够的覆

盖面和质量。这使得社会福利的享受成为一种地域性的特权，加大了不同地区居民之间的社会福利差异。

2. 贫困地区的社会福利挑战

相对贫困的地区由于资源短缺，社会福利往往难以满足居民的基本需求。例如，医疗卫生服务的不足、教育资源的匮乏、社会救助体系的不完善等问题使得居民在面对疾病、教育、社会保障等方面更容易面临困境。这加剧了社会福利的不平等现象，形成了"富裕区"和"贫困区"的鲜明对比。

（二）教育领域的影响

1. 教育资源分配的不均衡

地区发展不平衡会导致教育资源的不均衡分配。相对发达地区通常能够投入更多的财政和物力资源，拥有更好的学校、更多的优秀教师和更丰富的教育设施，使得居民更容易接受高质量的教育。而在相对贫困的地区，由于资源有限，学校条件差、师资力量不足，教育质量相对较低，导致居民在获取优质教育方面面临较大困境。

2. 就业机会和教育机会

地区发展不平衡也在一定程度上制约了居民的就业机会与教育机会。相对发达地区的居民由于受到更好的教育，更容易获得高薪就业机会，从而更能享受到高水平的社会福利。而相对贫困的地区，由于受到教育资源的限制，居民难以获得高薪就业，从而难以享受到与之相应的社会福利。

（三）就业领域的影响

1. 就业机会的地域分布不均

地区发展不平衡直接影响着就业机会的地域分布。通常情况下，相对发达的地区拥有更多的产业和企业，提供更多的就业机会。而相对贫困的地区由于经济滞后，就业机会相对有限。这导致了一些地区劳动力市场的紧张与失业率的提高，影响了居民的经济状况，也间接地影响了他们能够享受的社会福利。

2. 就业机会与社会保障脱节

在一些贫困地区，尽管有就业机会，但由于企业普遍规模小、产业单一等，工人的社会保障水平较低。缺乏完善的社会保障制度，使得一些工人在面对疾病、意外事故等时难以获得有效的帮助。这使得社会福利在这些地区并没有真正满足居民的基本需求。

（四）健康领域的影响

1. 健康服务资源分配不均

地区发展不平衡导致了健康服务资源的不均匀分配。相对富裕的地区通常拥有更多的医疗机构、更好的医疗设备和更多的专业医生，使得居民更容易获得高水平的医疗服务。而相对贫困的地区，由于医疗资源匮乏，居民在面对疾病和健康问题时面临更大的挑战。这导致了不同地区之间健康服务水平的差异，直接影响了居民的健康状况。

2. 健康水平与社会福利的紧密联系

地区的发展水平直接影响了居民的健康水平，从而影响了其对社会福利的需求。在相对贫困的地区，由于医疗资源的匮乏和健康服务的不足，居民更容易面临健康问题，需要更多的社会福利来支持其医疗和康复需求。而相对富裕的地区，由于健康服务较好，居民的健康水平相对较高，对社会福利的需求相对较低。

（五）社会保障体系的影响

1. 社会保障水平的差异

地区发展不平衡导致了社会保障水平的差异。相对发达的地区通常有更完善的社会保障体系，包括养老金、医疗保险、失业保险等各项福利。而相对贫困的地区，由于财政有限，社会保障体系相对薄弱，使得居民在面对各种风险时更容易陷入困境。

2. 社会保障体系与就业机会的关系

社会保障体系与就业机会之间存在紧密的关系。在相对发达的地区，由于就业机会相对较多，工人更容易获得社会保障的资格，享受到更多的社会福利。而在相对贫困的地区，由于就业机会有限，部分居民可能无法参与社会保障体系，增加了他们在面对风险时的不确定性。

（六）社会福利政策的制定与实施

1. 制定社会福利政策的难度

地区发展不平衡给社会福利政策的制定和实施带来了一定的难度。相对贫困的地区由于财政压力大、资源有限，难以提供高水平的社会福利服务。政府可能需要在财政分配上进行艰难的权衡，以平衡不同地区之间的发展差距，确保社会福利的公平分配。

2.需要差异化的社会福利政策

地区发展不平衡需要更为差异化的社会福利政策。政府在制定社会福利政策时，需要考虑不同地区的实际情况，采取更有针对性的措施。例如，在相对贫困的地区，可以加大财政投入力度，增加医疗服务和教育资源，以缩小地区发展差距，提高社会福利水平。

（七）社会福利的公平与社会稳定

1.不平衡的社会福利对社会稳定的挑战

地区发展不平衡导致的社会福利不平衡往往会引发社会的不满和不稳定。在相对贫困的地区，由于社会福利水平较低，居民更容易面临经济困难，加剧了社会矛盾。这可能导致社会动荡、不安定，影响整体社会的发展。

2.社会福利的公平对社会稳定的重要性

建立公平的社会福利体系对维护社会稳定至关重要。通过促进社会福利的公平分配，政府可以缓解不同地区之间的紧张关系，减少社会矛盾，提高居民的满意度和认同感。公平的社会福利体系有助于建立和谐社会，促进社会的可持续发展。

二、社会福利政策在缩小地区发展差距中的作用

地区发展差距是全球各国普遍面临的问题，也是一次综合性、复杂性的挑战。社会福利政策作为国家治理体系的一部分，发挥着缩小地区发展差距的重要作用。社会福利政策不仅直接影响着居民的生活水平和社会公平，而且在一定程度上可以调节和促进地区之间的平衡发展。本节将从经济、教育、就业、医疗、社会保障等多个角度探讨社会福利政策在缩小地区发展差距中的作用，并提出相关的政策建议。

（一）经济领域

1. 财政支持与区域投资

社会福利政策可以通过财政支持和区域投资来缩小地区发展差距。政府可以加大对相对贫困地区的财政补贴力度，用于改善基础设施、发展产业、提升就业水平等。通过有针对性的经济支持，可以促进地区经济的良性循环，逐步缩小与相对富裕地区之间的差距。

2. 产业政策的引导

社会福利政策还可以通过产业政策的引导来推动地区产业的升级和发展。政府可以根据地区的优势和特点，制定有针对性的产业政策，鼓励和支持本地区具有竞争力的产业发展，提高地区经济的整体水平。

（二）教育领域

1. 提高教育资源配置公平性

社会福利政策在教育领域的作用尤为显著。通过提高对相对贫困地区的教育资源投入，包括学校建设、师资培训、教育科研等方面，可以缩小地区间的教育差距。政府可以通过设立奖学金、提供学费减免等方式，鼓励贫困地区的学生接受更高质量的教育。

2. 发展职业教育和技能培训

除了普通教育，社会福利政策还可以着重发展职业教育和技能培训。通过为相对贫困地区的居民提供更多的职业培训机会，使其具备更强的就业竞争力，进而促进地区的产业升级和经济发展。

（三）就业领域

1. 聚焦扶贫就业项目

社会福利政策可以通过推动扶贫就业项目，为相对贫困地区提供更多的就业机会。政府可以制订就业援助计划，鼓励企业在贫困地区设厂，通过税收减免、财政奖励等方式吸引企业投资，促进就业的增长。

2. 引导劳动力流动

社会福利政策也可以通过引导劳动力流动来缓解地区就业压力。政府可以鼓励技能劳动者在不同地区之间的流动，通过建立更加灵活的用工机制，为劳动力提供更多的选择，促使劳动力更加合理地配置在各个地区。

（四）医疗领域

1. 加强基层医疗服务

社会福利政策可以通过加强基层医疗服务，提高相对贫困地区的医疗水平。政府可以投资建设基层医疗机构，提高医务人员的培训水平，推动基层医疗服务的质量，从而降低因为疾病导致的贫困风险。

2. 推动医疗资源共享

社会福利政策可以促使医疗资源的共享。政府可以制定政策，鼓励医疗人才在相对贫困地区提供服务，推动优质医疗资源向这些地区倾斜，使这些地区居民能够享受到更好的医疗服务。

（五）社会保障领域

1. 完善社会保障体系

社会福利政策的一个核心目标就是完善社会保障体系，使其能够更好地覆盖相对贫困地区的居民。政府可以通过加大对社会保障体系的投入力度，提高社会保障水平，确保相对贫困地区的居民在面对疾病、失业等风险时有一定的社会保障。

2. 创新社会保障方式

社会福利政策也可以通过创新社会保障方式来更好地适应地区差异。政府可以探索建立更加灵活、差异化的社会保障机制，根据不同地区的实际情况制定相应的政策。这包括但不限于适应不同地区生活成本的差异、因地制宜地设定社会保障标准和津贴等。

3. 促进就业与社会保障的有机结合

社会福利政策应当更加注重就业与社会保障的有机结合。通过建立更加紧密的就业与社会保障关系，政府可以鼓励企业提供更多的社会保障福利，降低居民在面对就业风险时的不确定性，提高他们的社会保障水平。

（六）社会公平与平等

1. 促进机会均等

社会福利政策有助于促进机会的均等。通过提供教育、就业、医疗等方面的公平机会，可以降低因为地区差异导致的社会不公平。政府可以通过制定相关政策，消除一些地区的劣势，使居民能够更加平等地享受社会福利。

2. 缩小收入差距

社会福利政策还可以通过缩小收入差距来促进社会公平。政府可以通过税收政策、社会救助体系等手段，调节居民的收入分配，确保相对贫困地区的居民能够分享到经济发展的成果，减缓收入差距的扩大趋势。

（七）区域协调与合作

1. 加强区域协调机制

社会福利政策在缩小地区发展差距中的作用需要与加强区域协调机制相结合。政府可以促使不同地区建立更加紧密的合作关系，共同研究解决地区性问题的方案，分享成功的经验，形成合力推动整个地区的协调发展。

2. 促进跨地区资源流动

社会福利政策还可以通过促进跨地区资源流动来缩小地区发展差距。政府可以鼓励企业在相对贫困的地区投资兴业，吸引人才和资金流入这些地区，促进资源的均衡配置，推动地区的共同繁荣。

（八）社会稳定与可持续发展

1. 提高社会稳定性

社会福利政策的落实有助于提高社会的稳定性。通过确保相对贫困地区的居民能够分享到社会福利的成果，政府可以减少社会矛盾，增强社会凝聚力，降低社会动荡的风险，为可持续发展创造有利的社会环境。

2. 促进可持续发展

社会福利政策也可以促进地区的可持续发展。通过提高教育水平，增加就业机会，改善医疗服务，政府可以培养更多的人才，促进地区产业升级，实现社会的可持续发展。

在缩小地区发展差距的过程中，社会福利政策发挥了多方面的作用。从经济、教育、就业、医疗、社会保障等多个层面，社会福利政策通过调节资源分配、提供公共服务、促进社会公平等手段，助力相对贫困地区实现可持续发展。然而，需要注意的是，社会福利政策并非单一的解决之道，还需要结合地方实际情况，采取综合性、差异化的政策组合，以确保社会福利政策在缩小地区发展差距中获得最大效益。

三、地方政府与社会福利合作的策略和机制

社会福利是一个涉及广泛的领域，需要政府与社会各界的合作，以更好地满足居民的基本需求，提高生活质量，促进社会公平。地方政府在社会福利领域扮演着关键角色，通过与社会机构、非营利组织、企业等的合作，可以更有效地实现社会福利的分配和服务。本节将探讨地方政府与社会福利合作的策略与机制，以促进社会福利事业的可持续发展。

（一）背景

社会福利是国家治理的一个重要方面，旨在保障公民的基本权益，提高社会公平和公正。地方政府作为政府层级的基层单位，负有直接服务居民的责任。然而，社会福利事业庞大而复杂，单靠政府的力量难以完全满足居民的多样化需求。因此，地方政府需要与社会各界展开紧密合作，充分发挥各方的优势，共同推动社会福利的发展。

（二）合作策略

1. 制定明确的社会福利政策

地方政府与社会福利机构合作的第一步是制定明确的社会福利政策。政府需要明确社会福利的目标、范围和重点领域，为社会福利合作提供明确的方向。政策的明确性有助于社会福利机构更好地理解政府的期望，并有针对性地提供相关服务。

2. 鼓励社会资本参与

地方政府可以采取积极措施，鼓励社会资本参与社会福利事业。这包括提供税收激励、制定相关政策法规、简化合作流程等。社会资本的介入不仅能够为社会福利项目提供更多的资金支持，还可以借助其灵活性和创新性，更好地满足社会需求。

3. 建立多层次合作机制

为了更好地协同推进社会福利事业，地方政府应该建立多层次的合作机制。这包括政府与非营利组织、企业、学术机构等多方的协同合作。通过建立联席会议、合作协议等机制，形成合作共识，实现资源的有效整合和信息的畅通流动。

4. 强化社会福利项目评估与监管

为确保社会福利项目的有效实施，地方政府需要加强对项目的评估与监管。建立科学的项目评估机制，对社会福利项目的效益、影响进行定期评估，确保项目符合政府的社会福利政策方向。同时，强化对项目的监管，确保项目的合法性和透明度，防范可能的不当行为。

5. 提倡社会创新

地方政府与社会福利机构的合作应当提倡社会创新。这包括鼓励尝试新的社会福利服务模式、推动科技与社会福利的深度融合、倡导公民参与等。社会创新有助于寻找更加高效、可持续的社会福利解决方案，激发社会力量的创造性。

（三）合作机制

1. 政府购买服务模式

政府购买服务是一种常见的合作机制，即政府通过购买社会福利机构提供的服务来满足公民需求。这种模式下，社会福利机构承担服务提供的角色，政府负责监管、评估和支付相应的服务费用。这有助于提高服务的效率和灵活性。

2. 社会投资合作

社会投资合作是指政府引导社会资本投入社会福利事业，通过投资基金、社会债券等方式筹措资金，支持社会福利项目的实施。政府与社会资本、慈善机构等形成合作共赢的局面，共同推动社会福利事业的发展。

3. 联合办公与信息共享

为了加强合作，地方政府可以与社会福利机构建立联合办公机构，共享资源和信息。这有助于提高信息的透明度，减少信息不对称，促进政府与社会福利机构之间更加紧密的协同工作。

4. 公私伙伴关系

公私伙伴关系是政府与企业、非营利组织等社会机构之间的一种紧密合作关系。通过建立公私伙伴关系，政府可以充分利用社会力量的资源和创新性，共同推动社会福利事业的发展。这种合作关系可以涵盖多个领域，包括基础设施建设、教育培训、就业创造等。政府可以通过与企业、非营利组织等建立战略合作伙伴关系，实现资源优势的互补，共同解决社会福利事业中的难题。

5. 社区参与与自治

强调社区参与与自治是地方政府与社会福利机构合作的重要机制。地方政府应该鼓励并支持社区居民参与社会福利事业的决策和实施过程中。社区自治的机制可以通过设立社区委员会、居民代表机构等形式，让居民参与决策，推动社会福利服务更加贴近实际需求。

6. 创新科技应用

现代科技的应用为地方政府与社会福利机构合作提供了新的机会。通过利用大数据、人工智能、云计算等技术手段，政府可以更精准地了解社会需求，优化社会福利资源配置。同时，创新科技的应用也能够提高服务的效率和质量，让社会福利事业更具智能化和可持续性。

第五节　社会福利与人权保障

一、人权保障在社会福利中的基础地位

人权保障是现代社会发展的基石，是各国政府应尽的法定义务。在社会福利领域，人权保障不仅是一项基本原则，还是推动公正、平等、包容社会的动力。本节将探讨人权保障在社会福利中的基础地位，分析人权与社会福利的关系，以及人权在社会福利政策制定和实施中的作用。

（一）人权与社会福利的内在联系

1. 人权的基本概念

人权是个体在社会中享有的基本权利，被认为是所有人类共同的普世价值。这些权利包括但不限于生命权、自由权、财产权、平等权、言论权、教育权、医疗权等。人权是在法律和道义上确保个体自由、尊严和公平的基石。

2. 社会福利的定义

社会福利是指社会为满足其成员基本需求、提高生活水平、实现公平正义而制定的政策和措施的总称。社会福利的范畴涵盖了教育、医疗、就业、社会保障、住房等多个领域。其目的是通过公共服务和社会保障，促进社会

成员的全面发展，消除社会不平等，创造更加人道和公正的社会。

3. 人权与社会福利的共同目标

人权与社会福利有着共同的社会目标，即确保每个人都能够享有基本的权利和福利，实现其个体的自由和幸福。人权的尊重与保障是社会福利的前提，而社会福利的提供是落实人权的一种方式。二者相辅相成，形成了一个互为基础、相互促进的体系。

（二）人权在社会福利政策中的作用

1. 社会公正与平等

人权理念强调每个人都应当在社会中享有平等的权利。在社会福利政策中，人权的视角使政策制定者更加注重社会公正与平等。通过提供平等的教育、医疗、就业机会等福利服务，社会福利政策有助于消除不平等现象，实现社会成员在享受基本权利上的平等。

2. 生存权与基本生活水平

人权中的生存权包括了基本的生活权利，如食物、住房、医疗等。社会福利政策通过提供贫困人口的补助金、住房援助、医疗保障等方式，实现了人权中的生存权，帮助每个社会成员达到一定的基本生活水平。

3. 尊重个体的自主权利

人权的基础之一是尊重个体的自主权利，包括个体做出自主决策的自由。在社会福利政策中，应当尊重受助者的意愿和需求，确保他们在享受福利服务时有自主的选择权。例如，在医疗领域，保护患者的知情权、隐私权，尊重他们在医疗决策上的自主权。

4. 提高社会整体福利

人权与社会福利的结合还有助于提高整个社会的福利水平。通过提供全面的社会福利服务，政府可以促进社会成员的全面发展，培养更多的人才，推动社会的经济和文化进步，最终实现社会的整体繁荣。

5. 防范社会不稳定

人权保障与社会福利政策的共同目标之一是防范社会不稳定。通过提供公平的机会和福利服务，社会福利政策有助于减少社会阶层间的不平等，缓解社会矛盾，降低社会动荡的风险，维护社会的稳定。

（三）人权在社会福利政策中的具体体现

1. 教育权的保障

教育权是人权的基本组成部分之一。社会福利政策应当确保每个人都能够平等获得优质的教育资源，无论其社会经济地位、性别、种族如何。政府通过投资教育基础设施、提供奖学金、制定教育公平政策等方式，保障教育权的实现。

2. 医疗权的实现

人权包括了每个人都有享受最高水平的身体健康权。社会福利政策应当保障每个人都能够获得基本的医疗服务，无论其社会经济地位如何。政府可以通过建设健全的医疗体系、提供医疗保险、推动基层医疗服务等方式，实现医疗权的充分保障。

3. 就业权的促进

人权中的就业权强调每个人都有参与并从事有意义的工作的权利。社会福利政策应当通过就业培训、职业指导、创业支持等措施，促进就业权的实现。这不仅有助于提高个体的经济独立性，还有助于社会的稳定和繁荣。

4. 社会保障与福利权的提供

社会保障与福利权是人权中的重要组成部分，包括老年人福利、儿童福利、残疾人福利等。社会福利政策应当确保社会最脆弱群体的权益得到充分保障，通过建立完善的社会保障体系，提供各类福利服务，使每个社会成员都能够在需要时获得支持。

5. 平等权利的维护

人权的核心之一是平等权利。社会福利政策应当通过消除各类歧视，保障每个人在享受福利服务时都能够被平等对待。政府可以通过立法、宣传教育、监督机制等手段，维护每个人在社会福利领域的平等权利。

6. 居住权与住房保障

居住权和住房保障是人权的重要组成部分，而且也是社会福利的基本内容之一。社会福利政策应当通过建设廉租房、提供住房贷款支持、制定住房补贴政策等方式，保障每个人都能够享有安全、健康、适宜的居住环境。

（四）人权保障在社会福利中的挑战

1. 资源分配不均

在社会福利领域，资源分配不均是一次显著的挑战。由于有限的财政资源和社会福利服务的多样性，政府在制定政策时可能面临权衡和优先选择的难题，可能导致一些社会群体无法充分享受人权保障。

2. 制度和法规不健全

一些国家的社会福利制度和法规可能不够健全，缺乏明确的人权保障机制。这可能导致福利服务的不平等和滥用，使得一些弱势群体难以获得应有的人权保障。

3. 社会观念和文化障碍

社会观念和文化因素可能成为限制人权保障的因素。一些传统观念可能阻碍了某些群体特别是妇女等的权益，使其在社会福利中难以享有平等权利。

4. 全球性挑战

在全球范围内，一些跨国性问题也影响到人权在社会福利中的实现。例如，气候变化、难民危机等全球性问题可能导致资源不均、社会不稳定，从而影响到各国社会福利的提供和人权的保障。

二、社会福利政策与人权法律框架的契合

社会福利政策与人权法律框架的契合是建设更加公正、平等、人道的社会的关键。人权法律框架为社会福利政策提供了道义和法理基础，使得社会福利得以更有力地推动人权的实现。本节将探讨社会福利政策与人权法律框架之间的契合关系，分析二者的共同点、挑战与发展方向。

（一）人权法律框架的基本原则

1. 普世性原则

人权法律框架的核心之一是普世性原则，即人权是普世的、不可分割的，适用于所有人类。这一原则强调每个个体都享有一系列基本权利，无论其国籍、种族、性别、宗教等身份特征如何。

2. 不可侵犯原则

不可侵犯原则体现在对个体基本权利的保护上，强调任何人或机构都不得侵犯他人的基本权利，包括生命权、自由权、财产权等。这一原则确保了每个人的尊严和自由得到最大限度的保障。

3. 平等和非歧视原则

平等和非歧视原则是人权法律框架中的关键要素，要求所有人在法律面前都应当平等，不受歧视。这一原则涵盖了各个领域，包括平等的机会、平等的待遇、消除对特定群体的歧视等。

4. 公正和公平原则

人权法律框架强调社会应当建立在公正和公平的基础上，确保每个人都有机会获得公正对待，不受不公正的制度和实践的影响。这一原则推动社会构建更加包容和公正的体制。

（二）社会福利政策的核心目标

1. 消除社会不平等

社会福利政策的一个重要目标是消除社会不平等，确保每个人都能够平等地享有社会资源和服务。通过提供教育、医疗、就业等方面的福利服务，社会福利政策有助于缩小社会阶层之间的差距，促进社会的公平发展。

2. 提高社会整体福利

社会福利政策的另一个核心目标是提高整个社会的福利水平。通过提供全面的福利服务，政府可以促进社会成员的全面发展，促使社会更加繁荣、文明和富裕。

3. 保障社会弱势群体权益

社会福利政策注重保障社会弱势群体的权益，包括儿童、老年人、残疾人等。通过建立社会保障制度、提供福利服务，社会福利政策有助于确保这些群体的基本权利得到保障和尊重。

4. 促进社会稳定

社会福利政策还有助于促进社会的稳定。通过提供社会安全网、卫生服务等，政府可以降低社会动荡的风险，维护社会的和谐与安定。

（三）社会福利政策与人权法律框架的契合点

1. 平等和非歧视

社会福利政策致力于消除社会中的不平等现象，确保每个人都能够平等地享受社会福利服务。这与人权法律框架中的平等和非歧视原则相契合，共同强调了每个个体在法律和社会服务中应当受到平等对待，不受歧视。

2. 生存权与基本生活水平

人权法律框架中保障的生存权与社会福利政策中提供的基本福利服务相契合。社会福利政策通过提供医疗服务、住房保障、食品援助等方式，实现了每个人基本的生存权，保障其拥有一定的基本生活水平。

3. 教育权的保障

社会福利政策通过提供教育服务，促进每个人的教育权得到实现。这与人权法律框架中的教育权原则相契合，共同关注每个人都应当享有平等接受教育的权利。

4. 社会保障与福利权的提供

社会福利政策致力于提供社会保障和福利服务，以保障每个社会成员的权益。这与人权法律框架中对社会保障和福利权的保障相契合，共同强调了确保社会的整体福利和社会成员的全面发展。

5. 尊重个体的自主权利

人权法律框架中强调尊重个体的自主权利，社会福利政策也应该在服务提供中考虑和保障个体的自主权。例如，在医疗服务中，应当尊重患者的知情权、隐私权，让他们在医疗决策中能够行使个体的自主权利。

6. 保障社会弱势群体权益

社会福利政策着重保障社会弱势群体的权益，如儿童、老年人、残疾人等。这与人权法律框架中对于弱势群体的特别保护原则相契合，共同强调社会中的弱势群体应当得到额外的关照和支持。

社会福利政策与人权法律框架的契合是社会可持续发展的基础。在确保每个人都能够享有基本权利的同时，通过提供全面的社会福利服务，实现社会的整体繁荣和公正。面对各种挑战，创新与国际合作成为未来发展的关键，同时强调社会观念的变革和社会参与，将有助于构建更加人权化、包容性的社会。

三、人权保障与社会福利制度的不断完善

人权保障与社会福利制度的不断完善是现代社会发展的重要方面。人权保障是国家的法治基石，而社会福利制度则是社会公平和人民幸福的保障。两者相辅相成，共同构建了一个更加公正、平等、关爱的社会。本节将探讨人权保障与社会福利制度的紧密联系，分析在不断变化的社会背景下，二者如何相互影响，推动社会的进步与发展。

（一）人权保障的基本原则

1.普世性原则

人权的普世性原则强调人权是普遍适用于所有人的，不受国籍、种族、性别、宗教等差异的限制。这一原则确保了每个人都有平等的权利，无论其身份地位如何。

2.不可侵犯原则

不可侵犯原则强调每个人都有不受侵犯的基本权利，包括生命权、自由权、尊严权等。这一原则确保了个体在社会中不会受到非法的侵害。

3.平等和非歧视原则

平等和非歧视原则要求所有人在法律面前都应当平等，不受歧视。这一原则旨在消除社会中存在的各种形式的歧视，确保每个人都能够平等地享有权利。

4.公正和公平原则

公正和公平原则强调社会应当建立在公正与公平的基础上，确保每个人都有机会获得公正对待。这一原则推动社会构建更加包容和公正的体制。

（二）社会福利制度的核心目标

1.消除社会不平等

社会福利制度的一个重要目标是消除社会不平等，确保每个人都能够平等地享有社会资源和服务。通过提供教育、医疗、就业等方面的福利服务，社会福利制度有助于缩小社会阶层之间的差距，促进社会的公平发展。

2.提高社会整体福利

社会福利制度的另一个核心目标是提高整个社会的福利水平。通过提供

全面的福利服务，政府可以促进社会成员的全面发展，促使社会更加繁荣、文明和富裕。

3. 保障社会弱势群体权益

社会福利制度注重保障社会弱势群体的权益，包括儿童、老年人、残疾人等。通过建立社会保障制度、提供福利服务，社会福利制度有助于确保这些弱势群体的基本权利得到保障和尊重。

4. 促进社会稳定

社会福利制度还有助于促进社会的稳定。通过提供社会安全网、卫生服务等，政府可以降低社会动荡的风险，维护社会的和谐与安定。

（三）人权保障与社会福利制度的互动影响

1. 人权保障推动社会福利制度的建设

人权保障的基本原则为社会福利制度的建设提供了法治基础。通过依法保障每个人的基本权利，政府在制定社会福利政策时能够更好地借鉴人权原则，确保福利服务的普惠性和公正性。

2. 社会福利制度促进人权的实现

社会福利制度的目标之一是提高整体社会福利，这直接促进了人权的实现。通过提供医疗、教育、住房等福利服务，社会福利制度帮助个体实现了基本的生存权、教育权、居住权等人权。

3. 平等和非歧视原则在社会福利中的具体体现

人权的平等和非歧视原则在社会福利制度中得到了具体体现。例如，社会福利政策应确保每个人在享受福利服务时都能够获得平等对待，不受歧视。政府在制定福利政策时需要考虑到社会的多样性，确保服务的平等分配。

4. 公正和公平原则的贯彻落实

社会福利制度的运行应当体现公正和公平原则。政府在资源分配、服务提供中应当注重公正，确保福利服务的均衡性和公平性，让每个人都有机会获得公正对待。

5. 社会弱势群体的特殊保障

人权保障原则中特别强调对社会弱势群体的特殊保障，而社会福利制度正是具体落实这一原则的途径之一。通过建立专门的福利项目和服务体系，社会福利制度可以有力地保障弱势群体的基本权益，包括儿童、老年人、残疾人等。

6. 促进社会稳定与和谐

人权保障与社会福利制度共同促进社会的稳定与和谐。通过提供基本生活保障、医疗服务、教育等福利服务，社会福利制度减少了社会的不平等现象，降低了社会动荡的风险，有助于构建更加稳定与和谐的社会环境。

人权保障与社会福利制度的不断完善是社会进步的重要标志。在不断变化的社会环境中，二者相辅相成，共同推动社会朝着更加公正、平等、关爱的方向发展。面对各种挑战，通过法律法规的强化、社会福利投入的提高、技术创新的推动以及公众参与的加强，我们有信心建设一个更加人权化、人类福利更受保障的社会。

参考文献

[1] 刘国磊. 农村居民基本养老保险保障水平与财政支持可持续性研究 [M]. 延吉：延边大学出版社, 2017.

[2] 韩文秀. 积极财政政策的潜力和可持续性 [M]. 北京：经济科学出版社, 2000.

[3] 刘立峰. 国债政策的可持续性和财政风险研究 [M]. 北京：中国计划出版社, 2002.

[4] 张利娅. 人口老龄化对财政可持续性的影响研究 [M]. 北京：中国财政经济出版社, 2022.

[5] 张莉, 汪德华. 地方财政可持续性评估报告 2021[M]. 广州：中山大学出版社, 2022.

[6] 余珊. 我国财政可持续性评估体系构建研究 [M]. 北京：中国财政经济出版社, 2018.

[7] 杨忠莲, 郭宏宇. 政府综合财务报告改革与财政可持续性评价创新 [M]. 上海：上海人民出版社, 2022.

[8] 郭光芝. 居民基本养老保险制度与政府财政可持续性 [M]. 北京：中国社会科学出版社, 2017.

[9] 刘国艳, 王元, 王蕴. 积极财政政策转型与财政可持续性研究 [M]. 北京：经济科学出版社, 2011.

[10] 王丹. 中国养老保险 财政负担能力可持续性研究 [M]. 北京：人民出版社, 2017.

[11] 刘汉屏. 时策聚焦 积极财政政策效应及可持续性研究 [M]. 北京：中国财政经济出版社, 2002.

[12] 闫坤. 中国财政可持续发展报告 [M]. 北京：中国时代经济出版社, 2019.

[13] 晁云霞 . 财税体制与经济增长可持续性研究 [M]. 北京：首都经济贸易大学出版社 , 2023.

[14] 周铁伦，高珂，任致 . 中期财政规划与地方财政实践 [M]. 济南：济南出版社 , 2019.

[15] 陈长江 . 可持续经济增长的中国经验解释 [M]. 长春：吉林大学出版社 , 2019.

[16] 郭敏，黄晓薇，黄亦炫 . 主权债务可持续性与宏观经济运行研究 [M]. 北京：对外经济贸易大学出版社 , 2015.

[17] 汪利锬 . 基于可持续经济增长下中国财政支出结构分析与优化管理 [M]. 上海：立信会计出版社 , 2016.

[18] 唐绍祥，郭志，周新苗 . 中国经济可持续发展研究 绿色核算与实证分析 [M]. 上海：上海交通大学出版社 , 2016.

[19] 张心洁 . 人口老龄化背景下城乡居民基本医疗保险财务可持续性研究 [M]. 南京：江苏人民出版社 , 2021.